隧道散体围岩力学参数反分析优化及其施工技术研究

冯学茂　编著

中国铁道出版社有限公司

2022年·北京

内 容 简 介

本书围绕隧道散体围岩力学参数反分析优化及其施工的关键科学问题，采用理论推导、数值仿真和试验验证相结合的方法，依托相关隧道工程实践，基于 Hoek-Brown 强度准则实现了隧道散体围岩段的力学参数估算；采用黄金分割法对位移反分析进行优化，基于三维数值模拟及隧道实际工程案例的监控量测，并通过优化后的位移反分析法进行研究，确定了散体围岩的力学参数；提出了一种新的隧道散体围岩力学参数确定方法，研究了不同开挖方法和支护方式对散体围岩隧道稳定性的影响，并给出了对策与建议，为散体围岩隧道的设计、施工及运营维护提供了重要的理论支撑，从而可以提高散体围岩隧道施工过程中的安全性和经济性。

图书在版编目(CIP)数据

隧道散体围岩力学参数反分析优化及其施工技术研究/冯学茂编著．—北京：中国铁道出版社有限公司，2022.10
ISBN 978-7-113-29474-8

Ⅰ.①隧… Ⅱ.①冯… Ⅲ.①隧道工程-围岩-散体力学-岩石力学-参数-研究②隧道施工-围岩-研究 Ⅳ.①U452.1②U455

中国版本图书馆 CIP 数据核字(2022)第 132729 号

书　　名：隧道散体围岩力学参数反分析优化及其施工技术研究
作　　者：冯学茂

策　　划：时　博
责任编辑：时　博　　**编辑部电话：**(010)51873162　　**电子邮箱：**crph@163.com
封面设计：郑春鹏
责任校对：苗　丹
责任印制：樊启鹏

出版发行：中国铁道出版社有限公司(100054，北京市西城区右安门西街 8 号)
网　　址：http://www.tdpress.com
印　　刷：北京建宏印刷有限公司
版　　次：2022 年 10 月第 1 版　2022 年 10 月第 1 次印刷
开　　本：787 mm×1 092 mm 1/16　**印张：**9　**字数：**211 千
书　　号：ISBN 978-7-113-29474-8
定　　价：58.00 元

前　言

岩体是一种复杂多介质、非线性多耦合的材料，与岩体有关的工程设计和施工都严重依赖岩体的力学性质，因此岩体力学参数的确定一直是岩体力学领域中的热门研究课题。但是关于散体围岩的力学特性，尤其是隧道散体围岩力学参数反分析优化及其施工技术的研究少之又少，现有理论还不能对散体围岩隧道施工过程的力学行为做出合理解释，同样对散体围岩隧道的开挖和支护等施工过程的稳定性研究也十分匮乏。

贺州至巴马高速公路东起“世界长寿市”贺州市，西至“世界长寿乡”巴马县，是《广西高速公路网规划(2018—2030 年)》中的“横 3”，全长 479 公里，其中昭平至蒙山段设计里程 34.8 公里，概算总投资 47.8 亿元。石磨岭隧道为昭平至蒙山段上的一座分离式越岭特长隧道，散体围岩段(YK57＋690～YK57＋740)岩体赋存环境复杂，气候变化不一，岩体结构面及结构体呈多组节理面，层理、裂隙和岩性表现为松散软弱围岩，高效准确地确定其力学参数成为石磨岭隧道施工过程中亟需解决的关键问题。

本书依托石磨岭隧道的工程实践，首先针对隧道散体围岩力学参数进行研究，联合采用 Hoek-Brown 强度准则和位移反分析方法，提出了一种新的岩体力学参数确定方法，并通过监控数据正算反演结果对新方法的有效性和合理性进行验证。其次利用新方法确定的力学参数对散体围岩隧道的施工过程进行稳定性分析研究。最后结合模型试验分析了各种开挖方法及支护方法对散体围岩稳定性的影响。

本书内容得到了广西新发展交通集团有限公司领导和专家以及长沙理工大学硕士生导师韦秉旭教授的指导与支持，在此表示诚挚的感谢！希望通过本书的出版能够对我国隧道工程的设计、施工等相关工作的研究和发展提供适当帮助。

鉴于作者水平有限，书中错漏缺点在所难免，恳请各位专家、学者和读者批评指正！

作　者

2022 年 6 月于广西南宁

目　　录

1 绪　论

1.1 研究背景及意义

随着“一带一路”倡议和精准扶贫战略的实施以及我国国民经济的快速发展，岩土工程建设（包括大型水利水电工程、交通工程、矿山开采工程、国防工程等）方兴未艾，在西部尤其是在多山地区兴修公路，不可避免地要涉及地下岩土体的开挖、支护或改良等工程活动[1-3]。

由于地下工程地质条件复杂，在建设过程中经常会遇到难以预料的工程灾害，特别是在不良地质环境中修建隧道会出现隧道拱顶下沉、水平位移量过大、涌水和坍塌等工程灾害[4-7]。京珠高速公路靠椅山隧道进口段穿越一岩溶盆地，盆地内隐伏溶沟和溶洞，地质构造发育有多条断层破碎带，隧道开挖后右线进口 YK145＋014～YK145＋028 段初期支护发生脆性破坏突发大塌方，约 20 000 m^3 泥流涌入隧道，造成隧道堵塞长约 188 m，地表形成长×宽×深为 70 m×50 m×20 m 的陷坑，如图 1-1 所示。广深珠高速公路白花山隧道穿越地层为震旦系区域变质岩、破碎片状构造，围岩节理发育，软弱、松散、破碎、Ⅴ级和Ⅵ级围岩所占比重大，施工至里程 BYK4＋200～BYK4＋240 段时发生特大塌方，塌方量约 8 000 m^3[8-11]。湖南省郴宁高速公路石砂坪隧道 YK151＋304.5～YK151＋344.5 段和怀新高速公路官冲隧道 ZK35＋712～ZK35＋756 段等施工过程中发生破碎岩体破坏，造成极大经济损失[12,13]。

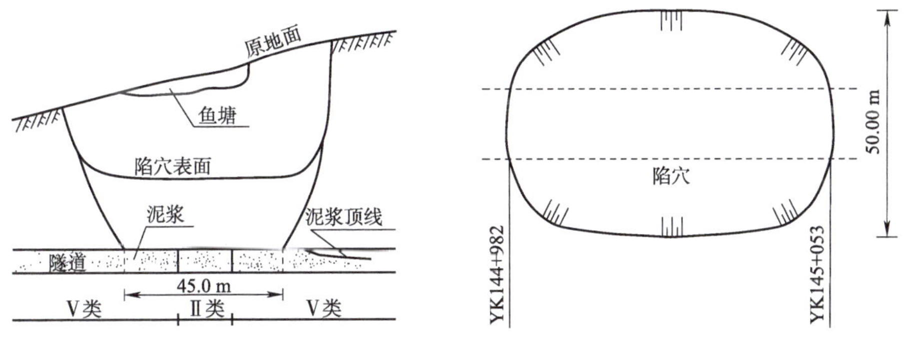

图 1-1　京珠高速公路靠椅山隧道塌方全貌

以上工程实践表明，隧道施工穿越深埋段的断层及其影响带、浅埋段的构造和强风化带及堆积体段和松散砂岩土体段等位置时，极易因松散岩土体平衡受到破坏而发生围岩失稳和塌方，工程界称之为散体破坏。造成散体破坏的原因主要是由于散体具有分散性、复杂性和易变性等特性[14,15]，散体围岩经历多组节理和层理面切割，结构面丰富，岩体性状松散破碎，稳定性极差[16-18]。散体围岩的复杂特性常常表现为隧道施工过程中的岩体力学行为得不到合理解释，即散体围岩力学参数难以确定，不利于工程建设中隧道的稳定性评价，进而影响隧道工程设计、施工及变形预测。

目前关于岩体力学参数确定的研究成果很多[19-23]，但是关于散体围岩的力学特性，尤其是散体围岩力学参数的研究少之又少。因此现有理论还不能对松散破碎围岩隧道施工过程的力学行为做出合理解释，对这类围岩隧道的开挖和支护等施工过程的稳定性研究还十分匮乏。本书以湖南省交通科技项目"公路隧道施工中围岩散体破坏机理及监测信息反分析研究"、广西贺州至巴马高速公路（简称贺巴高速）"隧道地质围岩研究"为背景，依托贺巴高速（昭平至蒙山段）石磨岭隧道的工程实践，对右线 YK57+690～YK57+740 段（由强风化的碳质页岩和碎石土构成）散体围岩力学参数确定进行研究，再对浅埋段散体围岩的施工技术进行探讨，并将研究成果应用于指导同类围岩隧道施工。本书联合采用 Hoek-Brown 破坏准则和位移反分析，提出了一种确定散体围岩力学参数的新方法。根据采用该方法确定的散体围岩的力学参数，本书研究了隧道施工过程中散体围岩的稳定性，这为散体围岩隧道的设计、施工及运营维护提供了重要的理论支撑，从而可以提高散体围岩隧道施工过程中的安全性和经济性。

1.2 散体围岩隧道的特点与稳定性分析

1.2.1 散体围岩的概念、形成条件及工程特性

1.2.1.1 散体围岩的概念

散体是由彼此互相联系的固体颗粒所组成的集合体，根据介质中是否含有水分和黏结性物质，可分为理想散体和非理想散体[24,25]。当介质中不含有水分和黏结性物质时，称为理想散体；当介质中含有水分和黏结性物质时，称为非理想散体[26]。隧道工程建设中，围岩成分复杂，常常具有水分、黏结性物质以及各种其他物质，所以散体围岩是一种非理想散体。

散体围岩结构松散破碎，主要分布在构造剧烈的断层破碎带、褶曲或岩脉穿插挤压带、强风化带及全风化带等。散体围岩的主要结构形状为碎石状和颗粒状，其岩体节理发育，结构面及组合错综复杂，其岩体属性近乎松散介质，稳定性极差，常表现为弹塑性、塑性或流变性。地下洞室开挖后，如不能及时对散体围岩进行有效支护，围岩会松动脱落导致产生较大的塑性变形，并发生底鼓、片帮、拱顶变形、地表沉降过大等病害，严重时会出现冒顶乃至掌子面失稳坍塌等情况。

1.2.1.2 散体围岩的形成条件

散体围岩的形成条件主要有两种[17,18]：一是地质作用，地球经历多次强烈的地质构造运动后，在巨大构造应力作用下，岩层发生张拉、挤压或者剪切破坏形成大量的褶皱、断层、裂隙、裂缝、节理和劈裂等，岩体连续性遭到严重破坏，岩块几何尺寸减小，结构松散破碎，整体强度极差，其中坚硬的脆性岩石受构造力的剧烈作用最容易形成复杂破碎地层；二是由于岩石块体本身强度很低，在地质外力作用下（如风化潮解、雨水冲积等）易形成复杂破碎的围岩。岩层经风化潮解或冲积作用后，岩体的力学强度进一步降低，变为岩性较松散和破碎，含粉砂岩较多的软岩。一般隧道进出口段地质条件较差，强风化岩较多，围岩级别较低，容易出现散体围岩情况。

1.2.1.3 散体围岩的工程特性

根据相关软岩工程力学研究，散体围岩具有以下工程特性：

（1）孔隙率大：由于散体围岩的形成过程受到构造应力作用，岩体被分割，结构松散破碎，

结构面间的孔隙率较大。

(2)胶结性差:对于岩体结构面具有胶结的散体围岩而言,胶结物质一般以泥质胶结、可溶性盐类胶结为主,其本身强度不高,遇水后易溶解软化,强度显著下降。

(3)膨胀性:散体围岩在水或力的作用下,体积膨胀增大。根据膨胀产生机理,可分为内部膨胀、外部膨胀及应力扩容膨胀。内部膨胀是指水分子进入晶包层间而发生的体积膨胀,如伊利石、蒙脱石类岩块或结构面间填充这类物质的岩块,遇水后发生的体积膨胀。外部膨胀是极化水分子进入颗粒与颗粒间而产生的膨胀性。应力扩容膨胀是围岩在应力作用下,岩体裂隙扩展、贯通而产生的体积膨胀。

(4)崩解性[14]:散体围岩发生崩解,一般有两方面的原因:一种是岩体在膨胀作用下应力分布不均匀造成的崩裂,如沈北煤矿的页岩、蚀变玄武岩等;另一种是岩体裂隙发育不均匀,在工程力作用下岩体局部会产生应力集中,当应力超过岩体的抗剪、抗张拉强度后,会引起如空间崩裂、片帮的情况。

(5)流塑性:在工程力作用下,散体围岩通常产生不可恢复的塑性变形,同时还具有一定的流变性,主要表现在蠕变性、松弛性、流动极限的衰减性。除了弹性变形外,岩体变形都有一个时间过程,当应力一定时,应变随时间增加而增长,当应变一定时,应力随时间增加而减少。前一现象称为蠕变,后一现象称为松弛。流动极限是指流变性材料的屈服极限。随着时间的延长,散体围岩的屈服强度会衰减,为防止围岩因强度衰减而导致破坏区扩大,应及时对隧道围岩进行支护和加固。

(6)易扰动性:由于散体围岩具有结构面软弱破碎、节理和裂隙发育、吸水膨胀等特性,所以围岩抵抗外界扰动能力极差,特别是爆破开挖等施工振动、相邻巷道施工扰动及围岩本身应力释放等因素,具有吸湿膨胀软化和暴露风化的特点。

1.2.2 散体围岩隧道的稳定性分析

1.2.2.1 散体围岩的力学性质

散体围岩的力学性质主要表现在以下两方面[16,27]:

(1)散体围岩由于裂隙、节理发育和岩块松散破碎,结构面相互交织,随机分布,没有明显的方向性,结构面对岩体的变形和破坏不起控制作用,散体围岩的特性与结构体岩石的特性并无本质区别,在一定程度上可以将其看作是各向均质连续体。

(2)散体围岩整体抗压强度较低,黏聚力 c、内摩擦角 φ 值小,洞室开挖后围岩稳定性差。在将散体围岩近似看作连续体的情况下,总体上会表现出一定的弹塑性特征。在理论分析时可以采用连续介质的弹塑性理论作为分析基础。

1.2.2.2 散体围岩稳定性的影响因素

影响散体围岩稳定性的因素主要包括三种:地质环境方面的自然因素、工程活动的人为因素和时间因素。

1. 地质因素

(1)岩体的结构及力学特征

从稳定性分析角度来看,岩体的结构特征可以由岩体的破碎程度表征。大量实践证明,岩体的破碎程度对隧道的稳定性起主导作用，在相同岩性条件下，岩体越破碎围岩越容易失稳破坏。岩体的破碎程度是指构成岩体的岩块大小及它们间的组合排列形态。岩块大小通常用裂隙的密集程度、裂隙间距等指标表示。由于散体围岩是在强烈地质构造或强风化条件下形成的软岩，其裂隙、节理发育，岩体被分割的十分破碎，结构松散，岩体完整性遭到极大破坏。

(2)初始应力状态

围岩的初始应力场是隧道围岩变形破坏的根本作用力。隧道开挖打破了初始应力场的平衡状态，在隧道周边一定范围内的围岩发生二次应力重分布。重新分布的围岩应力在未达到或超过其强度前，围岩以弹性变形为主。一般认为，弹性由于具有变形速度快、量值小的特点，可瞬间完成。当应力超过围岩强度时，围岩发生松动变形，此时围岩变形将以塑性变形为主，产生塑性破坏。塑性变形是围岩变形的主要组成部分，具有延续时间长、变形量大的特点。对于散体围岩而言，由于围岩强度低，承载能力极差，在二次应力重分布作用下，围岩极易失稳破坏。

(3)地下水状况

大量地下工程施工实践表明，地下水的存在是造成围岩失稳破坏的重要因素之一。对散体围岩而言，地下水的影响主要表现在以下四方面。

①静水压力：地下水产生的静水压力使岩体的结构面张开，岩体的有效压应力减少，导致应力状态恶化，其抗剪强度减小，$\tau=\sigma'\tan\varphi+c$，其中，$\sigma'$为有效应力，$c$为有效内黏聚力，$\varphi$为有效内摩擦角。

②渗透动水压力：隧道开挖形成的自由空间使地下水具有排泄通道，产生指向隧道内部的渗压梯度，形成渗透动水压力，促使岩块向隧道内部移动，同时水流也冲刷掉岩块孔隙间的填充物，减少了滑动摩擦系数和黏聚力，从而增加围岩的破坏程度。

③溶解软化作用：地下水可以使岩石、岩体结构面的胶结物或填充物溶解软化，围岩整体强度迅速降低，甚至出现液化或流动。在未胶结或弱胶结的砂岩中，水的存在可以产生流沙和潜蚀。

④膨胀作用：对于某些散体围岩，如含有伊利石、蒙脱石、生石膏的岩体，遇水发生膨胀，体积增大，其势能很大，容易使围岩产生张裂破坏。

2. 工程因素

工程因素主要是指隧道的方位、尺寸、形态、开挖方法、开挖强度、施工工艺、支护形式等人为因素。当隧道通过背斜轴部时，顶部向两侧倾斜，在拱的作用下有利于顶部稳定。而向斜则相反，两侧岩体倾向洞内，并因洞顶存在张裂，对围岩稳定不利。当隧道邻近或处在断层破碎带，若断层带宽度愈大，走向与洞室轴交角愈小，它在洞内出露越长，对围岩稳定性影响便越大。而洞室尺寸主要是指隧道的跨度，跨度增加，岩体的破碎程度相对增加，围岩的稳定性就越差。隧道的形态主要影响开挖后围岩的应力分布状态，平直边容易出现拉应力，转角处容易出现剪应力集中，不利于围岩的稳定，应尽量采用曲边墙结构。开挖方法、支护情况直接影响开挖后围岩的稳定性，例如是否超前支护对散体围岩掌子面稳定性有重要影响，爆破开挖对散体围岩产生严重扰动，容易引发围岩大变形甚至坍塌。

3. 时间因素

时间对散体围岩隧道的稳定性也有重要影响。某些散体围岩的失稳破坏往往需要经过一段时间才开始显现。围岩应力变形状态随时间的恶化主要体现在两个方面：一是岩体的流变性；二是时间的延长加剧了围岩的弱化过程，例如施工振动引起的疲劳作用、温度和湿度的变化以及地下水作用等都可以逐渐削弱散体围岩的强度，导致围岩变形加大塑性破坏区域扩展。

1.2.2.3 散体围岩隧道的破坏形式

散体围岩破坏，开始是将裂隙或孔隙压密，随后是结构体变形，由于变形过大导致块体间相互脱落，连续性被破坏而发生坍塌，或某些主要连通结构面切割而成的不稳定部分整体冒落，其稳定性最差。围岩变形破坏形式取决于围岩应力状态、岩体结构及洞室断面形状等因素，不同岩体结构及洞室断面形状的围岩变形破坏形式不同。

1. 碎裂状岩体围岩

破裂状围岩变形破坏形式常表现为塌方和滑动，可以用松散介质极限平衡理论来分析。在夹泥少、以岩块刚性接触为主的碎裂围岩中，不易大规模塌方。围岩中含泥量很高时，由于碎裂结构岩块间不是刚性接触，岩体在张力和振动力作用下容易松动、解脱，在洞顶则产生大范围冒落，在边墙上则表现为塑性挤入或碎块的滑塌，如图 1-2 和图 1-3 所示。

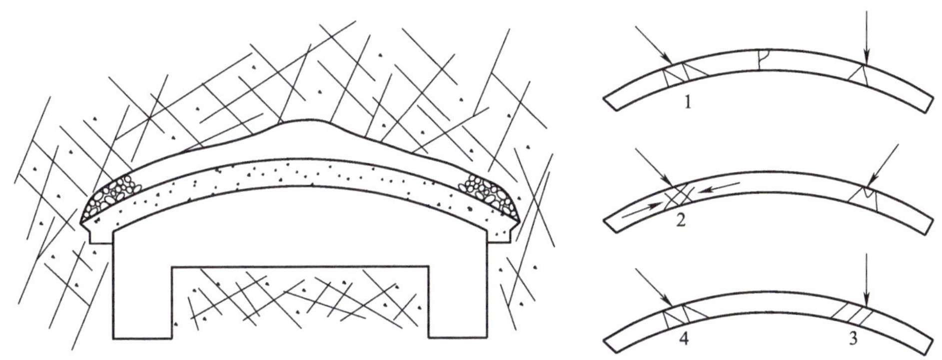

图 1-2　某地下工程洞顶岩体松动脱离及拱顶破裂示意

1、4—张性破裂；2—压剪破裂；3—剪切破裂

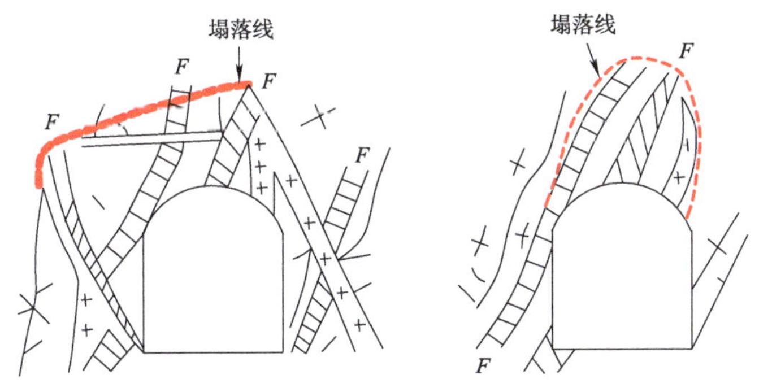

图 1-3　碎裂结构围岩塌方示意

2. 体状岩体围岩

体状岩体围岩常表现为弹塑性、塑性或流变性，可用松散介质极限平衡理论配合流变理论来分析，其破坏形式以塑性变形和剪切破坏为主。当围岩结构均匀时，冒落拱的形状较为规则，当围岩结构不均匀或松动岩体仅构成局部围岩时，常表现为局部塌方、塑性挤入及滑动等

变形破坏形式。体状岩体围岩的破坏形式如图 1-4 所示。

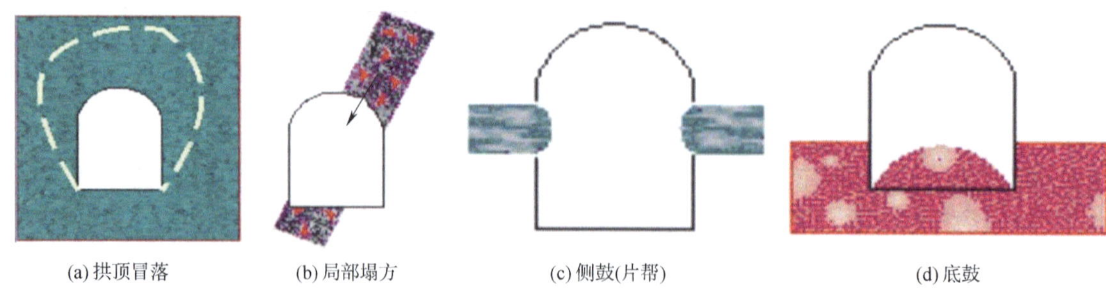

(a) 拱顶冒落　(b) 局部塌方　(c) 侧鼓(片帮)　(d) 底鼓

图 1-4　体状岩体围岩的破坏形式

(1)拱顶冒落:如图 1-4(a)所示,散体围岩开挖后,拱顶围岩出现临空面,在初始应力作用下,拱顶围岩开始向下滑移松动,出现拱顶掉块、落石,甚至坍塌现象。

(2)局部塌方:如图 1-4(b)所示,隧道局部塌方有多方面因素,例如隧道的方位与岩体走向不合理、隧道局部应力集中、溶洞、地下水渗流、围岩偏压作用等都会导致隧道局部塌方滑塌,进而引起整体结构的垮塌。

(3)侧鼓(片帮):如图 1-4(c)所示,当围岩水平应力超过围岩抗拉强度后,围岩会从隧道侧壁挤出,例如直边墙容易出现拉应力,转角处容易出现剪应力集中,这些都会导致围岩侧鼓发生。

(4)底鼓:如图 1-4(d)所示,与其他围岩相比,散体围岩更容易发生底鼓。一种是底部岩体在围岩压力作用下发生塑性流动,被挤压流向隧道内部,这种变形并不是在隧道开挖以后立刻发生,而是具有明显的时间效应。另一种是因为散体围岩吸水后,水分渗入到仰拱围岩内,发生膨胀作用,从而使岩体更加破碎,裂隙贯通,使水更容易渗入到岩体内,岩体体积膨胀,如此循环形成遇水膨胀性底鼓。

(5)掌子面挤出:散体围岩的掌子面极易失稳破坏,特别是大断面开挖或采用爆破开挖时,掌子面围岩容易发生较大内空位移,即向隧道内部挤出变形,严重时引起隧道拱顶塌方,掌子面后面围岩整体崩塌,地表严重下沉。

1.2.2.4　散体围岩隧道的破坏特点

散体围岩隧道的破坏特点主要包括以下四点[28-30]。

(1)变形量大:由于散体围岩的力学特点,隧道开挖后塑性区面积发展较深,围岩的位移变形也较大,例如拱顶下沉可能达到 5 cm,某些甚至达到 50～100 cm,当隧道埋深较浅时,地表下陷容易发生冒顶情况。隧道周边位移过大,片帮、底鼓都可能达到 10 cm 以上。

(2)变形速度快:部分散体围岩隧道初期支护后,变形速度达到 3～5 cm/d,即使采用常规的锚喷支护,其变形速度仍可达到 1～2 cm/d。

(3)围岩变形时间长:由于散体围岩具有强烈的弹塑性和流变性,围岩的二次应力重分布持续时间长,隧道变形破坏持续时间也很长,往往长达 1～2 年甚至更长。

(4)来压快:散体围岩隧道变形位移速度快,围岩在较短时间内即与支护结构接触产生压力。围岩与支护结构相互作用后,因为散体围岩的流变性,围岩的变形破坏持续导致围岩塑性区扩大,围岩松动范围增加,自稳能力减弱,松动围岩压力也随时间逐渐增加。

1.2.3 散体围岩应力重分布与围岩压力计算

1.2.3.1 围岩应力重分布计算

散体围岩由于在一定程度上可以将其看作是各向均质连续体，因此在分析隧道围岩应力时可以假定岩体是均质、连续和各向同性的而做适当简化。下面以水平圆形洞室为例讨论围岩的二次应力重分布情况。圆形隧道某点处围岩应力状态如图 1-5 所示。

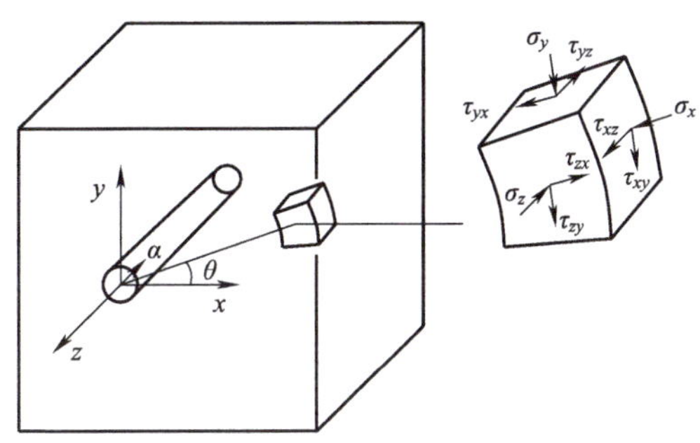

图 1-5 圆形隧道某点处围岩应力状态

1. 弹性围岩应力重分布

当围岩原始应力等于或小于其单轴抗压强度的一半时，围岩呈弹性变形，可近似为各向同性、连续、均质的线弹性体，其围岩重分布应力可根据弹性力学方法计算。

对于水平圆形洞室，如果洞室半径相对洞长很小，围岩重分布应力可以按平面应变问题考虑，简化为两侧受均布压力的薄板中心小圆孔周边应力分布的计算问题，可以把它看成是两个柯西准则的叠加，如图 1-6 所示。

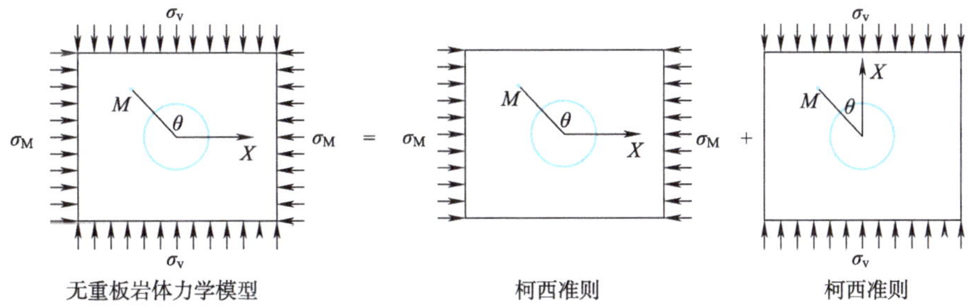

图 1-6 柯西准则力学模型

根据柯西准则[32]，由 σ_H 产生的重分布应力见式(1-1)。

$$
\begin{cases}
\sigma_r=\dfrac{\sigma_H}{2}\left[\left(1-\dfrac{R_0^2}{r^2}\right)+\left(1+\dfrac{3R_0^4}{r^4}-\dfrac{4R_0^2}{r^2}\right)\cos2\theta\right]\\
\sigma_\theta=\dfrac{\sigma_H}{2}\left[\left(1+\dfrac{R_0^2}{r^2}\right)-\left(1+\dfrac{3R_0^4}{r^4}\right)\cos2\theta\right]\\
\tau_{r\theta}=-\dfrac{\sigma_H}{2}\left(1-\dfrac{3R_0^4}{r^2}+\dfrac{2R_0^2}{r^2}\right)\sin2\theta
\end{cases}
\tag{1-1}
$$

其中，r 是 M 点洞室中心的径向半径；R_0 是洞室开挖半径；σ_r 是计算点 M 的径向应力；

σ_θ 是计算点 M 的切向应力；$\tau_{r\theta}$是计算点 M 的剪应力。

根据柯西准则，σ_v 引起的围岩重分布应力见式(1-2)。

$$\begin{cases}\sigma_r=\dfrac{\sigma_v}{2}\left[\left(1-\dfrac{R_0^2}{r^2}\right)-\left(1+\dfrac{3R_0^4}{r^2}-\dfrac{4R_0^2}{r^2}\right)\cos2\theta\right]\\ \sigma_\theta=\dfrac{\sigma_v}{2}\left[\left(1+\dfrac{R_0^2}{r^2}\right)+\left(1+\dfrac{3R_0^4}{r^4}\right)\cos2\theta\right]\\ \tau_{r\theta}=\dfrac{\sigma_v}{2}\left(1-\dfrac{3R_0^4}{r^4}+\dfrac{2R_0^2}{r^2}\right)\sin2\theta\end{cases}\tag{1-2}$$

σ_H 和 σ_v 同时作用时圆形洞室围岩重分布应力见式(1-3)。

$$\begin{cases}\sigma_r=\dfrac{\sigma_v+\sigma_H}{2}\left(1-\dfrac{R_0^2}{r^2}\right)-\dfrac{\sigma_v-\sigma_H}{2}\left(1+\dfrac{3R_0^4}{r^2}-\dfrac{4R_0^2}{r^2}\right)\cos2\theta\\ \sigma_\theta=\dfrac{\sigma_v+\sigma_H}{2}\left(1+\dfrac{R_0^2}{r^2}\right)+\dfrac{\sigma_v-\sigma_H}{2}\left(1+\dfrac{3R_0^4}{r^4}\right)\cos2\theta\\ \tau_{r\theta}=\dfrac{\sigma_v-\sigma_H}{2}\left(1-\dfrac{3R_0^4}{r^4}+\dfrac{2R_0^2}{r^2}\right)\sin2\theta\end{cases}\tag{1-3}$$

引入侧应力系数 $\lambda=\sigma_v/\sigma_H$，得到围岩重分布应力见式(1-4)。

$$\begin{cases}\sigma_r=\sigma_v\left[\dfrac{1+\lambda}{2}\left(1-\dfrac{R_0^2}{r^2}\right)-\dfrac{1-\lambda}{2}\left(1+\dfrac{3R_0^4}{r^4}-\dfrac{4R_0^2}{r^2}\right)\cos2\theta\right]\\ \sigma_\theta=\sigma_v\left[\dfrac{1+\lambda}{2}\left(1+\dfrac{R_0^2}{r}\right)+\dfrac{1-\lambda}{2}\left(1+\dfrac{3R_0^4}{r^4}\right)\cos2\theta\right]\\ \tau_{r\theta}=\sigma_v\ \dfrac{1-\lambda}{2}\left(1-\dfrac{3R_0^4}{r^4}+\dfrac{2R_0^2}{r^2}\right)\sin2\theta\end{cases}\tag{1-4}$$

(1)洞壁上的应力重分布情况

当 $r=R_0$ 时，洞壁上的应力见式(1-5)。

$$\begin{cases}\sigma_r=\tau_{r\theta}\\ \sigma_\theta=\sigma_v[(1+\lambda)+2(1-\lambda)\cos2\theta]\end{cases}\tag{1-5}$$

由式(1-5)可知弹性围岩条件下，洞壁为单向应力状态，σ_θ 大小与开挖半径 R_0 无关。当 $\theta=0$、π 和 $\theta=0.5\pi$、1.5π 时，洞壁围岩切向应力分别见式(1-6)。

$$\begin{cases}\sigma_\theta=\sigma_v(3-\lambda)\\ \sigma_\theta=\sigma_v(3\lambda-1)\end{cases}\tag{1-6}$$

由于围岩抗拉强度极低，围岩不出现拉应力的条件是 $1/3<\lambda<3$。当 $\lambda<1/3$ 时，洞顶、洞底将出现拉应力，当洞顶、洞底围岩的抗拉强度 σ_t 小于拉应力时，围岩将发生破坏，常见的有冒落、底鼓等情况；当 $\lambda>3$ 时，洞壁两侧出现拉应力，当超过围岩的抗拉强度 σ_t 时，导致侧壁围岩发生破坏，洞顶底出现较高的压应力集中。

(2)初始应力场为静水压力状态的围岩应力重分布情况

当 $\lambda=1$ 时，水平应力与竖直应力相等，即静水压力状态，见式(1-7)。

$$\begin{cases}\sigma_r=\sigma_v\left(1-\dfrac{R_0^2}{r^2}\right)\\ \sigma_\theta=\sigma_v\left(1+\dfrac{R_0^2}{r^2}\right)\\ \tau_{r\theta}=0\end{cases}\tag{1-7}$$

由式(1-7)可知，静水压力状态下，围岩应力重分布与θ角无关，仅与R_0和σ_v有关，同时由于围岩剪应力$\tau_{r\theta}=0$，则σ_r、σ_θ均为主应力，且σ_θ恒为最大主应力，σ_θ恒为最小主应力。静水压力状态下，围岩的应力变化曲线如图1-7所示。

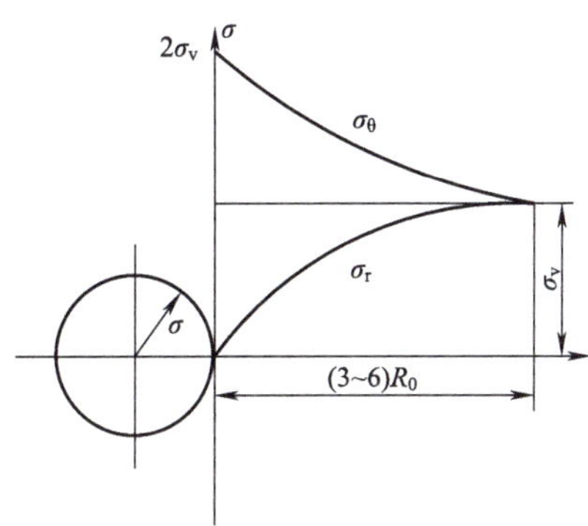

图 1-7　围岩应力变化曲线

当$r=R_0$时，$\sigma_r=0$，$\sigma_\theta=2\sigma_v$，洞壁处于单向受力状态，且主应力差最大，最易发生剪切破坏。由围岩应力变化曲线可知，σ_θ随r增大而减小，σ_r随r增大而增大，且都逐渐趋于σ_v值。由式(1-5)、式(1-6)可知，当$r=(3\sim6)R_0$时，$\sigma_r=(0.889\sim0.972)\sigma_v$，$\sigma_\theta=(1.11\sim1.023)\sigma_v$。一般认为$6R_0$范围以外的岩体仍处于原始应力状态。

2. 塑性围岩重分布应力

为简化计算，方便说明问题，假设围岩初始应力场为静水压力状态，由弹性围岩应力重分布特点可知，洞室开挖后洞壁的应力最大，但当二次重分布应力超过围岩屈服极限时，洞壁围岩就从弹性状态转变为塑性状态，并在洞室周边围岩中形成一个塑性圈。但塑性圈范围不会无限扩大，因为随着r增大，σ_r由零逐渐增大，应力状态由洞壁的单向应力状态逐渐转变为双向应力状态，莫尔应力圆逐渐内移，与强度包络线不再相切，岩体的应力状态得到改善，围岩也由塑性状态逐渐转变为弹性状态，其围岩应力分布曲线如图1-8所示。

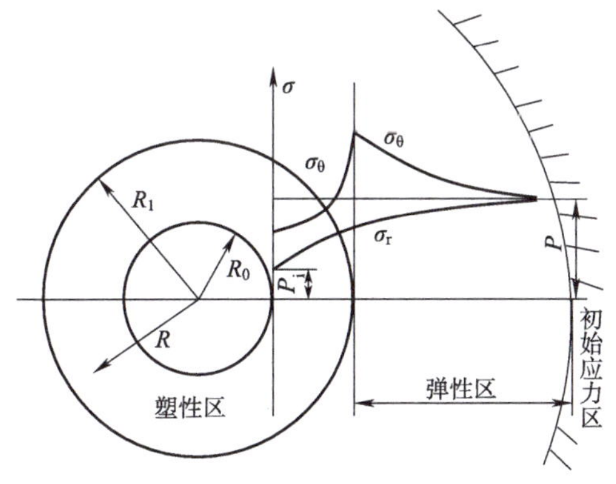

图 1-8　弹塑性区围岩应力分布曲线

假设初始应力为P，隧道开挖半径为R_0，塑性区半径为R_1，支护力为P_i，弹塑性区围岩力学模型如图1-9(a)所示。

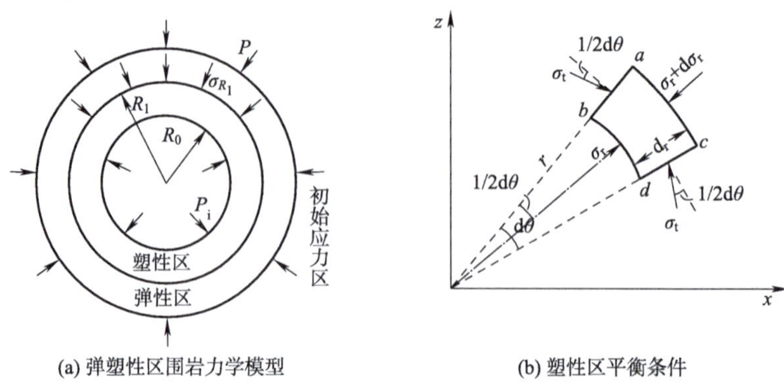

(a) 弹塑性区围岩力学模型 (b) 塑性区平衡条件

图 1-9 力学模型

塑性区内围岩的 c、φ、E 等强度值降低，而弹性区围岩仍保持原岩强度，其应力、应变服从胡克定律。

弹性区应力可以根据厚壁筒理论进行分析，塑性区应力按照塑性区岩体径向方向的受力平衡，如图 1-9(b)所示，并利用弹塑性交界面应力、应变的连续性条件进行分析。根据弹性区、塑性区的边界条件，可求得弹性区应力与塑性区应力计算公式。

(1)弹性区应力($R_1\leqslant r\leqslant\infty$)

$$\begin{cases}\sigma_r=P\left(1-\dfrac{R_1^2}{r^2}\right)+[P(1-\sin\varphi)-c\cdot\cos\varphi]\dfrac{R_1^2}{r^2}\\ \sigma_\theta=P\left(1+\dfrac{R_1^2}{r^2}\right)-[P(1-\sin\varphi)-c\cdot\cos\varphi]\dfrac{R_1^2}{r^2}\end{cases}\tag{1-8}$$

其中，c 为黏聚力；φ 为内摩擦角；E 为弹性模量。

(2)塑性区应力($R_0\leqslant r\leqslant R_1$)

$$\begin{cases}\sigma_r=(P_i+c\cdot\cot\varphi)\left(\dfrac{r}{R_0}\right)^{\frac{2\sin\varphi}{1-\sin\varphi}}-c\cdot\cot\varphi\\ \sigma_\theta=(P_i+c\cdot\cot\varphi)\cdot\dfrac{1+\sin\varphi}{1-\sin\varphi}\left(\dfrac{r}{R_0}\right)^{\frac{2\sin\varphi}{1-\sin\varphi}}-c\cdot\cot\varphi\end{cases}\tag{1-9}$$

当 $r=R_0$ 时，

$$\begin{cases}\sigma_r=P_i\\ \sigma_\theta=P_i\cdot\dfrac{1+\sin\varphi}{1-\sin\varphi}+\dfrac{2c\cdot\cos\varphi}{1-\sin\varphi}\end{cases}\tag{1-10}$$

当 $r=R_0$，$P_i=0$ 时，

$$\begin{cases}\sigma_r=0\\ \sigma_\theta=\dfrac{2c\cdot\cos\varphi}{1-\sin\varphi}\end{cases}\tag{1-11}$$

由式(1-9)可知，塑性区应力与初始应力 P 无关，取决于支护反力 P_i 和 c、φ 的大小。

当 $r=R_1$ 时，即在弹塑性区交界面处，

$$\begin{cases}\sigma_r=P(1-\sin\varphi)-c\cdot\cos\varphi\\ \sigma_\theta=P(1+\sin\varphi)+c\cdot\cos\varphi\\ \tau_{r\theta}=0\end{cases}\tag{1-12}$$

由式(1-12)可知，弹塑性区交界面处围岩应力取决于初始应力 P 和 c、φ 的大小，与支护反力 P_i 无关，支护反力 P_i 不能改变交界面上的应力大小，只能控制塑性松动圈半径 R_1 的大小。

1.2.3.2 围岩塑性破坏区范围分析

散体围岩自稳能力差，隧道开挖后，围岩发生塑性变形，洞室周边岩体发生松动滑落，在塑性区范围内形成一个松动圈。为更好掌握散体围岩的变化破坏特征，便于锚杆支护设计，需要了解塑性区发展情况，特别是确定围岩的松弛破坏范围。

假设围岩初始应力场为静水压力状态，根据弹塑性区交界面应力相对的条件，圆形洞室塑性区半径公式见式(1-13)[32]。

$$R_1 = R_0 \left[\frac{(P + c \cdot \cot\varphi)(1 - \sin\varphi)}{P_i + c \cdot \cot\varphi} \right]^{\frac{1-\sin\varphi}{2\sin\varphi}} \tag{1-13}$$

由式(1-13)可知，地下洞室开挖后，围岩塑性区半径取决于初始应力 P、支护反力 P_i 和 c、φ 的共同作用，塑性区半径 R_1 随初始应力 P 增大而增大，随支护力 P_i、岩体强度 c、φ 增大而减小。当围岩的强度参数 c、φ 不变时，支护反力 P_i 越大，塑性区 R_1 越小，支护反力 P_i 越小，塑性区 R_1 越大，所以当隧道开挖后不进行支护或支护力太小，塑性区范围将达到极限，引起隧道的塑性破坏。

松弛区半径包含松弛区的弹塑性区围岩应力分布曲线[33]，如图 1-10 所示。

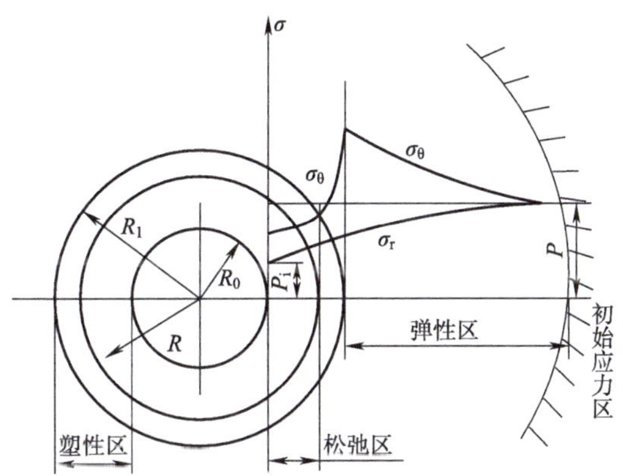

图 1-10 包含松弛区的弹塑性区围岩应力分布曲线

由图可知，在半径为 R 范围内的塑性区切向应力 $\sigma_\theta < P$(初始应力)，即所谓应力降低区，说明在这部分围岩中发生了松弛变形，该范围不能承受比初始应力更大的应力。由 $\sigma_\theta \leqslant P$，可得到松弛区半径 R，见式(1-14)。

$$R = R_0 \left[\frac{(P + c \cdot \cot\varphi)}{P_i + c \cdot \cot\varphi} \cdot \frac{1 - \sin\varphi}{1 + \sin\varphi} \right]^{\frac{1-\sin\varphi}{2\sin\varphi}} \tag{1-14}$$

从图 1-10 弹塑性区围岩应力分布曲线可以看出，塑性松弛区岩体极不稳定，容易发生松动、滑落，使圈内一定范围内的应力因释放而明显降低，而最大应力集中由原来的洞壁移至塑、弹圈交界处，使弹性区的应力明显升高。岩体向围岩深处开裂变形，进而导致新的塑性松动区产生，并最终引起围岩结构失稳坍塌。

1.2.3.3 围岩压力分类与计算

围岩压力是指地下洞室开挖后，围岩在重分布应力作用下产生的位移变形、松动剥落等，致使支护或衬砌结构承受的压力，即围岩与支护结构间的相互作用力。

1. 围岩压力分类[33-35]

目前国内外对围岩压力尚无统一的分类方法。根据围岩与支护结构的相对位移关系，可以把围岩压力分为主动围岩压力和围岩被动反力。主动围岩压力包括松动围岩压力、变形围岩压力、膨胀围岩压力、冲击围岩压力四种，围岩被动反力是指结构向着围岩变形时受到围岩约束的作用力，此处主要讨论主动围岩压力。

(1)松动围岩压力

松动围岩压力是指由于岩体结构失稳、发生松动滑移、脱落等以重力形式直接作用在支护结构上的力。岩体破碎、爆破开挖、围岩应力与地下洞室走向、断面形态组合不利、支护不及时和回填不密实等都容易导致松动围岩压力产生，散体围岩通常是由上面因素引起冒顶片帮，而对支护结构产生松动围岩压力。

(2)变形围岩压力

变形围岩压力是指岩体在围岩应力作用下发生变形受到支护结构约束产生的作用力。变形围岩压力一般可分为弹性变形压力、塑性变形压力和流变压力。地下洞室开挖后，弹性变形在较短时间内就已完成，一般而言，支护结构受到的弹性变形压力较小，而塑性变形则具有一个时间过程，因此支护结构主要承受围岩的塑性变形压力。在高应力区或深埋条件下，围岩还会发生流变，从而对支护结构产生流变压力。对于散体围岩而言，岩体的屈服极限低，在围岩应力作用下容易产生较大塑性变形，产生塑性变形压力，另外变形围岩压力的大小还与支护时间、支护结构刚度等有关。

(3)膨胀围岩压力

膨胀围岩压力是指围岩吸水后岩体体积增大、膨胀、崩解产生的变形压力，它与变形围岩压力的区别在于它是围岩吸水膨胀引起的，可以是物理性的，也可以是化学性的。对于多数散体围岩而言岩体中含有膨胀性矿物(如高岭石、蒙脱石、生石膏等)，在有水的条件下容易发生膨胀变形，其产生的膨胀变形压力是支护结构围岩压力的重要组成部分。

(4)冲击围岩压力

冲击围岩压力通常又被称为岩爆，是一种特殊围岩压力。它主要是由于岩体在开挖前积累了大量的弹性变形能，开挖后突然大量释放所产生的压力。散体围岩弹性因为模量较小，一般不易产生冲击围岩压力。

2. 围岩压力计算

散体围岩结构松散破碎，其围岩压力一般可以用松散体力学进行计算。目前主要的计算方法有普氏平衡拱理论、太沙基理论等。

(1)普氏平衡拱理论[36-38]

普氏平衡拱理论又称为普氏理论，该理论基于围岩开挖后的自然成拱效应而存在，即地下洞室开挖后如不进行支护，洞室顶部围岩将不断塌落而形成一个拱状结构，称为塌落拱。随着岩石的塌落，塌落拱形状不断调整，最终在围岩中形成一个自然平衡拱(或天然拱)。自然平衡拱与洞室埋深有关，当洞室埋深较浅而不满足平衡拱的成拱高度时，则会发生冒顶现象。普氏理论提出了两种自然平衡拱的力学模型，一种是假定洞室侧壁围岩稳定，而洞室顶部围岩塌落，并最终形成平衡拱；另一种是侧壁围岩也不稳定，洞顶与侧壁围岩同时发生滑塌，则导致拱跨和拱高同时增大。此时支护结构上的围岩压力就是自然平衡拱以内滑落的岩体重力，与拱外岩体无关。

为了求得自然平衡拱的跨高及形状，普罗托季亚科诺夫提出了坚固系数 f，用来表征岩体的坚固程度，见式(1-15)。

$$f=\frac{\sigma_c}{100} \tag{1-15}$$

其中，σ_c 为岩石单轴抗压强度，kPa。

①当 $f>2$ 时，洞室两侧围岩稳定，平衡拱的跨度等于洞室开挖跨度 $2L$，平衡拱高为 h，如图 1-11 所示。

拱的形状为抛物线，其几何方程见式(1-16)。

$$y=\frac{h}{L^2}x^2 \tag{1-16}$$

平衡拱高 $h=L/f$。

平衡拱内的围岩面积 S 见式(1-17)。

$$S=\int_{-L}^{L}\left(h-\frac{h}{L^2}x^2\mathrm{d}x\right)=\frac{4}{3}hL=\frac{4}{3}\frac{L^2}{f} \tag{1-17}$$

顶部支护结构承受的围岩压力为平衡拱内围岩的总重量 G 见式(1-18)。

$$G=\rho g\int_{-L}^{L}\left(h-\frac{h}{L^2}x^2\mathrm{d}x\right)=\frac{4}{3}\rho ghL=\frac{4}{3}\rho g\frac{L^2}{f} \tag{1-18}$$

其中，ρ 为围岩密度；g 为重力加速度。

②当 $f<2$ 时，洞室两侧围岩失稳，并发生剪切破坏，如图 1-12 所示。

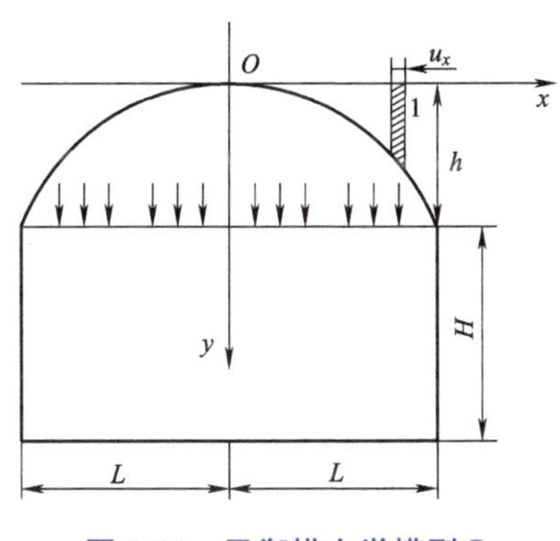

图 1-11　平衡拱力学模型Ⅰ

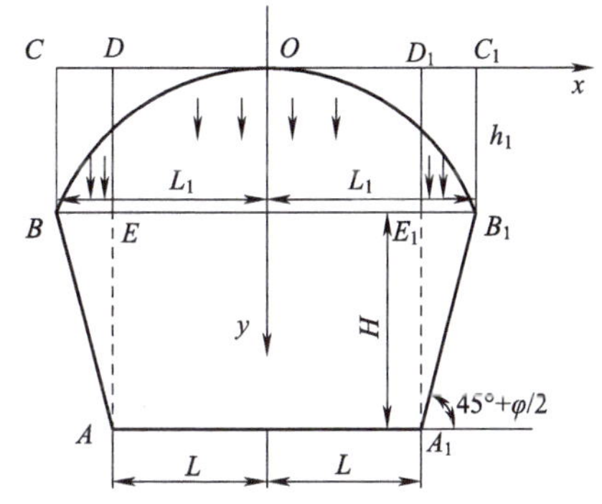

图 1-12　平衡拱力学模型Ⅱ

侧壁岩体将沿着 BA 和 B_1A_1 面滑动，滑动面与水平面的夹角 $\alpha=45°-\varphi/2$，φ 为岩体的内摩擦角，平衡拱的跨度增加，变为 $2L_1$，见式(1-19)。

$$2L_1=2[L+H\cot(45°+\varphi/2)]\rightarrow L_1=L+H\cot(45°+\varphi/2) \tag{1-19}$$

平衡拱高变为 h_1，见式(1-20)。

$$h_1=\frac{L_1}{f}=\frac{L+H\cot(45°+\varphi/2)}{f} \tag{1-20}$$

平衡拱的几何方程见式(1-21)。

$$y=\frac{h_1}{L_1^2}x^2 \tag{1-21}$$

拱顶正上方塌落的围岩面积 S 见式(1-22)。

$$S=\int_{-L}^{L}\left(h_1-\frac{h_1}{L_1^2}x^2\mathrm{d}x\right)=2h_1L-\frac{2}{3}\frac{h_1}{L_1^2}L^3=\frac{2}{3}\frac{L}{fL_1}(3L_1^2-L^2) \tag{1-22}$$

此时,顶部支护结构承受的围岩压力为拱顶正上方塌落的围岩 G 的总重量见式(1-23)。

$$G=\rho gS=\frac{2}{3}\frac{\rho gL}{fL_1}(3L_1^2-L^2) \tag{1-23}$$

为简化计算,可以将顶部支护承受的围岩压力近似等同于矩形 EE_1D_1D 的围岩总重量 G' 见式(1-24)。

$$G'=2\rho gLh_1 \tag{1-24}$$

支护上承受的侧压力可以根据朗肯(Rankine)主动土压力理论,按滑动土体上有连续均布荷载的主动土压力公式进行计算。由于散体围岩的凝聚力非常小,一般侧压力计算时可不做考虑,如图 1-13 所示。

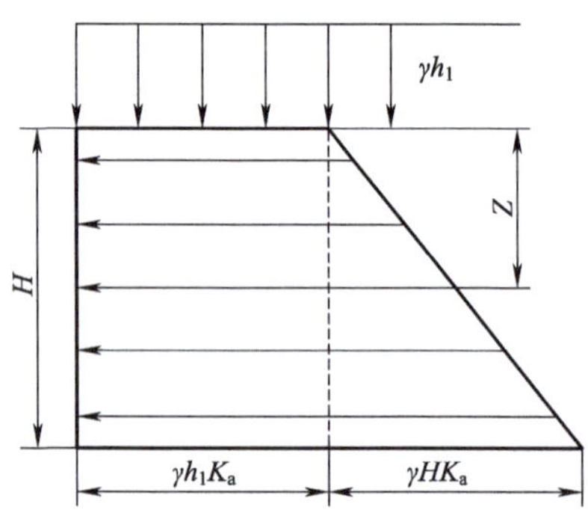

图 1-13 围岩侧压力计算

根据极限平衡条件可得深处 Z 的主动土压力强度为 P_a:

$$P_a=\rho gZ\tan^2(45°-\varphi/2)=\gamma ZK_a$$

其中,γ 为围岩容重;K_a 为主动土压力系数。

墙顶处:$P_{ao}=\gamma ZK_a$

墙脚处:$P_{ao}=(H+h_1)\gamma K_a$

作用在侧壁上总的侧压力 $P=(H/2+h_1)H\gamma K_a$

普氏平衡拱理论一般对松散、破碎围岩比较适用,但是对洞室埋深有一定条件,上覆围岩需要达到一定的厚度才能形成平衡拱,一般埋深要求大于 6 倍洞跨以上。

(2)太沙基理论[39,40]

太沙基理论是由美籍奥地利土力学家太沙基提出,该理论也将地下洞室围岩看作松散体,但不考虑自然平衡拱,对于埋深较浅的散体围岩,可以采用太沙基理论计算围岩压力,其力学模型如图 1-14 所示。

太沙基理论认为,在岩体本身重力作用下,洞室两侧发生剪切破坏,形成直达地表的破裂滑动面 AC 和 A_1C_1,其与水平面的夹角 $\alpha=45°-\varphi/2$,φ 为岩体的内摩擦角,并导致岩柱体 BDD_1B_1 下沉,形成垂直的破裂滑动面 BD 和 B_1D_1,岩柱体下沉对支护结构产生垂直的压力,但由于滑动面 BD 和 B_1D_1 产生摩阻力,所以顶部支护承受的围岩压力并不等于岩柱体 BDD_1B_1 的全部重量。围岩压力等于岩柱体自重扣除滑动面 BD 和 B_1D_1 抗剪力后的值。

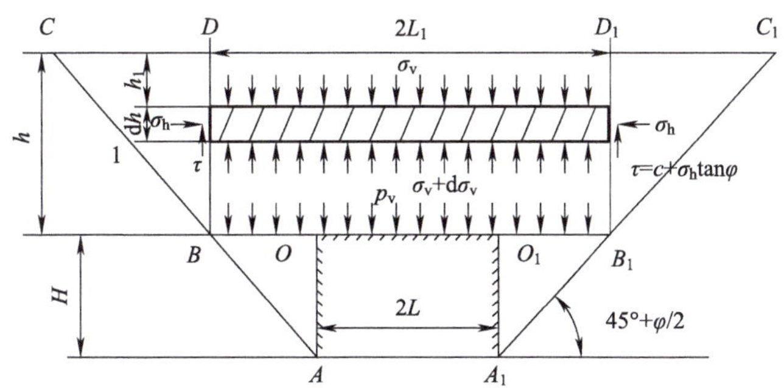

图 1-14　太沙基理论计算模型

在岩柱体 BDD_1B_1 中任取一块厚度为 dh 的薄层岩体，其距地表 h_1 深处，薄层岩体自重为 $2\gamma L_1 dh$，上表面受到压应力 σ_v 作用，下表面受到压应力 $\sigma_v+d\sigma_v$ 作用，两侧受到剪应力 τ 作用，根据竖向力系的极限平衡条件，可得式(1-25)。

$$\sum F_v = 2\gamma L_1 dh + 2L_1\sigma_v - 2L_1(\sigma_v + d\sigma_v) - 2\tau dh = 0 \tag{1-25}$$

其中，$\sigma_h=\lambda\sigma_v$；$\tau=c+\sigma_h\tan\varphi$；$\lambda$ 为侧压力系数；c 为围岩黏聚力。

式(1-25)化简整理得：

$$d\sigma_v=\left(\gamma-\frac{c}{L_1}-\frac{\lambda\sigma_v\tan\varphi}{L_1}\right)dh \tag{1-26}$$

积分求微分方程，并根据应力边界条件，$h_1=0$ 时，$\sigma_v=0$，可得到 σ_v 计算公式：

$$d\sigma_v=\left(\gamma-\frac{c}{L_1}\right)dh \tag{1-27}$$

由式(1-27)可知，σ_v 是一个随深度 h_1 按指数衰减的函数，当洞室埋深较大时，$h_1\to\infty$，σ_v 趋于定值，见式(1-28)。

$$\sigma_v=p_v=\frac{\gamma L_1-c}{\lambda\tan\varphi} \tag{1-28}$$

当 $h_1=h$ 时，p_v 的值见式(1-29)。

$$p_v=\frac{\gamma L_1-c}{\lambda\tan\varphi}\left[1-\exp\left(-\frac{\lambda h\tan\varphi}{L_1}\right)\right] \tag{1-29}$$

室顶部支护结构承受的压力 P 见式(1-30)。

$$P=2Lp_v=\frac{2L(\gamma L_1-c)}{\lambda\tan\varphi}\left[1-\exp\left(-\frac{\lambda h\tan\varphi}{L_1}\right)\right] \tag{1-30}$$

当 p_v 求出后，两侧的围岩侧压力可以根据朗肯(Rankine)主动土压力理论[41]，按滑动土体上有连续均布荷载的主动土压力公式进行计算。当 $c=0$ 时，围岩侧压力 P_1 见式(1-31)。

$$P_1=\left(\frac{1}{2}\gamma H^2+p_vH\right)\tan^2(45°-\varphi/2) \tag{1-31}$$

1.3　岩体强度理论

1.3.1　岩体强度理论概念

所谓岩体强度准则或岩体破坏判据[42-47]，即人们发现岩体因其应力、应变的值增长到一定程度，岩体就会发生破坏。这种破坏现象可以通过建立应力-应变之间的数学表达式来反映，该表达式能够对复杂受力条件普遍适用，且反映岩体破坏规律及岩体破坏机理。人们往往将研究岩体破坏的原因、过程和条件的理论，统称为岩体强度理论。《中国大百科全书・力学》卷和《力学词典》关于强度理论的定义为“强度理论是判断材料在复杂应力状态下是否破坏的理论”。

1.3.2　岩体强度理论研究现状

地质工程建设中岩体强度的预测、岩坡的稳定性、地下洞室围岩的设计、施工和稳定性评价以及所遇到的动力学现象问题（如围岩坍塌、垮塌及岩爆等），均直接或间接涉及岩体的强度问题。因此，岩体强度准则或强度理论在工程实践中应用的研究，对工程设计、施工和稳定性评价具有重要意义。

18 世纪朗肯教授提出的最大正应力理论标志着岩体强度理论研究的开始。国内外专家及学者经过一百多年的研究，提出许多在工程实践当中具有实用价值的岩体强度准则。

目前，岩体强度理论[48,49]主要分为两大类：理论强度准则和经验强度准则。前者的再分类是基于岩体强度的应力-应变关系以及专家研究成果划分的，主要分为最大剪应力、最大正应变、最大正应力和八面体剪应力的理论、格里菲思（Griffith）、修正的 Griffith、双剪应力、Lundborg、Mohr-Coulomb 以及结构面的强度理论，都是在理论、材料或者弹塑性力学等力学理论的基础上建立，而后者主要以试验为研究手段、通过室内外试验现象近似描述岩体破坏的机理，从而形成岩体破坏的判断依据，其中较著名的有 Bieniawski[50] 和 Hoek-Brown 强度准则[51]。岩体强度理论的分类见表 1-1。

表 1-1　岩体强度理论分类

岩体强度理论	理论强度准则	岩体理论强度	最大正应力即第一强度理论
			最大正应变即第二强度理论
			最大剪应力即第三强度理论、Tresca 准则
			八面体剪应力即 Von-Mises 准则
			Mohr-Coulomb 强度理论
			Griffith 和修正的 Griffith 强度理论
			Lundborg 强度理论
			双剪应力强度理论
		结构面强度理论	Mohr-Coulomb 强度理论
	经验强度准则		Bieniawski 经验强度准则
			Hoek-Brown 经验强度准则

1.3.2.1　岩体理论强度准则评述

各理论的应用特点如下[52]：

（1）最大正应力（第一强度理论）：也称为朗肯（Rankine）理论，岩土材料的破坏状态仅由最大的正应力值表征，即当岩土材料中任何一个主应力超过极限强度，就认为岩土材料发生了破坏。因此，当岩土材料处于一维应力状态的时候就可适用此理论，而不适用超过一维的应力状态。

(2)最大正应变(第二强度理论):岩土材料破坏状态仅由最大正应变值表征,即当岩土材料中任何方向的正应变达到极限范围,就认为岩土材料处于破坏状态。理论上表现为线性特征的岩土材料,基本适用于脆性岩土材料,而对非线性特征显著的塑性岩土材料不适合,应变的控制与其受到的约束有关。

(3)最大剪应力(第三强度理论、单剪理论):岩土材料的破坏状态仅由最大剪应力值表征,即当岩土材料中任何方向的剪应力达到允许极限值,就认为岩土材料处于破坏状态。第三强度理论适用于非线性特征显著的塑性岩土材料,而不适用于表现为线性特征的脆性岩体,主要原因是忽略了中间主应力的影响。

(4)八面体剪应力(Von-Mises 准则):岩土材料的破坏状态由八面体的剪应力值表征,其剪应力值达到极限强度值,表示岩土材料发生破坏,其理论可用于解释表现显著的非线性特征的塑性岩体破坏,而不能解释表现线性特征的脆性岩体破坏。

(5)双剪统一强度理论:与单剪强度相对应的强度理论[53]。岩土材料破坏由表现常规应力状态下的三大主应力相对应的三大剪应力表征。由于理论能够客观体现材料受中间主应力大小及剪应力值影响,在金属、非金属材料及岩土材料上得到很好的应用。目前虽然理论的正确性已通过试验手段验证,但在岩体力学体系中并未得到较好推广应用。

(6)Lundborg 强度理论:适用于线性特征的脆性材料。当岩石的正应力值大小增长到岩石的晶体强度的程度时,岩石的抗剪强度不随法向的荷载变大而变大。此时岩石破坏特征由剪应力及正应力关系表征。

(7)Mohr-Coulomb 强度理论[54]:整体适用于均质各向同性的岩土材料,计算结果也与实际情况比较相符,可合理描述脆性材料和塑性材料的破坏特征。准则能直观描述岩土材料受压、拉、剪情况与强度大小的关系,岩土材料强度关系为抗压大于抗拉强度值,岩土材料在处于各向拉伸状况下发生破坏,而处于各向等压状况下不发生破坏。但是该准则也存在反映不出中间主应力对岩体强度的影响,不能很好解释低、高和拉应力区的岩体破坏情况,并难以表征岩土材料在发生破坏时第一和第三主应力关系的不足[55]。

(8)格里菲思(Griffith)和修正的 Griffith 强度理论[56]:上述各种理论均认定岩石材料为连续均匀介质,而 Griffith 和修正的 Griffith 强度理论注意到材料内部存在许多细微裂缝,认定岩体材料破坏是在力的作用下岩石的细微裂隙扩展造成。理论通过引入断裂力学的基本原理来解释岩石破坏的发生、发展及受力的破坏机理。许多研究证明理论较适用于脆性岩石,但不能描述岩体破坏特征,因此其理论应用远不如 Mohr-Coulomb 强度理论。

(9)Hoek-Brown 强度准则[57,58]:基于 Hoek-Brown 强度准则的岩体参数估算理论是目前最为成熟的估算理论之一。该准则是 E. Hoek 和 E. T. Brown 基于大量的试验数据得出,经过 5 次修正后发展到 2002 版,且准则能够很好地适用于各种岩体,其最大特点是能够弥补 Mohr-Coulomb 强度准则的某些不足,但 Hoek-Brown 强度准则的估算参数的确定也常具有主观性。

1.3.2.2 岩体力学参数取值方法

目前国内外专家摸索出几十种岩体力学参数的确定方法,大体分为如下四大类。

(1)工程经验类比法

该方法是基于大量工程实践经验通过各种现场实际的施工情况总结对比得出,目前已在工程建设中得到广泛应用，如工程岩体分级法、相似性类比法。Barton[59]和 Bieniawski[50]提出的 NGI(Q)和 SIR(RMR)分级法在国际上受到广泛重视。经过国内专家的不断努力，我国于 1994 年颁布《工程岩体分级标准》(GB 50218—94)[60]。标准虽然给出了相应的各级岩体力学参数范围，但由于工程实际环境往往错综复杂，其岩体性状各尽不同，即使同一岩石在不同的地域及不同气候区，岩石性状也表现不同，如标准给出的参数范围值往往不能反映出工程实体参数的“真实值”，不利于工程的设计、施工及稳定性评价。因此要想获得更符合实际的参数值，应通过勘察工程岩体实际情形、经各种理论或试验方法充分论证而获得可应用的岩体参数。

(2)室内外试验法

获取岩体力学参数最直接的方法就是对工程岩体进行原位试验，或者对现场岩体取样进行各种室内试验。前者理论上虽可以获得足够接近工程实际的参数“真实值”，但往往试验成本高，周期长，易受周边环境及气候影响，参数获取受到不可预知的因素影响，造成获取的参数具有不确定性。而后者虽然简单明了，但试样脱离赋存环境，很难代表工程实际参数值，同时受室内试验仪器及“尺寸效应”影响，试验数据结果往往具有离散性，不具备代表性。因此应以试验结果为参考通过其他方法对结果进行修正，从而获取接近工程实际的参数值。

(3)正分析法和反分析法

由上述描述中可知，两种方法总是间接或直接对参数结果有影响，国内外专家力图寻求一种新方法对如何获取岩体参数进行研究。随着全球科技高速发展，岩土工程建设也不可避免地进入计算机信息时代。目前岩土工程常应用计算机强大的数值模拟功能，发展了两种方法：正分析法[61]和反分析法[62,63]。正分析法结合岩体结构特征确定岩体的本构模型，给定参数初始值，通过试算法或者正算等方法不断对初始值进行寻优，直至找到岩体强度及变形参数的“真实值”。反分析法是基于目前比较成熟的现场监控量测数据(如应力、应变及位移值)，通过数值模型反推岩体的力学参数。

(4)不确定性分析方法

岩体力学参数确定常常具有主观及客观不确定性(随机性和模糊性)[64,65]。在岩土工程建设中，尤其是隧道工程中，围岩赋存环境非常复杂，围岩参数确定常因不确定性而不能准确描述。“参数给不准”已成为隧道工程理论分析和数值模拟的一个“瓶颈”问题。岩体力学参数的随机不确定性，常由试样取样方式、岩样尺寸、室内外试验及操作误差等引起，大量的模糊数据能够通过随机模糊统计方法找到一种破坏规律，然而岩体的不连续性、非均匀性导致合适的模糊概率模型及参数难以确定。

1.3.3 Hoek-Brown 强度准则国内外研究及应用现状

Hoek-Brown 强度准则[66]自 1980 年提出后，经过 5 次不断完善，现已能够从根本上弥补 Mohr-Coulomb 强度准则[67]的不足和缺陷。对于非线性破坏特征的岩体，研究证明 Hoek-Brown 强度准则显然比 Mohr-Coulomb 强度准则更适用。准则的提出，从某种意义上说，它拓宽了各种复杂岩体的研究范围，自提出后已经受到地质工程界和岩土工程界的许多专家高度关注，并且在各国实体工程建设上得到广泛的应用且具有非常显著的成果，应用范围也已涉及各种各样复杂岩体的描述，地下空间的开发，工程的设计、施工以及岩体强度预测和稳定性研究。

Hoek-Brown 强度准则发展到目前，已经出现了很多显著的理论和经验成果。主要成果都在准则估算参数的研究以及岩土工程建设的应用研究。

E. Hoek[57]于 1980 年和 1988 年分别通过由大量三轴试验数据和大量大剪试验数据统计确定经验参数 m、s，同时在 1988 年 E. Hoek 又采用岩体分类指标 RMR 和 Q 值估算 m、s[68]。由于 RMR(CISR)和 Q 值等岩体分级指标在岩土工程建设中的广泛认可及应用，经验参数 m、s 值的估算及 Hoek-Brown 强度准则也得到广泛认可。之后，Palmstrom[69]于 1994 年通过岩体分类指标 RMI 而确定 m、s 值。其中应用最广泛的当属通过 CISR 的岩体分类指标确定 m、s。但是，后来 E. Hoek[70]发现由 RMR 确定的 m、s 值常在某一个临界点无法进行估计造成 m、s 值不连续，因此 E. Hoek 提出一个更符合现场实际的地质强度指标 GSI（Geological Strength Index）代替 RMR，至此 Hoek-Brown 强度准则便成为一个更加独立的岩体力学参数估算体系，该准则的研究也进入了新的发展阶段[71-73]。但 E. Hoek 对 GSI 的取值只给出了一个大概的区间值，并没有提出定量化方法，结果致使 GSI 的取值主观性强，不能很好满足工程实际。为此，国内外展开了关于 GSI 的量化研究并得到不少成熟的理论和经验成果，丰富了 Hoek-Brown 强度准则的适用性。其中，2009 年苏永华和封立志等[74]引入岩体块度指数(RBI)和绝对风化指数(AWI)与 GSI 表格形式概化区间描述有机结合，形成 GSI 定量化的方法。2011 年胡盛明等[75]引入岩体体积节理数 J_v 和结构面条件因子 J_c 建立基于量化的 GSI 的围岩分级系统，能够很好地对工程实体参数进行可靠估算。2011 年林达明等[76]引用完整岩芯长度 RCL 和花岗岩矿物成分及相互关系的条件 RMC 来建立基于矿物结构和钻探的花岗岩 GSI 图，基于此图估算的弹性模量 E 与勘察单位给出的弹性模量值仅仅相差 0.11 GPa，证明 GSI 图估算值合理，准则适用。2012 年中南大学胡建华等[77]引入节理间距和节理面粗糙度系数(JRC)建立了关于节理裂隙的量化的 GSI 系统，实现了节理裂隙下岩体力学参数的估算，提供了裂隙下采矿工程设计以及施工的基础参数。

正是由于 Hoek-Brown 强度准则的不断完善，其岩体参数估算理论已成为最为成熟的理论之一，其应用范围也非常广泛。1980 年基于 Hoek-Brown 强度准则对岩体破坏的描述，E. Hoek 发展了洞室围岩稳定性分析方法，并成功应用到南非地区多个矿山。E. Hoek 通过改进 1979 年 Sarama 非垂直条分法获得改进的 Sarama 法，且在 1983 年通过修正 J. Bray 得出的岩体抗剪强度计算公式获得岩体分条界面上的抗剪强度参数，这些都属于 Hoek-Brown 强度准则对于岩坡稳定性分析方法的早期研究。

1.3.4　位移反分析国内外研究现状和发展方向

对于基于强度理论研究的力学参数获取都具有不确定性，且数据结果离散不具代表性，因此在 20 世纪 70 年代初岩土工程地下空间领域形成了反分析法的基本思路。所谓反分析法，即以现场监控量测到的反映系统力学行为的某些物理信息量（如位移、应变、应力或荷载等）为基础，通过反演模型（系统的物理性质模型及其数学描述，如应力与应变关系式），反演推算得到该系统的各项或部分初始参数（如初始应力、应变和本构模型参数等）的方法。随着监控量测技术的发展，人们发现现场初始应力、应变及位移数据可以由监控量测获得，且数据真实可靠，从此国内外专家开始了反分析法理论与经验的应用研究。

1.3.4.1　国外位移反分析法的发展和现状

1972 年 Kavanagh 和 Clough 教授[78]采用有限元法反演弹性固体的弹性模量。1976 年

Kirsten[79]在约翰内斯堡的岩土工程勘测研讨会议上提出量测变形反分析岩体的弹性模量，随后1977年G. Maier[80]针对岩石力学中的不确定性提出的模型辨识研究。同年Kovar[81]采用位移反分析法反演了地层压力下的力学参数，且结果科学可靠。1980年Gioda[82,83]采用单纯性法、Powell法以及拟梯度法等数学优化方法获得岩体的弹性、弹塑性状态下的力学参数，此方法也叫优化反分析法，主要取决于数值优化方法的应用，其中最大的“亮点”就是他们还商讨了在岩土工程反分析中不同数值优化方法的适用性，实际上这是指定了不同本构模型下各种数值分析的适用性和有效性。1981年Gioda等[82]人基于位移量测数据，将位移反分析法应用到柔性挡土结构并反算出其结构土压力。1983年Arai教授[84]将二次梯度法应用到反分析法中，并获得弹性模量和泊松比的参考建议值。Gioda和Sakurai[85]采用线弹性有限元位移反分析法对岩体的弹性模量和初始应力确定进行研究，并完成了隧洞围岩的初始应力和岩体弹性模量的逆解法，该方法将监控量测技术与理论分析计算有机结合，充分利用基于现场量测数据结果反分析方法对地下空间工程的参数确定进行评价应用。

1.3.4.2 国内位移反分析法的发展和现状

20世纪70年代末，我国紧跟国际开始研究位移反分析法，在我国岩土工程的快速发展影响下，基于现场实际情况的位移反分析法也很快得到发展应用，经过国内专家对于位移反分析法的研究，目前已经取得了很多适用于实际工程的位移反分析成果，与国外成果相比，在质量及数量上较为出色，某些方面甚至超过国际研究成果。

因为弹性本构模型的广泛适用，国内专家首先展开了弹性位移反分析研究，杨志法，王思敬，刘竹华[86-88]提出了三维问题的有限元图谱法—图解位移反分析法和双值(弹性模量E及初始应力P)位移反分析法。冯紫良和杨林德教授[1]从概率角度进行弹性位移反分析研究；刘允芳[89]则针对平面应变问题采用复变函数方法进行位移反分析研究；李世辉[90]采用典型类比分析方法对隧道位移反分析问题进行研究；朱维申[91,92]等针对地下空间工程“时空效应”问题，基于掌子面的位移测量数据结合空间问题进行弹性位移反分析研究。

弹塑性本构模型也是岩土工程建设中用来表征岩体特征的本构模型，因此弹塑性问题的位移反分析法也得到较早研究。杨志法[93]研究了基于单纯形等数值方法的弹塑性位移反分析，而杨林德[94]、孙钧[95]、郑颖人[96]、袁勇[97,98]、冯紫良[93,99]和王芝银[100,101]等均进行了弹塑性问题的位移反分析研究。

基于岩体本构模型选择，黏弹性位移反分析的解析法和数值法方面同样得到研究，但由于工程实际存在理论和技术问题，使其在工程实际中应用较少。薛琳[102,103]、杨志法[86]等对Kelvin体、Maxwell体和H-K模型中位移反分析的解析法进行了研究。

1.4 围岩压力理论与散体围岩隧道施工技术的发展现状

1.4.1 围岩压力理论的发展现状

在20世纪20年代以前，隧道围岩主要采用古典压力理论[104,105]，如兰金和海姆理论，但这与实际情况并不相符，也给支护结构的设计、选材带来极大困难。随着人们对围岩压力的进一步认识，出现了各种散体理论，如泰尔扎吉和普罗托季亚科诺夫理论[106]，其假定围岩为松散体,在围岩成拱作用下塌落拱以内的岩体重量就是作用于支护结构上的主动围岩压力。50 年代后弹塑性力学理论开始在隧道计算中得到应用,如芬纳[107]、卡斯特纳公式[108]等。60 年代后期,出现了考虑地下结构与围岩相互作用的弹塑性理论,其认为围岩既是荷载又具有承载能力,可以将其与支护结构视为一个统一整体共同构成承载体系,不再单独计算围岩压力[109-112]。70 年代后人们将工程地质和数值计算相结合,出现了研究块状和层状岩体的块体力学理论[113,114]。

1.4.2　散体围岩隧道开挖方法的发展现状

由于散体围岩结构松散破碎,力学性质极差,因此在散体围岩环境中开挖隧道一直是工程界的难题,传统的矿山法由于经济和安全问题并不符合散体围岩隧道施工要求。但随着隧道开挖方法的不断改进与发展,特别是 20 世纪 50 年代后,新奥法[115](New Austrian Tunnelling Method,NATM)的成熟与运用,给散体围岩条件下开挖隧道提供了更多选择方式及组合。目前在不良地质围岩隧道设计及施工工艺研究方面,奥地利、瑞典、挪威及日本、韩国均已走在世界前列,在过去数十年的不良地质围岩隧道建设中积累了宝贵经验,大量施工新技术得到广泛应用,如台阶法、中隔壁法、侧导坑法、围岩动态分析技术、TBM 法等[116-119]。

1981 年在德国慕尼黑地铁隧道施工中,开创了 CD 开挖法[120],并成功应用双侧壁导坑法、眼镜法等先进施工工艺。1981 年 4 月日本在修建福山线第一武田尾隧道时,采用侧壁导坑法开挖,中导坑先行的施工方法,成功穿越较破碎的流纹石英鞍山岩[121]。德国在修建 B14 号公路赫斯拉奇 2 号公路隧道时,采用双侧壁导坑法成功穿越埋深为 12～15 m,围岩为晚三叠纪石膏、粉砂的断层破碎带。1998 年,我国京珠高速公路在修建五龙岭隧道时采用三导洞先拱后墙法穿越断层破碎带[122,123]。2004 年,我国在修建南京老山隧道时,采用正台阶预留核心土法圆满完成大断面软弱围岩段施工[124,125]。2006 年,我国厦门翔安海底隧道陆域段软弱地层大断面浅埋隧道采用 CRD 法施工[126-128]。

1.4.3　散体围岩隧道支护理论的发展现状

隧道开挖后,由于临空面的产生,原有岩体的力学平衡遭到破坏,隧道洞壁岩体会向洞内发生变形。如果岩体强度高、整体性好,隧道变形发展到一定程度,将会逐渐停止,围岩保持稳定。如果岩体条件较差,特别是遇到岩体比较松散和软弱时,由于结构破碎和力学强度低,自稳能力差,围岩变形将不断发展下去,最终导致整体失稳破坏。因此,岩体开挖后必须迅速设置初期支护,控制围岩变形失稳。目前,关于地下支护结构的内力计算有两种不同设计理念,一种是认为围岩只是施加荷载,而支护结构是被动承受围岩的主动压力;另一种则认为围岩既是荷载又具有承载能力,将围岩与支护结构视为一个统一整体共同构成承载体系,在支护结构与围岩的相互作用下,被开挖围岩发生二次应力重分布,与支护结构同步达到新的稳定平衡。对于隧道支护理论与方法,专家学者同样进行了大量研究。

新奥法理论:20 世纪 60 年代,奥地利人拉布采维茨(L. V. Rabcewicz)[129]提出新奥法,它以岩体力学理论为基础,着眼于洞室开挖后形成的二次应力重分布,重点发挥围岩自身承载能力,采用锚杆和喷射混凝土为主要支护手段,及时支护并控制围岩的变形和松弛,使围岩成为支护体系的组成部分,并通过对围岩和支护结构的实时监测,指导和调整隧道开挖和支护方法。

能量支护理论[130]:认为支护结构与围岩相互作用,在变形过程中,围岩应力释放,支护结构吸收围岩释放的变形能量，主张利用支护结构的特点，使支架自动调整围岩释放的能量和支护吸收的能量，支护结构具有自动释放多余能量的功能。

应变控制理论[131]：认为围岩应变随支护结构的增加而减少，而容许应变随支护结构增加而增大，可以通过调整支护结构将围岩变形控制在容许范围内。

轴变理论：1983 年于学馥等[132]提出轴变论，认为巷道坍落自行稳定可以用弹性理论进行分析，围岩破坏是由于应力超过岩体极限强度引起，坍落是改变巷道轴比，导致应力重分布。应力均匀分布的轴比呈现椭圆形，是巷道最稳定的轴比。

联合支护理论：由郑雨天(1988)[133]、冯豫(1990)[134]和陆家梁(1991)等人提出，软岩巷道支护应采取“先柔后刚，先让后抗，柔让适度，稳定支护”的原则，不能一味追求加强刚度和支护厚度，由此发展起来的支护技术主要有：锚喷网、锚喷网架、锚带喷架等联合支护措施。

软岩工程力学支护理论：1993 年由何满潮[135]提出支护体与围岩在强度、刚度、结构上存在不耦合导致软岩工程破坏，软岩隧道支护应从其变形力学特性入手，将深部软岩隧道支护分为两阶段：一次支护为柔性支护，二次支护为关键部位耦合支护。

锚喷-弧板支护理论：1996 年由朱浮声和郑雨天等[136]提出对软岩巷道支护放压到一定程度后，应采取高标号、高强度钢筋混凝土弧板支撑围岩向中空位移。

围岩松动圈理论：2001 年由董方庭等[137]提出隧道开挖后围岩松动圈形成过程中的碎胀(剪胀)力是支护的主要荷载，而支护的作用在于限制这种碎胀(剪胀)力造成的有害变形，将支护难度用量化的围岩强度和地应力参数描述。

Gonzalez de Vallejo，L. I[138]介绍了 SRC 围岩分类方法在较高施工应力下的软弱围岩隧道中的应用。Dalgic[139]依托 Beykoz Tunnel 工程，分析了软弱围岩对隧道开挖和支护的影响，指出软弱围岩隧道的稳定需要进行联合支护，诸如喷射混凝土、锚杆、钢纤维喷射混凝土等，超前支护、减少开挖步骤和合理的开挖工序在软岩隧道稳定中起到重要作用。

目前地下工程支护结构类型多样，常见的支护结构有木支护、锚杆支护、钢支护、喷射混凝土支护、超前支护等。木支护主要用于早期的矿山法，但由于其自身弱点，现在仅在塌方抢险的时候用作临时支撑。锚杆支护中锚杆作为一种特殊的支护形式，主要起加固岩体作用，通过拉力杆将表层不稳定岩土体的荷载传递至岩土体深部稳定位置，从而实现被加固岩土体的稳定，通过预应力和两端锚固型锚杆形成主动支护阻力。钢支护主要有两种形式，一种是利用型钢做成钢拱架，另一种是用钢筋焊接成的格栅拱架。喷射混凝土支护中喷射混凝土能与围岩紧密结合，并具有足够的柔韧性，可以对软弱围岩进行快速封闭保护，对围岩条件与隧道形状具有良好的适应性，并且这种支护可以根据隧道内变形情况随时补喷加强。对于软弱破碎的散体围岩，及时采用短进尺的开挖方法，掌子面也极易失稳破坏，当处于高应力地区，或地下水丰富时情况更为严重，因此为提高隧道工作区域围岩的稳定性，需要采用围岩超前支护措施，主要包括超前锚杆、超前管棚、超前注浆小导管、超前深孔帷幕注浆、水平旋喷预支护、机械预切槽、地表注浆等。

1.5 亟待解决的问题

在地下工程建设中常常会遇到松散软弱围岩，现有的岩体参数确定方法尚存在问题，参数难以确定成为地下工程计算中的“瓶颈”问题。基于 Hoek-Brown 强度准则的岩体参数估算理论，对于非线性特征的岩体具有很好的适用性，是经验强度理论中最为成熟的岩体参数估算理论之一，而基于监控量测技术及数值建模的位移反分析方法，因监控数据基于易于获得同样在岩体参数确定中占有重要地位，但是部分专家发现两种岩体参数确定方法仍存在一些不足和缺陷。

1.5.1 Hoek-Brown 强度准则存在的问题和不足

Hoek-Brown 强度准则能够适用于岩性极好至极差的岩体，准则的成立是基于大量工程建设的经验判别而定，因此准则不可避免地受到人为因素影响。最新版的 Hoek-Brown 强度准则(2002 版)中需要四个输入参数：完整岩石的单轴抗压强度 σ_{ci}、地质强度指标 GSI、完整岩石参数 m_i 和工程扰动系数 D。σ_{ci} 值因进行原位试验成本大，试验周期长，且影响因素难以控制，常常通过在现场钻芯取样进行室内三轴试验确定，但是对于某些松散软弱围岩，常常难以获取具有代表性的芯样，而且脱离了赋存环境的芯样具有“尺寸效应”问题，同时也应考虑存在试验误差。而其余三个输入参数的确定，通常都是依赖对现场工程岩体性状的判别及地质勘察报告确定，这种经验判别结果因人而异，虽然许多专家进行了一系列减小判别误差的研究，但是主观性因素仍不可避免。因此准则的不足之处主要表现为两点：①室内外试验数据的准确性及代表性；②地质工作者对于岩体的判别结果的准确性、有效性以及主观性问题。

1.5.2 位移反分析法研究存在的问题和不足

位移反分析法从模型的简单到复杂，从参数的单一到众多，从土体到岩体，适用范围越来越广泛。虽然位移反分析法对于岩体力学参数确定非常关键，但在理论和具体工程实践应用上还存在许多不足和缺陷。虽然已有专家针对岩体变形的非确定性问题进行了岩土力学反演问题的随机理论与方法研究，但仍有很多问题尚未得到解决。

在数学领域，正分析具有唯一的“结果”，由因及果无可争议，而反分析是正分析的逆向解答，由果及因，却难以确定。引起“结果”的“原因”有很多，即反分析问题体现解的不适定性，也即解的不唯一性。同时，由果及因在操作上也很困难，很难找到稳定性好的解决办法，稍不留意便会造成解的不存在性和有效性。

位移反分析是基于现场实际监控量测的位移值和数值模拟技术实现，而监控量测肯定会受到实际施工、监控人员、监测仪器以及岩体赋存环境的影响，而其监测结果对于位移反分析成功与否具有决定性意义。岩体赋存环境多变，常呈非线性特征，难以准确合理地描述岩体性状和特征，从而导致复杂岩体的监测结果也会出现数据不具代表性和稳定性问题。

近年来，虽然数值模拟应用越来越广泛，但是暴露出的问题同样不可小觑。通过软件建立的模型通常都是简化模型，并未完全合理地反映工程实际情况，而且数值模型采用的本构模型都基于一定程度上的假设，与具体工程实际的应力-应变关系并不相符。为此数值模型的准确建立对于位移反分析成功与否同样具有决定性意义。模型不准确，不能反映工程实际状况，反演出的参数同样是无效的。

位移反分析反演参数数量的确定对于反演结果同样重要，缺少参数将会导致运算误差成倍增加，在具体工程实践中如何确定合理的反演参数非常值得研究。

综上所述，位移反分析在取得骄人成绩的同时，同样具有很多值得关注和研究的缺陷及不足，主要表现为位移反分析的解的唯一性、稳定性及有效性问题和位移反分析获得力学参数标准化及实用性问题。

1.6 本书研究方法及主要研究内容

1.6.1 研究方法

由于基于 Hoek-Brown 准则的岩体参数的估算方法和基于监控量测技术及数值建模的位移反分析法确定的参数结果常常不统一，极易造成确定的参数具有不稳定性、缺乏有效性和唯一性问题，因此本书提出一种新的岩体力学参数确定方法，解决参数的有效性和唯一性问题。

通过监控数据正算反演结果对新方法的有效性和唯一性进行判定，再利用新方法确定的力学参数对这类围岩隧道的施工技术进行稳定性分析研究，并结合模型实验，分析各种开挖方法及支护方法对散体围岩隧道稳定性的影响。

1.6.2 主要研究内容

(1)以贺巴高速石磨岭隧道为例，采用基于 Hoek-Brown 破坏准则的岩体参数估算理论确定散体围岩段岩体力学参数，对准则的输入参数进行试验及地质勘探调查研究。

(2)基于监控量测技术及数值建模的位移反分析确定石磨岭隧道散体围岩力学参数，考虑反分析效率问题采用黄金分割法对位移反分析进行优化，从而合理确定位移反分析参数。

(3)针对常用力学参数确定方法存在的有效性、唯一性问题，提出一种新的力学参数确定方法，应用于石磨岭隧道散体围岩段，并将新方法确定的参数通过隧道拱顶下沉和水平量测数据进行正算反演。

(4)以石磨岭隧道为工程背景，对全断面法、超短台阶法、正台阶预留核心土法、CD 法、CRD 法五种开挖方式进行数值模拟。对比不同开挖条件下围岩位移、应力、塑性变形变化情况及衬砌结构受力状态，分析不同开挖方法对散体围岩隧道稳定性影响。同时对相关支护方式进行数值模拟，分析其对散体围岩隧道的稳定性影响。

2 基于 Hoek-Brown 强度准则的散体围岩力学参数反分析研究

2.1 概　　述

Hoek-Brown 经验强度准则由 E. Hoek 在 1980 年提出。国内外专家以试验为基本手段，通过对大量的试验数据统计分析建立了能够反映岩体破坏特征的经验强度准则。之后，经过 5 次[140]（1980 年提出、1988 年、1992 年、1995 年和 2002 年）完善和修正，准则适用范围更广泛更符合实际，在岩土工程建设中大有赶超 Mohr-Coulomb 准则应用的趋势。Hoek-Brown 经验强度准则能直观反映岩体的非线性破坏特征和本身的固有特点，贯穿岩土工程建设中的设计、施工、预测及稳定性评价。本章主要介绍 Hoek-Brown 经验强度准则的强度理论、岩体破坏特征描述、与 Mohr-Coulomb 强度准则相比具有的优势、准则的适用条件、参数取值及敏感性。

2.2 Hoek-Brown 强度准则

2.2.1 狭义 Hoek-Brown 强度准则

E. Hoek 和 E. T. Brown 于 1980 年以格里菲思（Griffith）及其修正的 Griffith 理论为基础，通过对大量室内岩石三轴试验数据结果资料及现场试验数据结果的数学统计应用分析，基于试错法推导出岩块的抗压强度与岩体发生破坏时的极限主应力间的关系式，即 Hoek-Brown 破坏准则[141]，也称为狭义 Hoek-Brown 破坏准则。

狭义 Hoek-Brown 破坏准则的关系式见式(2-1)。

$$\sigma_1=\sigma_3+\sqrt{m\sigma_{ci}\sigma_3+s\sigma_{ci}^2} \tag{2-1}$$

式中，σ_1、σ_3 为岩体破坏时的最大有效（第一）和最小有效（第三）主应力（MPa）；σ_{ci}为岩块的单轴抗压强度值（MPa），可由室内单轴试验或者点荷载试验结果确定；m、s 为准则经验参数。m 描述岩石的软硬程度，其值通常在 0.000 000 1～25 的范围获取，当 $m=0.000\ 000\ 1$ 时，对应于扰动程度大的岩体破坏，当 $m=25$ 时，对应于理想状态下不发生破坏的岩体，即对应于完整的坚硬岩体。s 描述岩体的破碎程度，其值通常在 0～1 的范围获取，当 $s=0$，对应于岩体非常容易发生破坏，岩体呈极度松散破碎状态，而 $s=1$ 时，则对应于岩体不发生破坏，即岩石称完整坚硬状态。

令 $\sigma_3=0$，由式(2-1)得到岩体的单轴抗压强度 σ_{cm}，见式(2-2)。

$$\sigma_{cm}=\sqrt{s}\sigma_{ci} \tag{2-2}$$

对于完整度好的岩体，$s=1$，则有 $\sigma_{cm}=\sigma_{ci}$，说明岩体的单轴抗压强度等于岩块的单轴抗压强度。对于存在多组节理面、裂隙的岩体有 $s<1$，说明岩体的单轴抗压强度小于岩块的单轴

抗压强度。因此岩体的单轴抗压强度不大于岩块的单轴抗压强度。

将 $\sigma_1=0$ 带入式(2-1)中，并求解关于 σ_3 的一元二次方程，获得岩体单轴抗拉强度 σ_{mt}，见式(2-3)。

$$\sigma_{mt}=\frac{1}{2}\sigma_{ci}(m-\sqrt{m^2+4s}) \tag{2-3}$$

由式(2-3)可知，σ_{mt}的值是关于准则经验参数 m、s 的函数，m、s 的值直接影响岩体单轴抗拉强度 σ_{mt}。

根据大量工程实践经验，Hoek 和 Brown 于 1988 年提出基于岩体质量分类指标 RMR 和 Q 值确定岩体材料常数 m、s 的建议值，见表 2-1。

表 2-1　岩体质量分类指标与常数 m、s 之间的关系

经验破坏准则 $\sigma_1=\sigma_3+\sqrt{m\sigma_{ci}\sigma_3+s\sigma_{ci}^2}$		具有发育结晶和劈理的碳酸质岩石 白云岩，石灰岩，大理岩	具有中等结晶和劈理的土质泥岩 粉砂岩，页岩，板岩	结晶发育，劈理不发育的砂质岩 砂岩，石英岩	细粒结晶的火成岩 玄武岩，辉绿岩，流纹岩	粗粒结晶的火成岩 砾岩，片麻岩，花岗岩，苏长岩，石英岩
完整岩石无裂隙 RMR=100，Q=500	m	7.00	10.00	15.00	17.00	25.00
	s	1.00	1.00	1.00	1.00	1.00
	m	7.00	10.00	15.00	17.00	25.00
	s	1.00	1.00	1.00	1.00	1.00
质量极好的岩体，岩块紧密镶嵌，仅有粗糙未风化节理，节理间距 1～3 m，RMR=85，Q=100	m	2.40	3.43	5.14	5.82	8.56
	s	0.082	0.082	0.082	0.082	0.082
	m	4.10	5.85	8.78	9.95	14.63
	s	0.189	0.189	0.189	0.189	0.189
质量好的岩体，新鲜至微风化，受轻微扰动，节理间距 1～3 m，RMR=65，Q=100	m	0.575	0.821	1.231	1.395	2.052
	s	0.002 93	0.002 93	0.002 93	0.002 93	0.002 93
	m	2.865	2.865	4.298	4.871	7.163
	s	0.020 5	0.020 5	0.020 5	0.020 5	0.020 5
质量中等的岩体，具有多组中等风化节理面，节理间距 0.3～1 m，RMR=44，Q=1	m	0.128	0.183	0.275	0.311	0.458
	s	0.000 09	0.000 09	0.000 09	0.000 09	0.000 09
	m	0.947	1.353	2.03	2.301	3.383
	s	0.001 98	0.001 98	0.001 98	0.001 98	0.001 98
质量差的岩体，具有大量夹泥风化节理，节理间距 0.3～0.5 m，RMR=23，Q=0.1	m	0.029	0.041	0.061	0.069	0.102
	s	0.000 03	0.000 03	0.000 03	0.000 03	0.000 03
	m	0.447	0.639	0.959	1.087	1.598
	s	0.000 19	0.000 19	0.000 19	0.000 19	0.000 19
质量极差的岩体，具有大量严重风化节理并夹泥，节理间距小于 0.05 m，RMR=3，Q=0.01	m	0.007	0.010	0.01	0.017	0.025
	s	0.000 000 1	0.000 000 1	0.000 000 1	0.000 000 1	0.000 000 1
	m	0.219	0.313	0.469	0.532	0.782
	s	0.000 02	0.000 02	0.000 02	0.000 02	0.000 02

注：表中上排 m、s 表示扰动岩体；下排 m、s 表示未扰动岩体。

基于岩体评分指标 RMR 能够估算获得岩体材料性质常数，见式(2-4)～式(2-7)。

(1)未扰动的岩体(原样岩体)

$$m=m_i\exp\left(\frac{\mathrm{RMR}-100}{28}\right) \tag{2-4}$$

$$s=\exp\left(\frac{\mathrm{RMR}-100}{9}\right) \tag{2-5}$$

(2)扰动岩体(工程围岩)

$$m=m_i\exp\left(\frac{\mathrm{RMR}-100}{14}\right) \tag{2-6}$$

$$s=\exp\left(\frac{\mathrm{RMR}-100}{6}\right) \tag{2-7}$$

式中，m_i 为完整岩块的 m 值，可以通过室内单轴试验获得，可用于划分岩体软硬程度。如果试验数据结果不准确或不存在，可按表 2-1 中的建议值取值。

简单介绍 Q 指标岩体分类方法，其 Q 值由式(2-8)确定。

$$Q=\left(\frac{\mathrm{RQD}}{J_n}\right)\times\left(\frac{J_r}{J_a}\right)\times\left(\frac{J_w}{\mathrm{SRF}}\right) \tag{2-8}$$

式中，RQD 为岩石质量指标；J_n 为节理组数；J_r 为节理粗糙度系数；J_a 为节理蚀变系数；J_w 为节理水折减系数；SRF 为应力折减系数。Q 值范围 0.01～1 000。

2.2.2 广义 Hoek-Brown 经验强度准则

1992 年，E. Hoek 针对狭义 Hoek-Brown 强度准则(1980 年)存在的缺陷和不足，对准则进行了适用性完善，完善后的关系表达式即为广义 Hoek-Brown 经验准则。

广义 Hoek-Brown 经验准则的关系式见式(2-9)。

$$\sigma_1=\sigma_3+\sigma_{ci}\left(m_v\frac{\sigma_3}{\sigma_{ci}}+s\right)^{\alpha} \tag{2-9}$$

式中，m_v 为岩体经验参数 m_i 的折算值；α 为岩体特征有关的常数。狭义 Hoek-Brown 经验强度准则适用于岩性很好的岩体，但对于岩性差的(认定 $s=0$)岩体，难以用式(2-1)进行岩体破坏描述，因此常用式(2-10)描述岩性差的岩体。

$$\sigma_1=\sigma_3+\sigma_{ci}\left(m_v\frac{\sigma_3}{\sigma_{ci}}\right)^{\alpha} \tag{2-10}$$

由上可知，广义 Hoek-Brown 经验强度准则不但适用于岩性很好的岩体(当 $\alpha=1/2$ 时)，也适用于岩性差的岩体。岩性极差的岩体，比如松散软弱围岩，其层理、节理面发育，岩体松散不稳定，常容易出现抗拉强度和黏聚力很小甚至趋于零，如力学参数不准，将会影响施工，甚至造成安全事故。完善后的 Hoek-Brown 经验强度准则能够很好地描述非连续、各向异性不均匀、岩性复杂的破碎松散岩体，其对非线性特征的岩体具有更准确合理的描述。

广义 Hoek-Brown 经验强度准则只是通过 α 修改了关系表达式，并不影响通过岩体质量分类指标 RMR 和 Q 值来确定岩体材料常数 m、s。根据式(2-4)～式(2-7)，在完整性好的岩石和工程围岩之间存在一个临界点，在工程上的体现为对于极度破碎的松散围岩难以得到符合现场实际的准确值。针对这一缺陷，Hoek、Kaiser 及 Brown 于 1995 年引入地质强度指标 GSI(Geological Strength Index)来描述各种性状岩体的破坏情况。GSI 和 m_v、s、α 的关系见式(2-11)。

$$m_v = m_i \exp\left(\frac{GSI-100}{28}\right) \tag{2-11}$$

当 GSI>25(未扰动岩体)时，

$$\alpha = 0.5, s = \exp\left(\frac{GSI-100}{9}\right) \tag{2-12}$$

当 GSI<25(工程扰动岩体)时，

$$s = 0, \alpha = 0.65 - \frac{GSI}{200} \tag{2-13}$$

其中，已有研究成果表明 GSI 与 RMR 存在如下关系[142]：

当 $RMR_{76}>18$ 时，$GSI=RMR_{76}$；

当 $RMR_{79}<23$ 时，$GSI=RMR_{79}-5$；

当 $RMR_{76}<18$ 或 $RMR_{79}>23$ 时，GSI 则采用 Barton、Lein 和 Lunde 提出的 Q' 值分类法确定。

$$Q' = \frac{RQD}{J_n} \times \frac{J_r}{J_a} \tag{2-14}$$

$$GSI = 9\ln Q' + 44 \tag{2-15}$$

式中，RMR_{76} 为 Beniawski 在 1988 年提供的分类指标[143]；RMR_{79} 为 Beniawski 在 1979 年提供的分类指标[144]，其他参数代表意义如上。

由上可知，m_v、s 的取值在 GSI=25 处产生突变，造成该处岩体破坏情况得不到描述，且表明上述公式并未考虑岩体扰动因素。为此，2002 年 Hoek 和 Brown 考虑到爆破损伤和应力释放对围岩强度的影响，引入岩体扰动性系数 D 对参数 m_v、s 和 α 进行修正，$D\in(0,1)$。修正后得到式(2-16)～式(2-18)。

$$m_v = m_i \exp\left(\frac{GSI-100}{28-14D}\right) \tag{2-16}$$

$$s = \exp\left(\frac{GSI-100}{9-3D}\right) \tag{2-17}$$

$$\alpha = \frac{1}{2} + \frac{1}{6}\left(e^{-GSI/15} - e^{-20/3}\right) \tag{2-18}$$

在确定 m_v、s 后，便可利用 Hoek-Brown 提出的公式得出岩体单向抗压强度 σ_c、岩体抗拉强度 R_{mt}、岩体单轴抗压强度 σ_{cm} 和弹性模量 E_m[51,143]，见式(2-19)。

$$\sigma_c = \sigma_{ci} s^{\alpha} \tag{2-19}$$

$$R_{mt} = \frac{1}{2}\sigma_{ci}\left(m_v - \sqrt{m_v^2 + 4s}\right) \tag{2-20}$$

$$\sigma_{cm} = \sigma_{ci}\frac{[m_v + 4s - \alpha(m_v - 8s)](m_v/4 + s)^{\alpha-1}}{2(1+\alpha)(2+\alpha)} \tag{2-21}$$

$$\sigma_{ci} < 100\ \text{MPa}, E_m = \left(1 - \frac{D}{2}\right)\sqrt{\frac{\sigma_{ci}}{100}} \times 10^{\left(\frac{GSI-10}{40}\right)} \tag{2-22}$$

$$\sigma_{ci} > 100\ \text{MPa}, E_m = \left(1 - \frac{D}{2}\right) \times 10^{\left(\frac{GSI-10}{40}\right)} \tag{2-23}$$

2006 年，Hoek 以及 Diederichs[145] 对式(2-22)和式(2-23)再次进行了修正，称 Hoek-Diederichs 公式，见式(2-24)。

$$E_{rm}=E_i\left[0.02+\frac{1-D/2}{1+\exp[(60+15D-GSI)/11]}\right] \tag{2-24}$$

式中，E_i 为完整坚硬岩石的弹性模量。

在无法直接取得 E_i 时，采用式(2-25)确定。

$$E_i=MR\times\sigma_c \tag{2-25}$$

式中，MR 为材料模数比；σ_c 为准则所代表意义。研究结果表明，在 GSI=0 的情况下，对于极度松散破碎岩体、运积石和骨料的弹性模量可通过式(2-24)计算确定。

2.2.3 Hoek-Brown 强度准则适用范围

根据岩体结构面发育条件以及分布情况，确定 Hoek-Brown 强度准则适用范围。岩石赋存环境复杂，形成的岩体形状大小不一，岩体性状也千差万别。大量工程实践证明，岩体性状常通过岩体的层理、节理面、裂隙、缝隙及充填物，还有结构面发育条件及分布等情况进行描述。完整岩石通常是指没有层理、节理面及结构面不发育的材料，Hoek-Brown 准则最早研究的岩体对象就是完整岩石，认定为各向均匀同性，岩石坚硬。针对节理组数的数量，Hoek 将岩体分为节理面数量大于四组(包括四组)的岩体和节理面少于四组的岩体。前者因含有多组节理，节理间距、岩体大小、结构尺寸及赋存环境都被认定为相似，岩体各向均质适用于 Hoek-Brown 强度准则。后者因节理面数量少(最高有三组)，造成岩体大小不一，岩体性状参差不齐，每一结构面的强度均不同，结构面对强度的影响具有控制效应，这类岩体常各向异性，需考虑结构面因素来确定是否适用于 Hoek-Brown 强度准则。此外，有些松散软弱岩体因岩体强度几乎不受结构面影响，常被认定为各向均质同性，常见的这类岩体有泥岩、垂直于多组节理的板岩、页岩及炭质页岩等，都适用于 Hoek-Brown 强度准则。

贺巴高速(昭平至蒙山段)石磨岭隧道散体围岩呈松散破碎状态，结构面、层理、节理面多，岩体风化严重，可以被认定为各向均质同性材料，适用于 Hoek-Brown 强度准则。

2.2.4 Hoek-Brown 强度准则与 Mohr-Coulomb 强度准则的转化

目前，岩土工程数值软件广泛采用的仍然是 Mohr-Coulomb 准则(线性)，对于非线性特征的岩体，想利用岩土工程数值软件模拟预测可谓是“有气而无力”，而 Hoek-Brown 强度准则能对非线性特征明显的岩体具有很好的描述。为此，许多专家对于 Hoek-Brown 强度准则与 Mohr-Coulomb 强度准则的转化进行了大量研究，在基于大量工程实际数据资料的基础上，利用数学统计方法攻克了两准则转化问题，从而将 Hoek-Brown 强度准则参数转化为 Mohr-Coulomb 强度准则下的 c、φ 参数值。

Hoek 于 2002 年给出了 Mohr-Coulomb 准则中抗剪强度参数值的计算方法，见式(2-26)。

$$\begin{aligned}\sigma_n&=\sigma_3+\frac{\sigma_1-\sigma_3}{\partial\sigma_1/\partial\sigma_3+1}\\ \tau&=(\sigma_n-\sigma_3)\sqrt{\partial\sigma_1/\partial\sigma_3}\end{aligned} \tag{2-26}$$

式中，σ_n 为破坏面上的法向应力；τ 为破坏面上的剪切应力。

(1)当 GSI>25，且 $\alpha=0.5$

$$\frac{\partial\sigma_1}{\partial\sigma_3}=1+\frac{m_v\sigma_c}{2(\sigma_1-\sigma_3)} \tag{2-27}$$

(2)当 GSI<25,且 $s=0.5$

$$\frac{\partial \sigma_1}{\partial \sigma_3}=1+\alpha \cdot m_v^{\alpha}\left(\frac{\sigma_3}{\sigma_1}\right)^{\alpha-1} \tag{2-28}$$

通过由式(2-26)计算得到的一系列 σ_n、τ 值,可以建立 σ_n 和 τ 之间的关系,由 τ 和 σ_n 的关系,直接确定 c、φ 值,见式(2-29)。

$$c=\frac{\sigma_c[(1+2\alpha)s+(1-\alpha)m_v\sigma_{3n}](s+m_v\sigma_{3n})^{\alpha-1}}{(1+\alpha)(2+\alpha)\sqrt{1+\frac{[6\alpha m_v(s+m_v\sigma_{3n})^{\alpha-1}]}{(1+\alpha)(2+\alpha)}}} \tag{2-29}$$

$$\varphi=\sin^{-1}\left[\frac{3\alpha m_v(s+m_v\sigma_{3n})^{\alpha-1}}{(1+\alpha)(2+\alpha)+3\alpha m_v(s+m_v\sigma_{3n})^{\alpha-1}}\right] \tag{2-30}$$

式中,$\sigma_{3n}=\sigma_{3max}/\sigma_{ci}$,要想取得岩体的等效 c、φ 值,须确定岩体的最小有效主应力的最大值 σ_{3max}。在隧道工程建设中,采用 Hoek-Brown 破坏准则确定岩体强度见式(2-31)。

$$\frac{\sigma_{3max}}{\sigma_{cm}}=0.47\left(\frac{\sigma_{cm}}{\gamma H_t}\right)^{-0.94} \tag{2-31}$$

式中,σ_{cm} 由式(2-21)确定;γ 为岩体重度;H_t 为隧道的埋深高度。当隧道围岩处于水平方向的应力大于垂直方向的应力状况下,γH_t 的值就被水平方向的应力替代。

而在边坡工程建设中,应用 Hoek-Brown 破坏准则确定岩体强度见式(2-32)。

$$\frac{\sigma_{3max}}{\sigma_{cm}}=0.72\left(\frac{\sigma_{cm}}{\gamma H_s}\right)^{-0.91} \tag{2-32}$$

式中,H_s 为边坡高度。

2.3 工程应用

2.3.1 石磨岭隧道工程概况

贺巴高速(昭平至蒙山段)石磨岭隧道为分离式越岭特长隧道,双向四车道(图 2-1),隧道进口位于贺州市昭平县昭平镇寨顶村北西约 1 200 m 处,出口位于昭平县文竹镇丹竹口村南东约 100 m 处,隧道总体走向约 295°。隧道左洞起止桩号 ZK57+438～ZK61+505,设计长度为 4 067 m,最大埋深约 552.304 m;右洞起止桩号 YK57+425～YK61+478,设计长度为 4 053 m,最大埋深约 559.533 m。隧道净空为 2×10.75 m×5.0 m,隧道纵坡为 0.555%、1.8%和−0.5%组合,昭平端洞口设计高程为 140.215 m,蒙山端洞口设计高程为 189.151 m。进、出口洞门形式均采用削竹式洞门。

围岩以页岩、粉砂岩为主,整个隧道处于Ⅲ、Ⅳ、Ⅴ级围岩中,隧道左洞Ⅲ级围岩约占总长的 32.9%,Ⅳ级围岩约占总长的 54.1%,Ⅴ级约占总长的 13.0%;隧道右洞Ⅲ级围岩约占总长的 34.8%,Ⅳ级围岩约占总长的 54.1%,Ⅴ级约占总长的 11.1%。

2.3.2 隧道地形和地质条件

1. 地形地貌

隧道区属构造剥蚀丘陵、低山地貌,山体连绵起伏,地形起伏较大,地形地貌主要受地层岩性及地质构造控制,地质由页岩、粉砂岩组成。山脉走向多呈北东-南西向,与隧道走向基本一致。隧址区地势高低起伏,地面高程在 160～760 m 之间,相对高差 600 m,自然坡度为 25°～

图 2-1 石磨岭隧道

45°。山涧沟谷发育，冲沟切割较深，多呈 V 形，冲沟坡降较大，山上植被以松树、灌木和杂草为主。

2. 气象

隧道区位于北回归线北侧，属亚热带季风气候区，气候温暖湿润，热量丰富，雨量充沛。年平均气温约 19.8℃，最低气温 −2.6℃，最高气温 39.4℃，年日照时数 1 506 小时，一年大部分时间适宜开展野外工作。

隧道区降水量分布不均，年际内变幅大，春夏多，秋冬少，年累计平均雨日达 160～190 天，雨季一般在 5 月～9 月，旱季为 11 月、12 月到次年 3 月。测区多年平均降雨量为 2 000 mm。

3. 水文

(1)地表水

隧址区内无大的地表水体，主要为冲沟溪流，受季节降雨影响明显，雨季有流水，冬季干枯。

(2)地下水

场地地下水主要为赋存于第四系覆盖层中的孔隙水及基岩中的构造裂隙水。

(3)第四系孔隙水

孔隙水主要赋存于第四系覆盖层中，接受大气降水补给，水量一般，地下水以松散岩类孔隙为通道径流，以蒸发、垂直向下渗流至基岩裂隙或以补给地表水的方式排泄。地下水主要分布于冲沟低洼地带，受大气降水及基岩裂隙水侧向补给，水量有限且较稳定，对隧道影响较小。

4. 地质构造

(1)断层

根据区域地质资料，隧道区无区域性断裂构造通过，区域地质稳定性好。

(2)产状、节理

根据区域地质资料并结合地质调绘成果，隧道区岩层产状、节理和裂隙变化不大。隧道区下伏基岩以砂岩为主，局部夹泥质粉砂岩或页岩，以薄～中厚层状构造为主，裂隙多以风化裂隙为主，发育密度大。于昭平端洞口附近测得岩层产状为 C_1：355°/NE∠32°，三组节理产状分别为 J_1：

NE318°∠70°(3～4 条/m)、J_2：SE65°∠62°(4～5 条/m)、J_3：NW26°∠56°(3～4 条/m)；于蒙山端洞口附近测得岩层产状为 C_1：NE355°∠50°，两组节理产状分别为 J_1：NE315°∠65°(4～5 条/m)、J_2：SE77°∠52°(3～4 条/m)、J_3：NE334°∠58°(3～4 条/m)。

5. 地层岩性

根据物探及工程地质测绘，隧道区地层主要由第四系冲洪积层(Q^{al+pl})、第四系残坡积层(Q^{el+dl})、泥盆系下统(D_1)及寒武系水口群(∈sh)地层组成，由新至老分述如下：

(1)第四系残坡积层

漂石，红褐色，湿，中密，漂石母岩主要成分为砂岩，粒径 150～400 mm 为主，呈亚圆形。该层主要分布于 SSK57-2 孔一带的水沟附近，层厚 3.50 m。

粉质黏土，黄色、褐黄色，硬塑，韧性中等，干强度中等，含约 20％的强风化泥质粉砂岩碎石，分布不均匀。该层主要分布于山体表层，各钻孔均有揭示，层厚 1.00～4.20 m。于层中作标准贯入试验 1 次，实测锤击数为 13 击。

(2)泥盆系下统(D_1)

岩性以粉砂岩为主，局部夹页岩，薄层～中厚层状构造为主，砂岩为砂质结构，中厚层状构造为主。根据岩石风化程度不同可分为强风化和中风化二层，分述如下：

①强风化层，灰褐色、紫红色、灰色，泥质粉砂结构，薄层～中厚层状构造，岩石较软，岩体较破碎，裂隙发育，裂隙面有铁质渲染，局部夹中风化，送水回转钻进进尺快，岩芯多呈碎块状、块状。该层分布于山体浅部，除了 CK60-1、CK61-1、SSK57-2 孔外其余钻孔有揭示，层厚 5.70～34.70 m。于层中做标准贯入试验 3 次，实测锤击数 74～95 击，平均锤击数 85 击。

②中风化层，褐红色、灰色、深灰色，泥质粉砂质结构，中厚层状构造，岩石较硬，岩体较完整，裂隙较发育，裂隙有石英脉充填胶结，送水钻进进尺较慢，岩芯呈长柱状、短柱状及块状，岩芯采取率约 57％～90％，RQD 值 25％～75％。该层分布于山体深部，除了 CK60-1、CK61-1 孔外其余钻孔有揭示，未揭穿，最大揭示厚度 106.60 m。

(3)寒武系水口群(∈sh)

岩性以泥质粉砂岩为主，夹砂岩，泥质粉砂岩为泥质粉砂结构，薄层～中厚层状构造为主；砂岩为砂质结构，中厚层状构造为主。根据岩石风化程度不同可分为强风化和中风化二层，分述如下：

①强风化层，红褐色、灰褐色，泥质粉砂结构，中厚层状构造，岩石较软，岩体较破碎，裂隙发育，裂隙面铁质渲染，局部夹中风化。送水钻进进尺较快，岩芯呈短柱状、块状，岩芯采取率约 60％，RQD 值 20％，冲洗液部分消耗。该层分布于山体浅部，在 CK60-1、CK61-1、SSK60-1 孔有揭示，层厚 3.80～49.10 m。

②中风化层，灰色、灰褐色，泥质粉砂结构，中厚层状构造，岩石质较硬，岩体较完整，局部较破碎，裂隙较发育，局部充填石英及铁质渲染，送水回钻进尺较慢，钻具较平稳，岩芯呈短柱状、块状，岩芯采取率约 80％～95％，RQD＝60％～86％，清洗液部分损耗。SSK60-1 孔孔深 103.00～116.00 m 为中风化页岩，灰黑色，泥质结构，片状构造。岩石极软，岩体破碎，裂隙发育，送水钻进尺快，岩芯呈碎块状、块状岩芯呈碎块状、硬塑黏土状，岩芯采取率约 60％，RQD 值为 0，手捻有滑腻感。该层分布于山体深部，为隧道围岩主要岩体，CK60-1、CK61-1、SSK60-1 孔有揭示，未揭穿，最大揭示厚度 226.30 m。

2.3.3 隧道工程地质与水文地质条件评价

(1)隧道洞身工程地质评价

YK57＋690～YK57＋740 为进洞口、洞身过渡带，洞顶厚度较薄，主要为残坡积碎石土，稍密～中密，呈送软散体结构，围岩级别为Ⅴ类，顶、壁不稳定，拱部无支护时可产生坍塌、滑坡，围岩极不稳定，成洞困难，部分需明挖。

(2)隧道水文地质评价

进口段地下水位埋深较大，钻孔中均未见地下水，主要为碎石土分布，其水稳定性差，降雨、地表水易渗入，影响洞口边坡稳定性。隧道洞口施工应注意暴雨期间地表面流对洞口的冲刷破坏作用，宜采取相应的放排水措施。

洞口段地下水主要为基岩风化裂隙水，但含水微弱、水量贫乏，水位埋深较大，地下水对洞口稳定性影响较小。隧道洞口施工应注意暴雨期间地表面流对洞口的冲刷破坏作用，宜采取截流、疏排措施。

2.4 Hoek-Brown 强度准则在散体围岩力学参数反分析中的应用

2.4.1 概　述

Hoek-Brown 强度准则估算的岩体强度充分考虑了岩体的固有特点受岩石强度、岩石“尺寸效应”、结构面组数(层理、节理面)、应力-应变状态的影响，其岩体的非线性破坏特征直观体现在低应力区、拉应力区及最小主应力处。

贺巴高速(昭平至蒙山段)石磨岭隧道散体围岩段(YK57＋690～YK57＋740)岩体赋存环境复杂，气候变化不一，岩体结构面及结构体呈多组节理面，层理，裂隙，岩性表现为松散软弱围岩，其力学参数难以确定成为石磨岭隧道施工过程中的困难问题。散体围岩段岩体性状描述完全适用于 Hoek-Brown 强度准则，为此，本节进行了石磨岭隧道散体围岩力学参数的估算研究。

2.4.2 Hoek-Brown 强度准则输入参数的确定

2.4.2.1 参数识别

Hoek-Brown 强度准则估算岩体力学参数需要四个基本输入参数：完整岩石的单轴抗压强度 σ_{ci}、地质强度指标 GSI、完整岩石参数 m_i、工程扰动系数 D。其基本输入参数确定的可靠性直接影响到所估算的岩体力学参数的有效性。

1. 完整岩石的单轴抗压强度 σ_{ci}

对于 σ_{ci} 的确定，通常有三种试验方法：岩石单轴抗压强度试验、岩石三轴抗压强度试验以及点荷载试验。岩石单轴和三轴抗压强度试验对试件的要求特别高，常适用于容易取样的岩体，对于难以获取规则试样的松散软弱岩、多层理和节理面的强风化岩以及遇水易软化、崩解岩的强度值确定十分困难，常常出现岩石无法直接进行饱和单轴抗压强度试验，或者可以进行试验但数据结果往往离散，代表性不强。为此，通过点荷载试验与岩石单向抗压强度的关系，可获得基于点荷载试验下的岩石单向抗压强度试验值。显而易见，点荷载试验的方法正好弥补了单轴抗压强度试验不能确定松散软弱岩体强度的缺陷，其最大的优势是对岩石的试样形状大小和规格尺寸没有严格要求，且适用于各类岩体，试件可用钻孔岩芯，或从岩石露头、勘探坑槽、平洞、巷道中获取的岩块。

根据工程岩体试验方法标准(GB/T 50266—99)规定，在与常规试压岩石试样相对应的一定深度范围内，采集 3～5 个岩石试样，现场进行点荷载试验，每一次试验结果需要做数值统计分析，进行数值处理，去掉受各种因素影响造成实验结果波动大的计算值，如果所测试验值均不能满足现场需要，有必要进行重测。仪器采用便携式 STDZ-3 新型数显点荷载强度试验仪，点荷载试验方向为轴向，现场试样的加荷方向应与单轴抗压强度试验保持一致。

岩石单向抗压强度值通过其与点荷载试验值的相关性确定，存在以下两种关系：

(1)1985 年 ISRM 点荷载试验方法[146]修订工作小组推荐的经验公式见式(2-33)。

$$R_c = 22I_{s(50)} \tag{2-33}$$

(2)1986 年成都地质学院点荷载试验小组建议的经验公式见式(2-34)。

$$R_c = 17.86\text{PLS} \tag{2-34}$$

式中，R_c 为岩石单轴抗压强度，等同于 Hoek-Brown 强度准则中 σ_{ci} 值；$I_{s(50)}$ 为将点荷载强度值统一修正到等效岩芯直径为 50 mm 的点荷载强度指标值；PLS 为点荷载强度，即 PLS$=P/A_f$，表示单位破坏面积上的承受荷载。

侯龙清[147]和魏民[148]等研究证明直接采用式(2-33)和式(2-34)确定的 R_c 并不一定满足现场实际情况的 σ_{ci} 值，需要对试验结果做数据统计分析，同时还发现测量的岩石单轴抗压强度值 R_c 与点荷载强度指标值 $I_{s(50)}$ 或点荷载强度 PLS 具有良好的线性关系，通过线性相关方程确定的 R_c 即为符合工程现场实际的 σ_{ci} 值即 R_c 等于 σ_{ci}。对岩性性状复杂的石磨岭隧道散体围岩(主要为粉砂岩和炭质页岩)进行多组点荷载试验，并与式(2-31)和式(2-32)计算结果对比分析，结果见表 2-2。

表 2-2 石磨岭隧道散体围岩 $I_{s(50)}$、PLS 与 R_c 试验结果对比

实测值 R_0	$I_{s(50)}$	式(2.31)计算值		PLS	式(2.32)计算值	
		R_c	R_c/R_0		R_c	PLS/R_0
11.3	0.565	12.43	1.10	0.572	10.22	0.90
12.6	0.596	13.11	1.04	0.576	10.29	0.82
13.4	0.585	12.87	0.96	0.561	10.02	0.75
12.6	0.597	13.13	1.04	0.612	10.93	0.87
15.3	0.651	14.32	0.94	0.663	11.84	0.77
13.9	0.653	14.37	1.03	0.647	11.56	0.83
14.8	0.673	14.81	1.00	0.659	11.77	0.80
15.1	0.692	15.22	1.01	0.713	12.73	0.84
16.7	0.712	15.66	0.94	0.727	12.98	0.78
17.2	0.746	16.41	0.95	0.752	13.43	0.78
17.8	0.780	17.16	0.96	0.814	14.54	0.82
18.3	0.769	16.92	0.92	0.793	14.16	0.77
20.1	0.839	18.46	0.92	0.864	15.43	0.77
18.9	0.831	18.28	0.97	0.887	15.84	0.84
20.7	0.873	19.21	0.93	0.961	17.16	0.83
21.2	0.925	20.34	0.96	1.035	18.48	0.87

由表 2-2 可知，式(2-33)计算值 R_c 与实测值 R_0 比较接近，其比值范围为 0.92～1.1，并未出现特别大的离散程度，但是数值显示试验结果仍呈现不稳定状态，这对石磨岭隧道散体围岩段施工造成严重隐患。式(2-34)计算值 R_c 普遍小于实测值 R_0，其比值范围为 0.77～0.90，数据说明上述经验公式对于石磨岭隧道散体围岩的单轴抗压强度的估算确定应用上存在局限性，因此有必要寻求符合现场实际的单轴抗压强度确定方式。

通过表 2-2 数据的统计分析，本节对现场实测值 R_0 与点荷载强度指标值 $I_{s(50)}$ 和点荷载强度值 PLS 之间进行了线性相关关系研究。针对石磨岭隧道散体围岩(主要为粉砂岩和炭质页岩)的实测单轴抗压强度 R_0 与点荷载强度指标 $I_{s(50)}$ 和点荷载强度 PLS 的试验数据，利用 Origin 进行拟合，拟合曲线如图 2-2 和图 2-3 所示，结果表明它们之间呈现良好线性相关性。

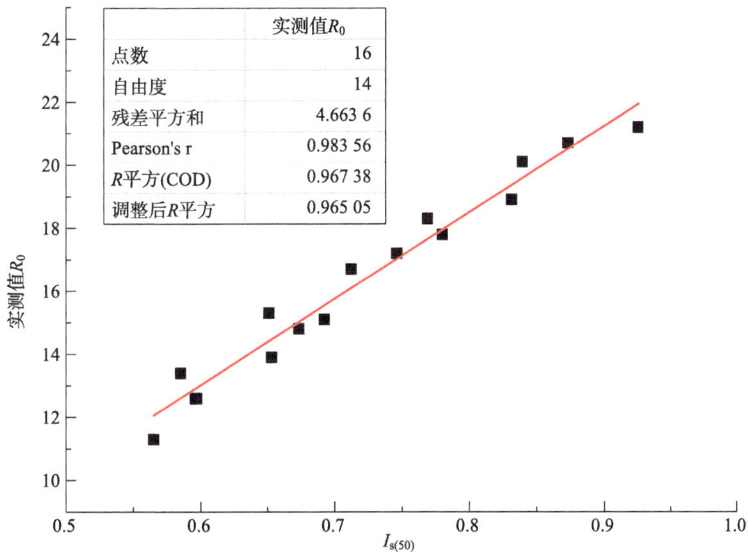

图 2-2 R_0 与点荷载强度指标值 $I_{s(50)}$ 关系

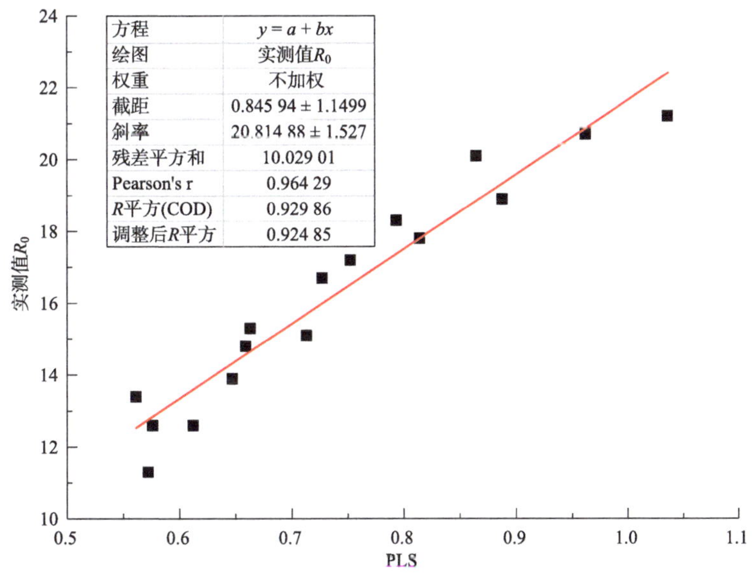

图 2-3 R_0 与点荷载强度值 PLS 关系

由图 2-2 可知，R_0 与点荷载强度指标 $I_{s(50)}$ 线性相关方程的相关系数 $R^2=0.9651$，斜率为 27.448 3；R_0 与点荷载强度 PLS 相关方程的相关系数 $R^2=9643$，斜率为 20.814 9。相关系数都大于 0.90，说明两种经验数据相关性显著，可以为后面接近真实的 σ_{ci} 值 d 的确定提供依据。而两个线性相关方程的斜率前者大于后者，说明单轴抗压强度值受点荷载强度指标 $I_{s(50)}$ 的影响要比点荷载强度 PLS 的影响显著，也即前者更能反映松散软弱围岩单轴抗压强度变化快、不容易稳定、离散程度高的特点，其值的确定更接近真实情况，因此采用式(2-33)对石磨岭隧道散体围岩(主要为粉砂岩和炭质页岩)的单轴抗压强度进行确定。

(2)地质强度指标 GSI(Geological Strength Index)

目前，基于 Hoek-Brown 强度准则在岩土工程界的广泛使用，其输入参数 GSI 研究也越来越多，GSI 的估计可通过三种途径：第一种是直接通过野外岩体露头的观察和测量，通过与 GSI 图表比较获得；第二种是由 BMR 值来估算；第三种是通过岩石块体体积及节理面条件因素来估算。其中第三种方法在 GSI 的量化研究中得到足够的重视[76,149,150]，它主要通过岩体结构的等级 *SR* 以及结构面的表面特征的等级 SCR 两个基本参数进行量化考量。前者是基于体积节理数 J_v 来定量评价自然环境下的岩体节理化的指标，虽然 J_v 的获取能够更好进行岩体结构量化，但是在大量工程实践当中证明其值的获取存在一定困难，它常常忽略次要节理走向，主要在主导节理方向测量节理间距，这样的取值方法不尽合理，现在可以通过采用岩体完整性系数 K_v 来解决岩体结构量化的问题。

岩体完整性指数 K_v 等于岩体与岩石的纵波速度的比值的平方，见式(2-35)。

$$K_v=\left(\frac{v_{pm}}{v_{pr}}\right)^2 \tag{2-35}$$

式中，v_{pm} 为岩体的弹性纵波波速；v_{pr} 为岩石的弹性纵波波速，岩体或岩石的纵波波速确定常通过超声波仪在地质勘探过程中测定。

根据《工程岩体分级标准》(GB/T 50218—94)[60]，利用岩体完整性指数 K_v 对岩体进行分级划分，划分结果见表 2-3。

表 2-3 岩体完整性指数 K_v 划分岩体结构

结构类型	K_v	岩体特征
完整结构	>0.75	完整岩体或分布有极少的间距大的结构面
块体结构	0.75～0.55	很好的镶嵌未扰动岩体
镶嵌结构	0.55～0.35	岩块镶嵌紧密，通常发育 3～4 组结构面
破碎结构	0.35～0.15	岩体破碎，被充分扰动，呈碎裂状或薄层状，结构面很发育
散体结构	<0.15	岩体极其破碎，被极度扰动，呈松散状

结构面 SCR 的描述中，JRC 是一个成熟的指标，其对岩体表面起伏形态的描述客观体现了岩体节理发育、风化程度、岩体性状大小、岩体结构形态的发展。石磨岭隧道散体围岩松散破碎，地处山地重丘，常年饱受降雨影响，其表面起伏跌宕，形态多种多样，通过对其 JRC 的评定，可以很好反映实际的散体围岩特性。

国际上，通过 JRC 取值将岩体结构面分为九大类，其值在 0～20 范围内[151,152]，如图 2-4 所示。基于石磨岭隧道散体围岩现场情况，结合完整性系数 K_v 和 JRC，将石磨岭隧道散体围岩的 GSI 量化，如图 2-5 所示。

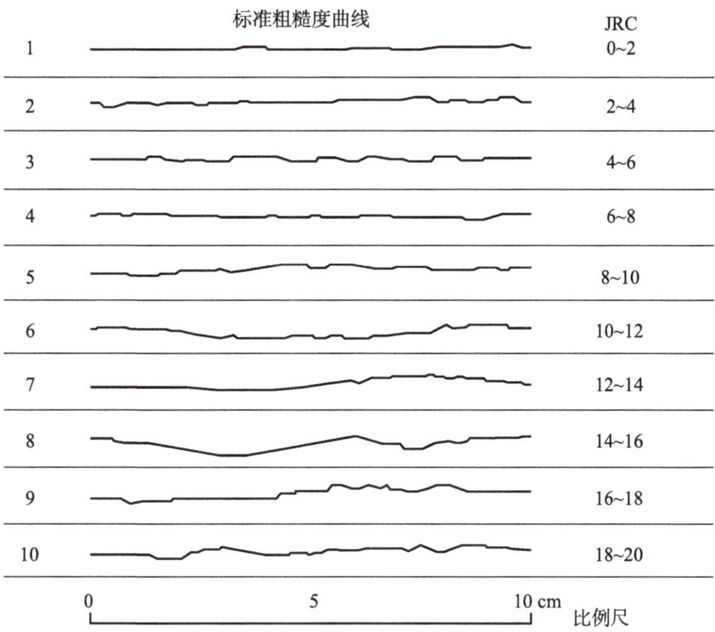

图 2-4　JRC 划分岩体粗糙度

岩体结构	结构面表面特征 很好：十分粗糙，新鲜，未风化 JRC>20	好：粗糙，微风化，表面有铁锈 15<JRC<20	一般：光滑，弱风化，有蚀变现象 10<JRC<15	差：有镜面擦痕，弱风化，有密实的膜覆盖或有棱角状碎屑充填 5<JRC<10	很差：有镜面摩擦，强风化，有软黏土膜或黏土充填的结构面 JRC<5	K_v=1
完整或块体结构，完整岩体或野外打体积范围内分布有极少的间距大的机构面 0.75<K_v<1	90	80		N/A	N/A	K_v=0.75
块体结构，很好的镶嵌状，由三组相互正交的街里面切割，岩块呈立方体 0.55<K_v<0.75		70 60				K_v=0.55
镶嵌结构，结构体相互咬合，由四组或多组的节理形成多面棱角状岩体 0.35<K_v<0.55			50 40			K_v=0.35
破碎结构，由多组不连续面相互切割，形成棱角状岩块，层面或片理面连续 0.15<K_v<0.35				30		K_v=0.15
散体结构，块体间结合程度差，岩体极度破碎，由棱角状和浑圆状岩块组成 K_v<0.15				20		K_v=0
层状、剪切带，由于密集片理或剪切面作用，只有极少的岩块组成	N/A	N/A			10	
	JRC=20	JRC=15	JRC=10	JRC=5	JRC=0	

图 2-5　石磨岭隧道散体围岩 GSI 量化图

由图 2-4 和图 2-5 可知，石磨岭隧道散体围岩（粉砂岩和炭质页岩）的 GSI 主要在 10～25 之间，通过完整性系数 K_v 和 JRC 可对石磨岭隧道散体围岩具体某一区域的围岩性状定量描述。

（3）完整岩石参数 m_i

关于完整岩石参数 m_i 的取值，大都通过现场地质勘查结果给出，但由于国内外专家对各种岩石的 m_i 的值进行了较深入的研究，结合石磨岭隧道散体围岩现场的岩性性状，本书 m_i 的取值参考表 2-1 即可。

（4）工程扰动系数 D

对于工程扰动系数 D，本书参考 Hoek 和 Brown 在 2002 版准则中给出的详细说明。工程扰动系数 D 的取值主要依靠爆破振动对隧道开挖的影响，取值范围为 0～1。当 $D=0$ 时，说明隧道开挖不受爆破振动的影响，当 $D=1$ 时，说明隧道开挖几乎完全受到爆破振动的影响，此种情况下往往特别危险，现场施工时须特别注意。

2.4.2.2 参数敏感性

相关学者在文献中指出，对三类岩质边坡安全系数的敏感性有 GSI＞D＞σ_{ci}＞m_i，其中 GSI 值的影响最大，D 值次之。在隧道工程开挖过程中，必须重视参数地质强度指标 GSI 值和工程扰动因子 D 值的获取，两个参数都是基于现场经验获得，人为因素难以避免，要尽量避免主观性过强的问题。

2.4.3 估算结果及分析

由上述可知，基于石磨岭隧道现场实际情况，可以确定每一区域的散体围岩输入参数（σ_{ci}、GSI、m_i 和 D）的值，从而对每一区域的散体围岩力学参数进行估算，通过基于 Hoek-Brown 强度准则开发的 Rocdata 软件，可以很快实现 Hoek-Brown 强度准则对岩体破坏情况描述的 σ_{ci}、GSI、m_i 和 D 值转化为 Mohr-Coulomb 破坏准则下描述岩体性状的力学参数值。

石磨岭隧道进口段为散体围岩段（YK57＋690～YK57＋740），把进口段分为 10 段共 11 个断面，每 5 m 对围岩进行取样，通过地质勘查和室内外试验，获取进口段划分为 10 段共 11 个断面的符合 Hoek-Brown 破坏准则的围岩分类参数值（σ_{ci}、GSI、m_i 和 D），将这些参数输入 Rocdata 软件交互界面，转化为 10 段共 11 个断面符合 Mohr-Coulomb 破坏准则的力学参数值，即 c、φ、σ_τ 和 E_H（代表估算结果），估算结果见表 2-4，对围岩参数 c、φ、σ_τ、E_H 取平均值。

表 2-4 散体围岩分段的力学参数估算

桩号	参数							
	σ_{ci}/MPa	GSI	m_i	D	c/MPa	φ/(°)	σ_τ/MPa	E_H/GPa
YK57＋690	19.6	21	5	0.7	0.022	28.82	−0.003	0.54
YK57＋695	21.2	20	6	0.5	0.034	34.07	−0.004	0.62
YK57＋700	17.8	20	7	0.4	0.039	35.25	−0.003	0.60
YK57＋705	15.6	22	6	0.4	0.041	33.49	−0.004	0.63
YK57＋710	18.3	22	6	0.4	0.052	32.73	−0.005	0.69
YK57＋715	17.2	21	5	0.3	0.052	31.39	−0.006	0.67

续上表

桩号	参数							
	σ_{ci}/MPa	GSI	m_i	D	c/MPa	φ/(°)	σ_τ/MPa	E_H/GPa
YK57+720	13.4	22	5	0.3	0.046	30.84	−0.004	0.62
YK57+725	16.1	20	6	0.3	0.058	30.39	−0.004	0.61
YK57+730	18.7	18	6	0.3	0.061	29.42	−0.004	0.58
YK57+735	20.3	18	5	0.4	0.056	26.11	−0.004	0.57
YK57+740	18.8	19	5	0.3	0.072	26.52	−0.005	0.62
平均值					0.048	30.82	−0.004	0.62

由表 2-4 可知,石磨岭隧道散体围岩进口段的强度参数估算结果:c=0.048 MPa,φ=30.82°,σ_τ=−0.004 MPa,E_H=0.62 GPa。

3 基于位移反分析的散体围岩力学参数确定研究

3.1 概　　述

位移反分析自20世纪70年代提出后在岩土工程界得到了普遍关注和重视。着眼于工程实践需要，在传统方法解决不了可靠性的力学参数估计的问题时，基于监控量测技术以及数值模拟技术的发展，位移反分析法由此诞生。

3.1.1 反分析的概念与原理

位移反分析与应力反分析、应变反分析归类于反分析。反分析，顾名思义，重点在“反”，即常说的由果及因。在工程中，反分析是以现场量测到的反映系统力学行为的某些物理信息量（如位移、应变、应力或荷载等）为基础，通过反演模型（系统的物理性质模型及其数学描述，如应力与应变关系式等）推算得到该系统的各项或某些初始参数（初始的应力、本构模型参数和几何参数等）的方法[153,154]。而位移反分析，就是通过现场监控量测到的位移数据，基于数值模型反演工程岩体参数的这样一种方法，常适用于正分析法不能很好地完成工程岩体参数确定的状况下，其反演结果往往满足工程实际，主要是基于可靠的现场监控量测数据。

目前，反分析法的实现步骤如图3-1所示，首先监测所需要的参数，然后进行反演正算循环分析，将反演结果进行实体工程数值模拟应用，数值模拟结果与实际结果相对比（工程反馈），从而确定反演结果是否有效，通过不断循环往复的反演正算过程分析，最终为工程建设、预测及稳定性评价确定合理的岩体参数。

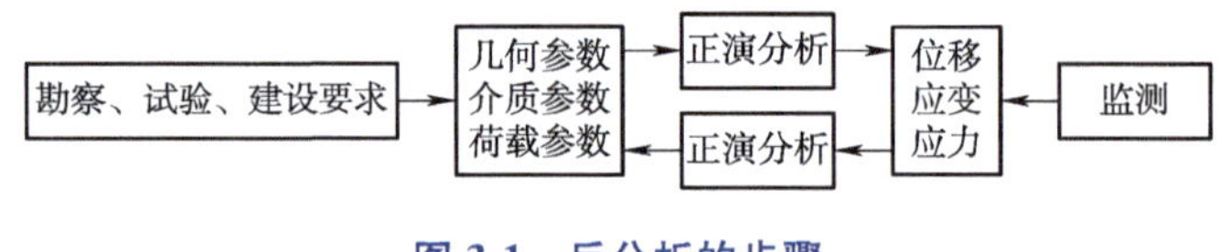

图3-1　反分析的步骤

3.1.2 位移反分析分类

1. 针对岩体物理信息对象分类

工程岩体量测常有应力、应变及位移三个对象，因此，反分析法按此对象分类为相对应的应力反分析、位移反分析及混合反分析。应力反分析对象常有岩体原始地应力、爆破震动力、锚杆锚索应力、钢筋混凝土应力及隧道工程施工中初次衬砌和二次衬砌上的应力，这些应力变化是工程岩体在建设过程中的力学动态反应，但应力受环境变化和不同因素影响，到目前为止测量数值仍不太准确，有必要得到进一步研究。应变是在应力作用下产生的位移，与应力测量同属一个性质。而位移反分析是基于现场监控及时有效合理的位移量测数据结合数值模型对参数进行反分析，是目前岩土工程建设中最为常用的一种方式。混合反分析是同时以应力和位移为量测对象的反分析。

2. 针对所采用的计算理论方法分类

数学计算方法中，常有解析法和数值法，因此反分析也可以分为解析反分析法和数值反分析法。解析反分析法通过逻辑缜密的数学关系表达，通过求解数学方程，即岩体工程中的本构方程来确定参数，但由于岩体工程大都处于复杂环境，其本构方程难以准确确定，因此在工程中难以普遍适用。解析法按计算方法一般分为逆算子法、复变函数法、参数摄动法变动法等。数值反分析法是将参数初始值代入模型，针对数值结果进行调整初始参数值直至满足工程需要，这个过程不涉及公式的推导及计算，因此得到普遍认可和使用。数值法按计算方法分为有限元、离散元、边界元等方法。

数学方法中同样具有正算法和反算法，反分析按实现过程次序不同，分为直接法以及逆解法。直接法也叫直接逼近法，常常结合优化技术使用，给定一个初始值，利用数值模型建立相应的位移或应力误差函数，对其进行函数寻优(最大值或最小值)，从而获得满足工程实际的“真实值”。针对优化方式的不同，此类方法包括单纯形法、共轭梯度法、罚函数法和 Powell 法等。逆解法根据研究问题的性质和研究对象特点，确定基本未知量，写出相应的基本方程并且假设一组满足全部基本方程的应力函数或位移函数，然后针对具有确定的几何尺寸和形状的岩体，根据边界条件确定应力和位移。岩体工程大都是弹塑性或黏弹性，要实现直接法求解具有一定的难度，虽然专家对此做了很多研究，但研究成果却很少，应用范围也不广，究其原因就是岩体环境的复杂造成岩体性状的特殊性。

目前，常利用优化、回归等方法结合逆解法在岩土工程中进行应用得到逆解优化法和逆解回归法。逆解优化法和逆解回归法均能有效改善计算效率，提高岩体参数估算及时性，能够及时获得岩土工程建设过程中的反馈信息，有利于工程建设。

3. 依据岩体本构模型的选择划分

岩土结构中用来描述岩土性质的反映应力与应变的关系的方程称为岩土体本构模型。不同岩体的本构模型均有相对应的反分析。目前常用的依本构模型的选择划分的反分析包括弹性问题的反分析、黏弹性问题的反分析、弹塑性问题的反分析及黏弹塑性问题的反分析等。

4. 根据岩土体参数的确定性及非确定性划分[155]

自然环境中的岩土体性质非常复杂，受地理环境、区域气候、地质运动及人类活动因素影响，至今虽有不少研究成果公布于世，但具体到某一工程仍需具体问题具体分析。岩土体是一个十分复杂的非确定系统，常把岩土体的变形、应力松弛及物理状态当作一个静态过程，从而发展出岩土体的确定性研究。以上分析方法便属于确定性研究，其核心思想是认为岩土体材料在时间域和空间域上不存在可变性和不确定性，通过对岩土体材料静态过程的分析，从而得出岩土体材料的相关物理参数。

非确定性与确定性的研究思想恰好相反，认为岩土体随时处在动态的过程，其动态过程常常造成岩土体材料获取的物理参数呈“灰色”或“模糊”状态，尤其在隧道工程中体现尤为明显。隧道开挖引起岩土体松动，围岩原始应力状态得到改变，岩体性状遭受到极大破坏，导致围岩变形、应力的量测呈现随机性、可变性和不确定性。

综上所述，通过非确定性研究获取岩土体材料的参数，考虑了施工工序、开挖爆破、地质运动及人为因素等影响有助于岩土工程建设。非确定性研究主要针对岩土体材料参数的“灰色”

和“模糊”，为了解决这一潜在危险因素，目前通过不确定性数学方法如概率论、随机过程或模糊理论等，在考虑了基于专家现场经验及室内外试验等一切适用岩土体材料的基本原则的先验信息后建立不同的分析方程。依据不确定数学理论分析方法划分的非确定性反分析有极大似然(Maximum likelihood)反分析、贝叶斯(Bayes)反分析和卡尔曼滤波(Kalman filtering)反分析。

5. 依据采用的智能方法分类

岩土体材料的研究不能单靠一个领域的理论和方法解决，需要多个领域交叉发展，为此基于智能方法的反分析应运而生并得到岩土工程界的广泛认可。

目前，依据智能计算方法的反分析有以下五类：①基于遗传算法和数值模型的反分析；②基于人工神经网络和数值模型的反分析；③基于模拟退火算法和数值模型的反分析；④基于人工蚁群优化算法和数值模型的反分析；⑤基于智能计算方法互相结合的各种反分析。

王芝银[104,105]对反分析法的分类如图 3-2 所示。

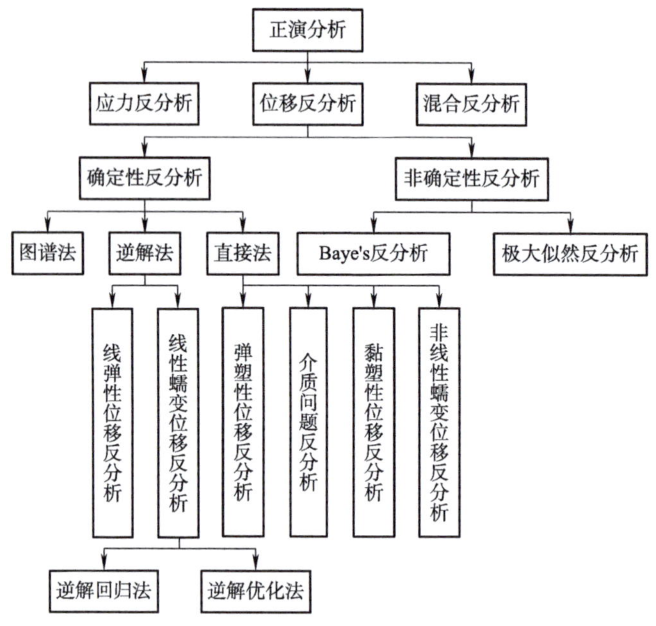

图 3-2　反分析法分类

3.1.3　位移反分析本构模型

岩土工程中的本构模型实质上就是岩体发生破坏时应力与应变之间的关系，它通过对岩土体破坏时应力增加与位移变化程度的关系描述，确定岩土体发生破坏的过程、特性、条件及范围，有利于地质工作者对工程地质体的特性研究。随着计算机科学技术的高速发展，岩土本构模型的发展也拓展到了数值模拟时代，数值模拟的计算结果是否正确很大程度上取决于岩土体本构模型的合理选择，岩土体赋存环境非常复杂，对于不一样的岩土体其本构模型也大不相同，因此在对岩土工程数值模拟时需要科学合理地选择能够描述岩土体性状的本构模型[156,157]，见表 3-1。

表 3-1 岩土常用的本构模型及适用范围

本构模型	代表的材料类型	应用范围
各向同性弹性模型	均匀各向同性连续材料，具有线性应力应变行为的材料	处于强度极限下的人工材料
正交各向异性弹性模型	具有三个相互垂直的弹性对称面的材料	地于强度极限的人工材料(如钢材)力学行为的研究、安全系数的计算等
横观各向同性弹性模型	具有各向异性力学行为的薄板层状材料(如板岩)	处于强度极限的层状材料力学行为研究
Drucker-PraRer 塑性模型	极限分析、低摩擦角软黏土	和隐式有限元软件比较的一般模型
Mohr-Coulomb 模型	松散状和黏结状粒状散体材料：土体、岩石、混凝土	岩土体的通用模型(如边坡稳定问题和地下开挖)
节理化塑性模型	具有强度各向异性的薄板层状材料(如板岩)	用于研究材料破坏后行为(如塌方、屈服、煤矿开采)
双线性应变强化/软化节理化塑性模型	具有非线性硬化和软化行为的粒状散体材料	邻近层状土层开挖
应变硬化/软化 Mohr-Coulomb 模型	具有非线性硬化和软化行为的薄板层状材料	薄板层状材料破坏后力学行为(失稳过程、矿柱屈服、顶板崩落)研究
双屈服塑性模型	压应力引起体积永久缩减的低黏结性的粒状散体材料	注浆或水力充填
修正的剑桥黏土模型	可塑性和剪切强度是体积变化的函数的材料	位于黏土中的岩土工程研究

岩土体破坏常常由于岩体的结构破坏造成，岩土体反分析过程本构模型的选择，需要考虑到岩体破坏时候的应力-应变关系，即所选本构模型能对岩土体破坏规律进行合理描述，因此有必要将岩土体的结构分类进行归纳研究，使其与相应的本构模型匹配，岩体结构分类见表 3-2。

表 3-2 岩体结构分类及对应的反分析本构模型

岩体结构		地质类型	分类指标			对应反分析模型
类型编号	亚类编号		σ_c/MPa	v_{pm}/(km · s^{-1})	完整性系数 K_v	
整体块状结构Ⅰ	整体状Ⅰ$_1$	巨厚层及完整岩体，节理稀少	>60	>5	>0.75	弹性模型(应尽量避开大的结构面)
	块状Ⅰ$_2$	厚层的岩层及块状岩体，节理一般发育	>60	5～4.5	0.75～0.5	
层状结构Ⅱ	中厚层状Ⅱ$_1$	中厚层的岩层。切层结构面不很发育	>60	5～4	0.75～0.45	横观各向同性弹性体 较大切层结构面作为节理单元或层状单元
	互层Ⅱ$_2$	软硬相间的砂页岩，灰岩、面岩等互层岩体	60～35	4.5～3.5	0.5～0.3	横观各向同性弹性体或弹塑性体 较大切层结构面作为节理单元或层状单元
	薄层Ⅱ$_3$	薄层及片状岩体、片岩、千片尝	60～20	4.5～3	0.4～0.3	横观各向同性体(弹性体或弹塑性体) 横观各向同性弹塑性体
	软层Ⅱ$_4$	均一的软弱沉积岩体，如页岩、黏土岩	60～20	4.5～2.5	0.4～0.2	岩层较厚、较软可以作为各向同性体

续上表

岩体结构		地质类型	分类指标			对应反分析模型
类型编号	亚类编号		σ_c/MPa	$v_{pm}/(km \cdot s^{-1})$	完整性系数 K_v	
碎裂结构Ⅲ	镶嵌Ⅲ$_1$	均一坚硬岩体的压碎带、劈理带、破碎岩	60～40	4～2.5	0.35～0.2	双向无拉伸材料
	碎裂Ⅲ$_2$	均一的破碎岩，裂隙张开夹泥	40～20	3～2	0.3～0.2	若无拉应力则可作为弹性体
	层状碎裂Ⅲ$_3$	层状岩体的破碎岩、层面及裂隙张开和夹泥	40～10	3～1.5	0.25～0.1	比较复杂，尽量避开
松散结构Ⅳ	松软整体状Ⅳ$_1$	在一定条件下由厚层砂岩等风化而成，较均一，强度很低	<20	<2.5	0.7～0.5	黏弹性、黏弹塑性
	松散Ⅳ$_2$	岩体破碎成为大小不等的碎块、岩屑和团粉	<15	<2	0.2～0.1	黏弹性、黏弹塑性
	松软Ⅳ$_3$	岩体由岩块、泥团及岩屑、岩粉、碎块构成	<15	<2	<0.1	

3.2 位移反分析参数及敏感性

3.2.1 位移反分析参数

本构模型对于描述岩土体破坏规律具有很重要的意义，而本构模型的建立以及是否准确反映岩土体工程的现场实际情况，取决于参数的正确选择。

位移反分析的对象就是岩土体的参数，参数选择不正确，将会导致位移反分析工作量加大或者反分析不成功，造成参数确定不及时或者得不到参数结果，影响岩土体工程施工建设。参数的选择很大程度上依据工程实体岩土体的破坏情况及岩土体性状描述，因此必须做好地质勘探工作，针对具体的岩体性状及物理性质确定合理可靠的本构模型，基于数值模型进行位移反分析获得接近实际的参数。

常用的参数有几何参数、模型参数、材料参数及力学参数，目前常对岩体力学参数进行位移反分析确定。岩体力学参数常有强度参数黏聚力 c、内摩擦角 φ、抗拉强度 σ_t 和变形参数弹性模量 E、泊松比 μ 及参数初始的应力参数 σ_x、σ_y、σ_z、τ_{xy}、τ_{yz}、τ_{zx}。其中对于工程实践应用的初始地应力反分析成果很少，究其原因是由于岩体性状太复杂，对于测量手段、仪器要求以及成本控制的要求很高。而变形参数和强度参数的位移反分析却广泛应用于岩土体工程建设中。

3.2.2 参数敏感性

敏感性分析(Sensitivity Analysis)是数学上对于众多数据进行统计分析提取出有用信息，

进而转化成知识应用的数据处理方法。其实质是通过逐一改变相关变量数值方法来解释关键指标受这些因素变动影响大小的规律。

岩土工程建设规模越来越大,岩体性质复杂造成岩体参数难以准确确定。在现场地质勘探确定的岩体参数及室内外试验确定的岩体参数,其结果均具有离散型、模糊性和不确定性,往往确定的参数值与工程实际中的参数具有很大出入,可想而知,这样的岩体参数将会给岩土工程建设带来很大风险。在通过位移反分析确定岩体参数的过程中,始终把现场位移监控量测数据作为反分析中唯一判断标准,这种认定是基于高度可靠的监控量测系统,认定位移数据合理有效是位移反分析的重要前提。

位移反分析很重要的一个环节是待反演参数的确定,参数的选择将直接关乎位移反分析的可靠性和有效性,如果有过多的待反演参数进行位移反分析,将有可能造成反分析结果不唯一。当假定位移反分析具有唯一性,每增加一个反演参数,将会造成反分析工作成倍数增长,而且多参数反分析会影响到结果的有效性和可靠性。因此通过对位移反分析参数进行敏感性分析,尽量压缩反分析参数的个数合理确定反分析参数。

敏感性分析就是找到反分析参数中因微小变动而对结果的影响程度。敏感性分析常借助数值模型实现,将其中一个反分析参数值进行不同变化,而其他反分析参数值固定,将给出每一组的参数组带入数值模型,获得计算位移值,然后得到计算位移值与量测值的差值,从而建立差值与每一组参数值的对应关系,通过数学处理方法,就可知道此变化的反分析参数对结果影响的程度,即参数对结果的敏感性分析。通过轮换变化反分析参数,即可进行其他反分析参数的敏感性分析,最后统计结果归纳出所有反分析参数中的敏感性程度进行排序。在岩体工程应用中,要针对敏感性大的参数进行位移反分析,从而获取对岩体工程影响程度高的参数,这些参数的确定将具有可靠性和有效性。为了更直观的理解敏感性分析,以下介绍敏感性分析在数学中的表达。

岩土工程中,设 P 为由反分析参数组成的系统,其数学表达式见式(3-1)。

$$P=f(a_1,a_2,\cdots,a_n) \tag{3-1}$$

给定一组初始反分析参数值 $a^*=\{a_1^*,a_2^*,\cdots,a_n^*\}$下,系统 $P^*=f\{a_1^*,a_2^*,\cdots,a_n^*\}$。将其中的一个参数 a_k 在规范要求范围内变动,其余参数保持不变,通过数值模型建立这一变动参数 a_k 与系统 P 之间的函数表达式,通过轮换其余参数的变化,获得所有参数与系统 P 的关系式,数学表达式见式(3-2)。

$$P=f\{a_1^*,a_2^*,\cdots,a_k^*,a_{k+1}^*,\cdots,a_n^*\}=\varphi_k(a_k) \tag{3-2}$$

即有灵敏度函数 $S_k(a_k)$见式(3-3)。

$$S_k(a_k)=\left|\frac{\partial P}{\partial a_k}\right| \tag{3-3}$$

显然,灵敏度函数 $S_k(a_k)$为系统 P 对参数 a_k 的偏导数,对于多参数的偏导数,需用到数值微分方法中的三点公式以及五点公式。五点公式数学表达式见式(3-4)。

$$S_k=\left|\frac{1}{12}[\varphi_k(a_k-2h)-8\varphi_k(a_k-h)+8\varphi_k(a_k+h)-\varphi_k(a_k+2h)]\right| \tag{3-4}$$

式中,h 为步长。取 $a_k=a^*$ 即可得到参数 a^* 的灵敏度 S_h^*,S_k^* 越大表明系统 P 对参数 a_k 越敏感,通过 S_k^* 的比较,即可完成各反分析参数的敏感性分析。

3.3 位移反演结果检验

对参数进行位移反分析后，对其结果常常产生疑问，即反分析结果是否合理，是否接近现场实际，反分析的有效性和可靠性如何判断。为此，许多专家进行了相关研究，既然位移反分析认定量测位移值是整个参数确定过程中最具有效性和可靠性的数据，就可以建立量测位移值与反分析参数结果代入模型计算出的位移值间的误差函数，通过误差函数的大小判定位移反分析的有效性与可靠性，即反分析参数结果的有效性和可靠性。拓展到其他几种反分析，同样建立应力、应变实测值与模型计算值之间的误差函数，以此判定应力反分析、应变反分析的有效性和可靠性。

检验反分析的有效性通过每一测点的绝对误差、均方根差以及变异系数三个指标实现，但是反分析的有效性需要根据误差确定。为了反分析的有效应用，必须找到一个相对标准的范围值，本书从大量工程实践中证明获得，对于反分析有效性判别的精度应不超过 5%，位移量测应精确到 0.1～0.01 mm。

3.4 位移反分析在散体围岩力学参数确定中的应用

位移反分析自 20 世纪 70 年代提出，经过 30 多年的发展理论成熟、工程经验丰富普遍适用于岩土工程。石磨岭隧道散体围岩松散软弱，其力学参数难以确定，阻碍隧道施工，因此应用位移反分析法对散体围岩力学参数进行确定。

3.4.1 弹塑性位移反分析方法及黄金分割法

3.4.1.1 弹塑性位移反分析方法及原理

本构模型的选择应根据工程实际进行具体研究分析，岩土体最常用的是弹塑性本构模型，且《锚杆喷射混凝土支护技术规范》(GBJ 86—85)中指出：岩土体工程应以弹塑性力学理论作为计算依据。为此，石磨岭隧道散体围岩采用弹塑性位移反分析。

位移反分析是基于现场量测的位移变化值来反推岩土体的参数。岩土体参数主要包括弹性力学参数、塑性参数、损伤参数和流变参数等，可以表示为

$$X=[x_1, x_2, \cdots, x_m]^{\mathrm{T}} \tag{3-5}$$

式中，m 为待求岩体参数的总个数。

通过监控量测易得测点的相对位移或绝对位移 $U^0=(u_1^0, u_2^0, \cdots, u_n^0)^{\mathrm{T}}$，其中 $u_1^0, u_2^0, \cdots, u_n^0$ 为各测点处的位移实测值，n 表示测点的个数。

岩土体的位移 U 是变量 X 的函数，即 $U=f(x_1, x_2, \cdots, x_n)$，给定待求岩体参数 X 初始值，通过数值计算可以得到测点处的位移计算值。

$$U=(u_1, u_2, \cdots, u_n)^{\mathrm{T}} \tag{3-6}$$

式中，$u_1, u_2, \cdots, u_n$ 为各测点处的位移计算值。

由于在数值模拟进行计算时根据工程经验选择的岩体本构模型往往与工程实际的情况存在一定可控误差，数值模拟计算数据与现场量测数据结果会存在误差。数学上常用的处理方

法是建立基于计算结果与量测数据的误差函数。

$$\psi(x_1,x_2,\cdots,x_m)=\sum_{i=1}^{n}(u_i^0-u_i)^2 \tag{3-7}$$

位移反演的优化解法认为，当一组材料初始参数$\{X^*\}$代入误差函数ψ，使得该函数值达到最小，即可认为这一组初始材料参数X^*是工程实际当中的岩土体材料的参数，这种解法写成下列数学形式，见式(3-8)。

$$\min_{x\in D_0} f(X)=\min\sum_{i=1}^{n}[u_i^0-u_i(X)]^2 \tag{3-8}$$

式中，$D_0=\{X/\delta_i(X)\leqslant 0,i=1,2,\cdots,m\}\subset R^n$，$f:D_0\subset R^n\rightarrow R_1$为一实值函数，即所要求解的目标函数；$X$为岩土体材料赋值参数；$\delta_i(X)$为约束条件。

3.4.1.2 黄金分割法

黄金分割法属于一维搜索方法中的试探法，其不需大量迭代搜索，且解的稳定性和收敛速度较好，在工程岩体分析方面具有很高的效率性和科学性。

1. 单参数分析

黄金分割法(0.618法)适用于单峰函数，即在所论区间$[a,b]$上，函数只有一个极小点，在其左边函数单调下降，在其右边函数单调上升，该方法的基本原理如下：

对于单峰函数，只需选择两个试探点x_1、$x_2\in[a,b]$，且$x_1<x_2$，就可将包含极小点$\bar{x}$的区间缩短。根据此性质可不断迭代缩小包含极小点的区间(搜索区间)。若进行k次迭代后，有$\bar{x}\in[a_k,b_k]$，取两个试探点λ_k、$\mu_k\in[a_k,b_k]$，并规定$\lambda_k<\mu_k$，计算函数值$f(\lambda_k)$及$f(\mu_k)$。若$f(\lambda_k)>f(\mu_k)$，则令$a_{k+1}=\lambda_k$，$b_{k+1}=b_k$；若$f(\lambda_k)\leqslant f(\mu_k)$，则令$a_{k+1}=a_k$，$b_{k+1}=\mu_k$。通过$\lambda_k$、$\mu_k$的合理确定就能完成优化工作。$\lambda_k$、$\mu_k$值通过黄金分割法(0.618法)确定，见式(3-9)。

$$\begin{aligned}\lambda_k&=0.618a_k+(1-0.618)b_k\\ \mu_k&=(1-0.618)a_k+0.618b_k\end{aligned} \tag{3-9}$$

详细计算步骤如下：

(1)置初始区间$[a,b]$及精度要求$\varepsilon>0$，计算试探点见式(3.10)。

$$\begin{aligned}\lambda_1&=0.618a_1+(1-0.618)b_1\\ \mu_1&=(1-0.618)a_1+0.618b_1\end{aligned} \tag{3-10}$$

和函数值$f(\lambda_1)$和$f(\mu_1)$，令$k=1$。

(2)若$b_k-a_k<\varepsilon$，停止计算，$[a_k,b_k]$中任意点均可作为所求极小点的近似值；否则当$f(\lambda_1)>f(\mu_1)$时，转第(3)步；当$f(\lambda_1)\leqslant f(\mu_1)$，转第(4)步。

(3)置$a_{k+1}=\lambda_k$，$b_{k+1}=b_k$，$\lambda_{k+1}=\mu_k$，计算$\mu_{k+1}=(1-0.618)a_{k+1}+0.618b_{k+1}$及$f(\mu_{k+1})$，转第(5)步。

(4)置$a_{k+1}=a_k$，$b_{k+1}=\mu_k$，$\mu_{k+1}=\lambda_k$，计算$\lambda_{k+1}=0.618a_{k+1}+(1-0.618)b_{k+1}$及$f(\mu_{k+1})$，转第(5)步。

(5)令$k=k+1$，转第(2)步。

黄金分割法原理如图3-3所示，通过不断的黄金分割优化，找到全局最优解，即找到岩土工程中的最优参数组。

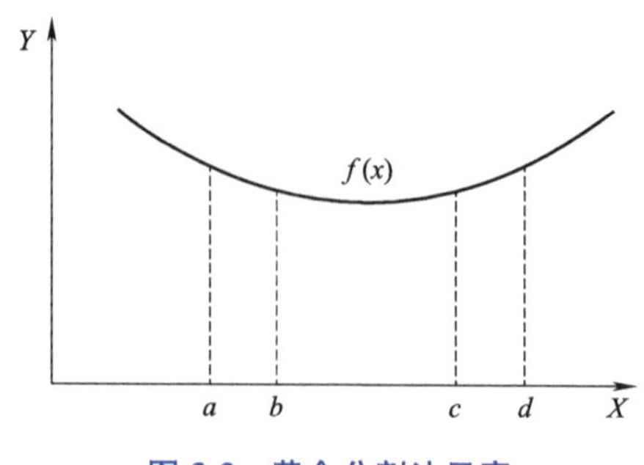

图 3-3 黄金分割法示意

2. 多参数分析

黄金分割法在多参数反分析问题的应用可以通过待反演参数的坐标轮换实现，此时，选取其中一个待定反演参数进行反分析，剩余参数根据范围值中的合理建议值确定。当岩土工程中需要反分析的参数经过坐标轮换参加位移反分析后，其待反分析参数的合理建议值可得到优化确定并趋于最优值，这里假设结果是在给出范围中达到全局最优。

其具体步骤如下：

(1)确定反演参数的个数，并确定每个参数的搜索区间。

(2)选一个对函数值影响最大的参数作为待定参数，采用单参数的黄金分割法进行优化，将其他参数取上或下限值代入计算。

(3)按步骤(2)完成位移反分析优化之后，并将已确定的待分析参数作为采用黄金分割点优化的另外的待分析参数过程中的暂定合理建议值，同时按步骤(2)中的实现过程对其他待分析参数进行黄金分割法优化取值。

(4)对反演参数不断进行轮换，直至目标函数满足预定要求($\leqslant \varepsilon$)停止搜索优化得到反演结果。

3.4.2 石磨岭隧道散体围岩位移反分析力学参数

杨志法[158]论述了弹性模量 E 的反演足够全局收敛，即足够接近“真值”，具有唯一性的可行性。故本书以此为突破点，对不具有可行唯一性的 c、φ 进行唯一性确定，从而完成力学参数的有效性及唯一性工作。

关于弹性本构模型的有效性及唯一性，杨志法已经做了数值方面的研究。本书只对弹塑性本构模型下的有效性及唯一性进行了研究，而对于黏弹性的有效性及唯一性，目前国内外均缺乏足够的理论依据及工程实践验证。

针对弹塑性本构模型下位移反分析唯一性的判别，杨志法利用试验法对西北某工程洞室的开挖进行位移反分析，弹塑性位移反分析唯一性研究结果见表 3-3。

表 3-3 弹塑性位移反分析唯一性研究结果

位移反分析力学参数	反演效果
E、c、φ	E 收敛结果好，c、φ 值收敛不稳定
c、φ	c、φ 值收敛不稳定，依靠初始值
E、φ	E 收敛结果好，φ 值收敛不稳定

续上表

位移反分析力学参数	反演效果
E、c	E 收敛结果好，c 值不收敛
μ、φ	μ 收敛结果好，φ 值不收敛
E、μ	E、μ 对计算结果最敏感，反演结果可靠

3.4.3 石磨岭隧道散体围岩数值模型

3.4.3.1 FLAC 3D 介绍

1. 本构模型与屈服准则选择

经过前面的论述，确定散体围岩的数值模拟计算采用弹塑性本构模型。在这里对于软件 FLAC 3D 中的弹塑性本构模型与屈服准则进行简短的理论介绍。

(1)增量弹性理论

在 FLAC 3D 中，Mohr-Coulomb 本构模型采用主应力 σ_1、σ_2、σ_3 及平面外应力 σ_{zz} 表示，$\sigma_3 \geqslant \sigma_2 \geqslant \sigma_1$（压应力为负）。主应变增量可表示为 $\Delta\varepsilon_i = \Delta\varepsilon_i^e + \Delta\varepsilon_i^p$，$e$、$p$ 分别表示弹性模量和塑性模量。

根据胡克定律，主应力及主应力的增量表达式见式(3-11)。

$$\begin{cases} \Delta\sigma_1 = \alpha_1 \Delta\varepsilon_1^e + \alpha_2 (\Delta\varepsilon_2^e + \Delta\varepsilon_3^e) \\ \Delta\sigma_2 = \alpha_1 \Delta\varepsilon_2^e + \alpha_2 (\Delta\varepsilon_1^e + \Delta\varepsilon_3^e) \\ \Delta\sigma_3 = \alpha_1 \Delta\varepsilon_3^e + \alpha_2 (\Delta\varepsilon_1^e + \Delta\varepsilon_2^e) \end{cases} \tag{3-11}$$

式中，$\alpha_1 = K + 4G/3$；$\alpha_2 = K - 2G/3$。

(2)屈服准则与流动法则

基于式(3-11)主应力假设条件，破坏准则在应力空间和平面(σ_1，σ_3)中如图 3-4 所示。

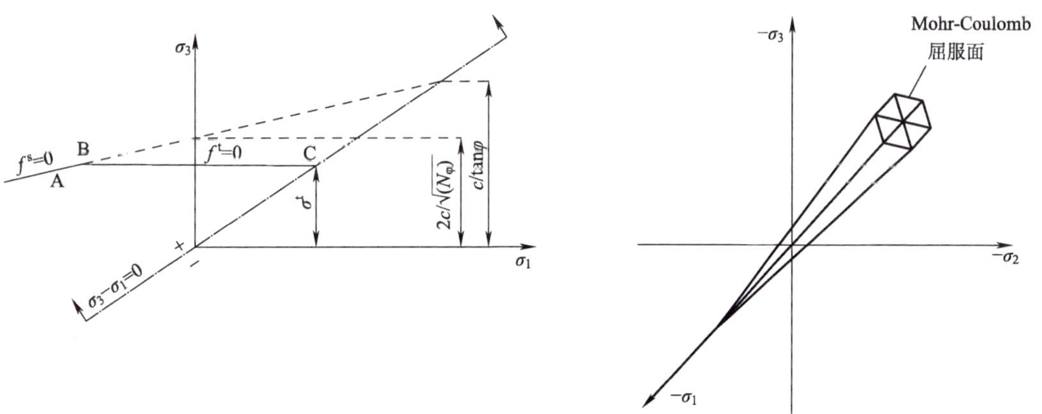

图 3-4　Mohr-Coulomb 条件主应力空间的屈服面及破坏准则

$$f^s = \sigma_1 - \sigma_3 N_\varphi + 2c\sqrt{N_\varphi} \tag{3-12}$$

由 B 点到 C 点的拉应力屈服函数可表示为式(3-13)。

$$f^t = \sigma^t - \sigma_3 ,\ N_\varphi = \frac{1+\sin\varphi}{1-\sin\varphi} ,\ \sigma_{\max}^t = \frac{c}{\tan\varphi} \tag{3-13}$$

式中，φ 为内摩擦角；c 为黏聚力；σ^{t} 为抗拉强度，对于内摩擦角 $\varphi=0$ 的材料，其抗拉强度不能超过 σ^{t}_{max}。

势函数 g^{t} 对应拉应力破坏的相关联流动法则：$g^{t}=-\sigma_3$。剪切势函数 g^{s} 对应非关联的流动法则：$g^{s}=\sigma_1-\sigma_3 N_{\varphi}$。

(3)塑性应力调整

①剪切破坏的塑性模量，其流动法则为 $\Delta\varepsilon_i^{p}=\lambda^{s}\dfrac{\partial g^{s}}{\partial\sigma_i}(i=1,3)$；$\lambda^{s}$ 为待定参数，通过偏微分后变为 $\Delta\varepsilon_1^{p}=\lambda^{s}$，$\Delta\varepsilon_2^{p}=0$，$\Delta\varepsilon_3^{p}=-\lambda^{s}N_{\varphi}$；总的应变增量减去塑性增量等于相应的弹性增量，式(3-11)的弹性法则可变为式(3-14)。

$$\begin{cases}\Delta\sigma_1=\alpha_1\Delta\varepsilon_1+\alpha_2(\Delta\varepsilon_2+\Delta\varepsilon_3)-\lambda^{s}(\alpha_1-\alpha_2 N_{\varphi})\\ \Delta\sigma_2=\alpha_1\Delta\varepsilon_2+\alpha_2(\Delta\varepsilon_1+\Delta\varepsilon_3)-\lambda^{s}\alpha_2(1-N_{\varphi})\\ \Delta\sigma_3=\alpha_1\Delta\varepsilon_3+\alpha_2(\Delta\varepsilon_1+\Delta\varepsilon_2)-\lambda^{s}(\alpha_2-\alpha_1 N_{\varphi})\end{cases} \tag{3-14}$$

应力偏增量可表示为 $\Delta\sigma_i=\Delta\sigma_i^{n}+\Delta\sigma_i^{o}$，$o$ 表示初始应力，n 表示调整后的应力，用此式代替式(3-14)，用上标 h 表示弹性假设应变和原应变之和，则弹性模量见式(3-15)。

$$\begin{cases}\Delta\sigma_1^{h}=\sigma_1^{o}+\alpha_1\Delta\varepsilon_1+\alpha_2(\Delta\varepsilon_2+\Delta\varepsilon_3)\\ \Delta\sigma_2^{h}=\sigma_2^{o}+\alpha_1\Delta\varepsilon_2+\alpha_2(\Delta\varepsilon_1+\Delta\varepsilon_3)\\ \Delta\sigma_3^{h}=\sigma_3^{H}+\alpha_1\Delta\varepsilon_3+\alpha_2(\Delta\varepsilon_1+\Delta\varepsilon_2)\end{cases} \tag{3-15}$$

②对于拉应力屈服，流动法则为 $\Delta\varepsilon_i^{p}=\lambda^{s}\dfrac{\partial g^{t}}{\partial\sigma_i}(i=1,3)$；$\lambda^{s}$ 为待定参数，通过偏微分后变为 $\Delta\varepsilon_1^{p}=0$，$\Delta\varepsilon_2^{p}=0$，$\Delta\varepsilon_3^{p}=-\lambda^{t}$，同理可得式(3-16)。

$$\begin{bmatrix}\sigma_1^{n}=\sigma_1^{h}+\lambda^{t}\alpha_2\\ \sigma_2^{n}=\sigma_2^{h}+\lambda^{t}\alpha_2\\ \sigma_3^{n}=\sigma_3^{h}+\lambda^{t}\alpha_1\end{bmatrix} \tag{3-16}$$

式中，$\lambda^{t}=\dfrac{f^{t}(\sigma_3^{h})}{\alpha_i}$。

3.4.3.2 基于 FLAC 3D 的散体围岩位移反分析

基于 FLAC 3D 数值建模的位移反分析流程图如图 3-5 所示，其判别标准就是目标误差函数趋于最小值，对应的力学参数值最接近“真实值”。

3.4.3.3 石磨岭隧道数值模型

石磨岭隧道进口段 YK57+690～YK57+740 为散体围岩，该段最大埋深约为 25 m，属于浅埋隧道，隧道设计净空：2×10.75 m×5.0 m。本书以石磨岭隧道右主洞横断面设计开挖线为基础，经过适当简化建立隧道三维模型。隧道横断面开挖宽度为 12 m，竖向开挖高度为 10 m，考虑开挖对围岩的影响范围(3～6 倍洞径)，模型横向边界左右各取 35 m，模型纵向长度取 40 m，拱顶至模型顶部埋深为 20 m，拱底至模型底部距离为 25 m。对模型左右及前后边界施加水平位移约束，对模型底边界施加竖向位移约束。模型共划分 34 100 个单元/36 310 个节点。

隧道模型及各支护结构模型如图 3-6 所示。

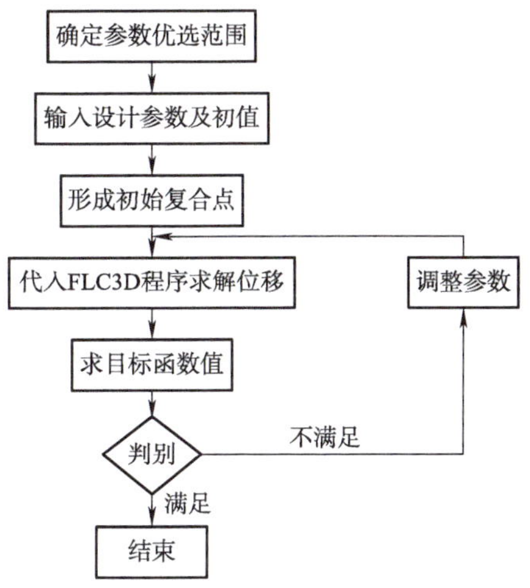

图 3-5　位移反分析流程

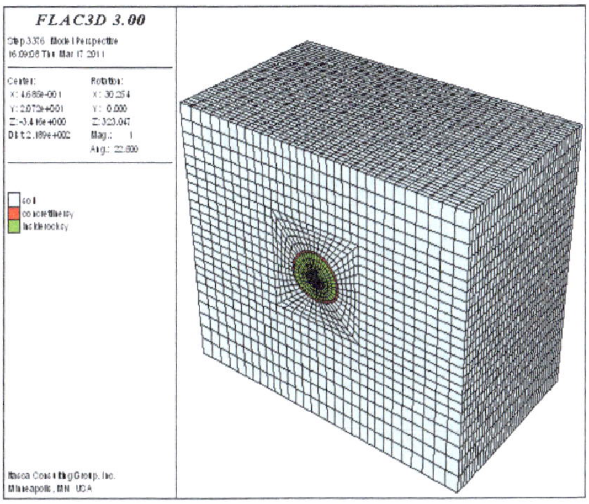

(a) 石磨岭隧道整体模型

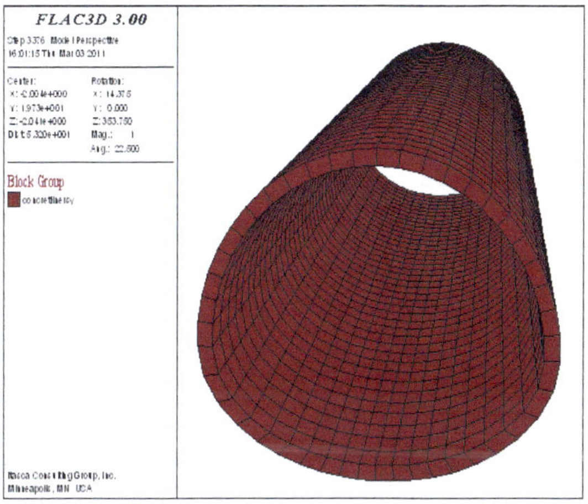

(b) 石磨岭隧道二次衬砌模型

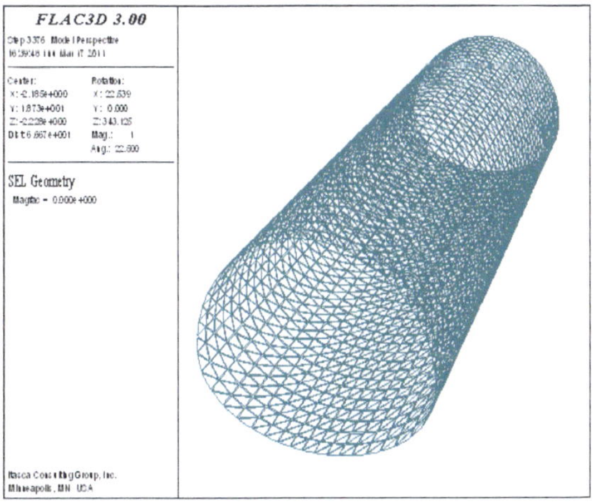

(c) 石磨岭隧道喷射混凝土模型

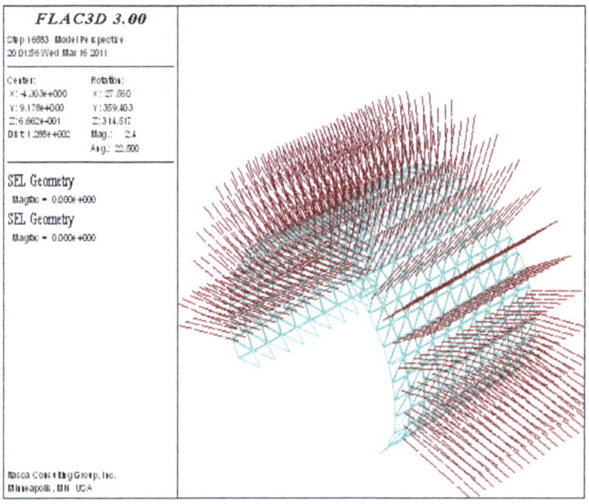

(d) 石磨岭隧道锚杆模型

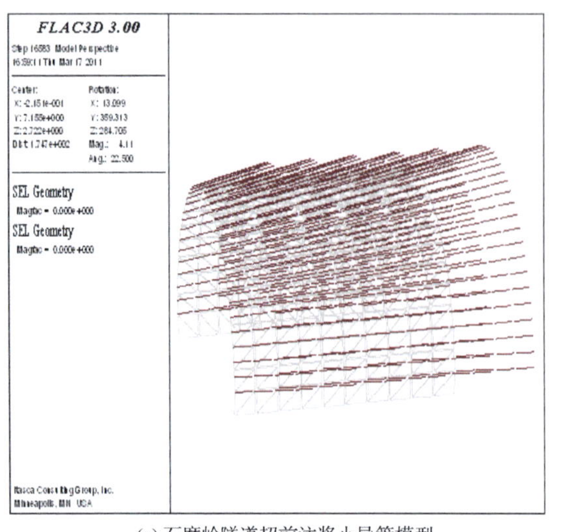

(e) 石磨岭隧道超前注浆小导管模型

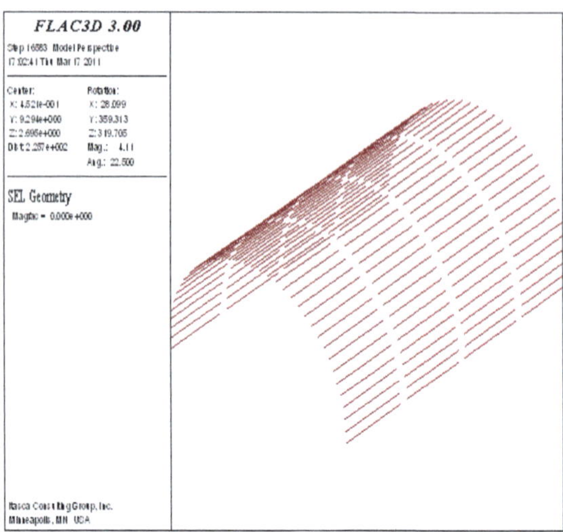

(f) 石磨岭隧道超前管棚模型

图 3-6　石磨岭隧道数值模型

3.4.3.4　散体围岩力学参数的确定

根据《公路隧道设计规范》(JTG D70—2004)、石磨岭隧道围岩相关勘察设计资料及相关文献资料比较，散体围岩及各支护结构物理力学参数见表 3-4 和表 3-5。

表 3-4　围岩及注浆加固区物理力学参数

名称	容重 $\gamma/(\mathrm{kN\cdot m^{-3}})$	凝聚力 c/MPa	内摩擦角 $\varphi/(°)$	弹性模量 E/GPa	泊松比 μ	抗拉强度 σ/MPa
Ⅴ围岩	20	0.05	24	—	—	—
管棚加固区	23	0.3	25	4	0.3	0.13
小导管加固区	22	0.3	25	3	0.3	0.1
混合加固区	24	0.3	30	4.5	0.3	0.15

表 3-5　各支护结构物理力学参数

名称	$\gamma/(\mathrm{kN\cdot m^{-3}})$	E/GPa	μ	σ/MPa	截面尺寸
超前管棚	35	100	0.3	—	ϕ108×6 mm
超前注浆小导管	33	200	0.3	—	ϕ42×3.5 mm
D25 中空注浆锚杆	33	200	0.3	—	ϕ25 mm
初期支护(折算后)	25	22	0.3	1.5	厚度 25 cm
二次衬砌	26	25	0.3	1.7	厚度 50 cm

本书钢拱架采用等效法处理，即钢拱架的弹性模量 E 折算给喷射混凝土层，其计算公式见式(3-17)。

$$E=E_0+\frac{S_g\times E_g}{S_c} \tag{3-17}$$

式中，E 为折算后喷射混凝土的弹性模量；E_0 为折算前喷射混凝土的弹性模量；E_g 为钢拱架的弹性模量；S_g 为钢拱架截面积；S_c 为混凝土截面积。

3.4.4 石磨岭隧道散体围岩段监控量测

3.4.4.1 散体围岩的支护及监控量测方案

1. 散体围岩的复合衬砌设计

由石磨岭隧道施工图设计说明以及地质勘探资料获知，隧道的 5 种复合衬砌设计是根据隧道的围岩级别及隧道深埋决定为 LS6、LS5、LS4a、LS3 和 LSma。

本书研究对象是石磨岭隧道散体围岩段，主要在进口段（YK57+690～YK57+740），长度为 50 m，最大埋深不超过 25 m，属浅埋隧道，其围岩级别为Ⅴ级，围岩性状呈松散破碎状态，顶、壁极不稳定，拱部无支护时可产生坍塌、滑坡，其复杂特性造成隧道成洞困难，部分需明挖，散体围岩段将采用 LS6、LS5 的衬砌设计。

对于石磨岭隧道四车道连拱隧道，总开挖跨度约 24 m，在Ⅴ级围岩地段，作用在隧道结构之上的设计荷载按全部覆土厚度计算，初期支护承载能力约为 7～9 m 高的土压力荷载，约占总荷载的 80%～90%，进洞口存在明显的偏压状况，因此复合衬砌承载能力由系统锚杆、喷射混凝土层、钢拱架以及二次衬砌组合形式共同承担。同时由于散体围岩施工难度很大，必须采取辅助施工措施与初期支护密切配合才能保证施工顺利进行，本书采用超前长管棚、超前小导管和超前小钢管进行施工。

综上所述，设计单位给出了石磨岭隧道工程的复合衬砌设计方案，其复合衬砌支护参数见表 3-6。

表 3-6 复合衬砌支护参数

项目			单位	LS6	LS5	LS4a	LS3
初期支护	系统锚杆	锚杆	—	ϕ42 注浆	D25 注浆	D25 注浆	ϕ22
		长度	cm	350	350	300	300
		间距	cm	100×100	100×50	100×100	120×120
	钢筋网	直径	mm	双层 ϕ8	双层 ϕ8	单层 ϕ8	单层 ϕ8
		间距	cm	20×20	20×20	20×20	25×25
	C20 喷射混凝土	厚度	cm	26	26	24	15
	型钢拱架	纵距	cm	50	50	100	—
		型号		20b	20b	18	—
二次衬砌（C25 钢筋混凝土）		拱部	cm	50	50	45	40
		仰拱	cm	50	50	45	—
辅助施工措施	超前长管棚	型号	mm	ϕ108×6	—	—	—
		环间距	cm	100	—	—	—
		长度	m	3～6	—	—	—
	超前小导管	型号	mm	—	ϕ42×3.5	—	—
		环间距	cm	—	40	—	—
		长度	m	—	3.5	—	—

2. 散体围岩监控量测方案

由于岩土工程的复杂性和特殊性，只有掌握隧道围岩在开挖过程中的动态和支护结构的稳定状态，才能利用现场监控量测手段提供有关隧道施工的全面、系统信息资料，以便及时调整支护参数。通过对量测数据的分析和判断，对围岩-支护体系的稳定状态进行监控和预测，并据此制定相应的施工措施确保洞室周边岩体的稳定及支护结构的可靠状态，达到隧道施工安全、节约工程投资的目的。

本书对散体围岩力学参数进行位移反分析，需要获取现场可靠的位移监控数据，故本节只对隧道水平收敛和拱顶下沉的位移进行监控量测获取，介绍散体围岩的监控量测方案包括水平收敛和拱顶下沉位移数据的量测方案。

石磨岭隧道为浅埋双连拱隧道，对双连拱隧道的监控量测主要集中在拱顶、边墙和底脚部分，故石磨岭隧道的监控测点布置如图 3-7 所示。目前用于隧道监控量测的仪器有很多，其差别主要体现在仪器精度方面。拱顶下沉量测一般采用高精度水准仪或全站仪及配合塔尺按照一定的量测频率通过拱顶沉降前后的高差值实现，如图 3-8 所示。水平收敛位移的量测一般采用机械式或数显式收敛计按照一定量测频率读取收敛计的前后数据差值实现，本书采用上虞市探矿仪器厂的 JSS30A 型数显收敛计，如图 3-9 所示，其最小读数 0.01 mm，量测精度为±0.06 mm。

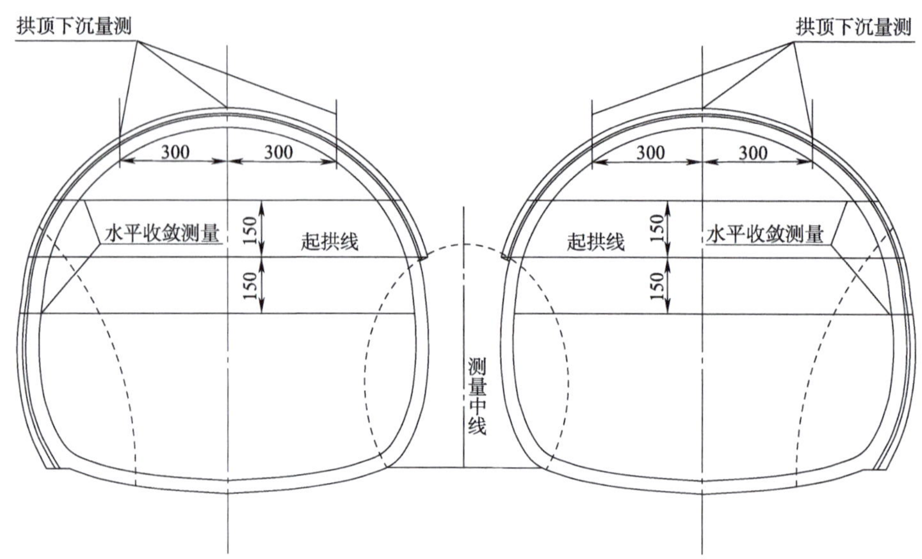

图 3-7 洞内监控量测布置(单位:cm)

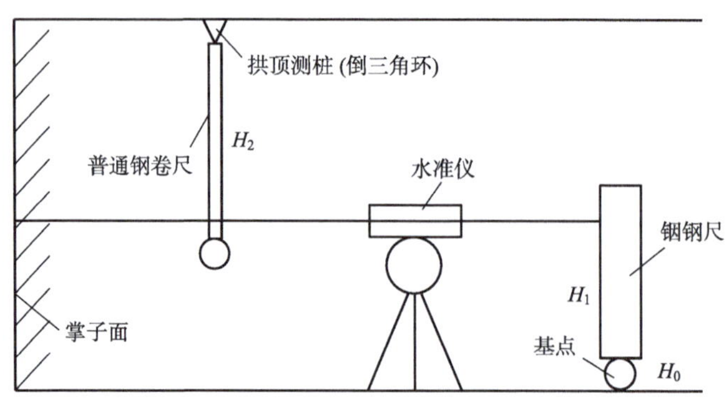

图 3-8 拱顶下沉监测

(a) JSS30A型数显收敛计

(b) JSS30A型数显收敛计

图 3-9 JSS30A 型数显收敛计

净空位移和拱顶下沉的量测频率见表 3-7,隧道初支相对位移见表 3-8。

表 3-7 净空位移和拱顶下沉的量测频率

位移速率	距工作面距离	量测频率
10 mm/d 以上	0～12 m	1～2 次/d
10～5 mm/d	12～24 m	1 次/d
5～1 mm/d	24～60 m	1 次/2～3 d
1 mm/d 以下	60 m 以上	1 次/7 d

表 3-8 跨度 $7\ \mathrm{m}<B\leq 12\ \mathrm{m}$ 隧道初支相对位移(%)

围岩级别	埋深					
	<50 m		50～300 m		>300 m	
	水平收敛	拱顶下沉	水平收敛	拱顶下沉	水平收敛	拱顶下沉
Ⅳ	0.1～0.3	0.06～0.1	0.2～0.8	0.08～0.4	0.7～1.2	0.3～0.8
Ⅴ	0.2～0.5	0.08～0.16	0.4～2.0	0.14～1.1	1.8～3.0	0.8～1.4

3.4.4.2 监控量测数据

石磨岭隧道散体围岩力学参数反演段主要是在右主洞进洞口 YK57＋690～YK57＋740 段Ⅴ级围岩,选取隧道 YK57＋692、YK57＋732 断面,根据施工现场监控测量手段及监控报告,得到该断面上的监测量测数据,见表 3-9、表 3-10。

表 3-9 YK57＋692 拱顶下沉与水平收敛监测结果(mm)

日期	拱顶下沉		水平收敛	
	沉降值	累计沉降值	收敛值	总收敛值
2019-11-15	0.00	0.00	0.00	0.00
2019-11-16	0.66	0.66	0.18	0.18
2019-11-17	0.14	0.80	0.11	0.28

续上表

日期	拱顶下沉		水平收敛	
	沉降值	累计沉降值	收敛值	总收敛值
2019-11-18	1.06	1.85	0.16	0.44
2019-11-19	0.98	2.83	0.04	0.48
2019-11-21	0.00	2.83	0.31	0.79
2019-11-22	0.08	2.91	0.04	0.75
2019-11-23	0.05	2.96	0.11	0.87
2019-11-24	0.15	3.11	0.01	0.88
2019-11-25	0.18	3.29	0.12	1.00
2019-11-26	0.00	3.28	0.05	0.95
2019-11-27	0.41	3.69	0.10	1.04
2019-11-28	0.10	3.59	0.23	0.81
2019-11-30	0.08	3.67	0.10	0.71
2019-12-3	0.06	3.73	0.02	0.70
2019-12-5	0.03	3.76	0.00	0.70
2019-12-7	0.03	3.79	0	0.70
2019-12-9	0	3.79	0	0.70
2019-12-11	0	3.79	0	0.70

表 3-10　YK57＋732 拱顶下沉与水平收敛监测结果(mm)

日期	拱顶下沉		水平收敛	
	沉降值	累计沉降值	收敛值	总收敛值
2019-11-29	0.00	0.00	0.00	0.00
2019-11-30	0.55	0.55	0.13	0.13
2019-12-1	0.37	0.92	0.08	0.21
2019-12-2	0.28	1.21	0.13	0.33
2019-12-3	0.00	1.21	0.00	0.33
2019-12-4	0.08	1.28	0.04	0.37
2019-12-5	0.15	1.43	0.09	0.46
2019-12-6	0.00	1.43	0.00	0.46
2019-12-7	0.79	2.22	0.12	0.58
2019-12-8	0.38	2.60	0.04	0.54
2019-12-9	0.25	2.85	0.15	0.69
2019-12-10	0.20	3.04	0.12	0.80
2019-12-11	0.10	3.15	0.13	0.93
2019-12-12	0.13	3.27	0.11	1.04
2019-12-13	0.04	3.23	0.03	1.07
2019-12-14	0.14	3.37	0.10	1.17

续上表

日期	拱顶下沉		水平收敛	
	沉降值	累计沉降值	收敛值	总收敛值
2019-12-16	0.05	3.42	0.13	1.30
2019-12-17	0.03	3.44	0.09	1.40
2019-12-19	0.29	3.74	0.01	1.41
2019-12-21	0.11	3.85	0.03	1.44
2019-12-23	0.06	3.91	0.02	1.46
2019-12-25	0.02	3.93	0.02	1.48
2019-12-27	0	3.93	0	1.48
2019-12-29	0	3.93	0	1.48
2019-12-31	0	3.93	0	1.48

由表 3-9、表 3-10 可知，YK57+692 中最大日沉降量为−1.06 mm，最大日收敛值为 0.23 mm，总沉降值为−3.79 mm，总收敛值为−0.70 mm；YK57+732 中最大日沉降量为−0.79 mm，最大日收敛值为−0.15 mm，总沉降值为−3.93 mm，总收敛值为−1.48 mm。

3.4.5 位移反分析结果及分析

根据 3.4.1.2 节表述，考虑到位移反分析效率问题，采用坐标轮换黄金分割法优化弹塑性位移反分析，并通过此方法确定合理选取的变形参数弹性模量 E_B 和泊松比 μ。首先必须确定其优选范围，根据石磨岭隧道地质勘查报告提供的资料选取 E_B、μ 的范围为：围岩弹性模量 E_B 为 0.3～1 GPa，泊松比 μ 为 0.2～0.7。黏聚力 c 采用 0.05 MPa，内摩擦角 φ 采用 24°。当位移反分析进行参数优选时，先固定泊松比 μ 为最低值，即 $\mu=0.2$，围岩弹性模量在 0.3～1 GPa 范围里进行黄金分割，确定出 E 的下限值和上限值，分别为 0.57 MPa 和 0.73 MPa；然后固定围岩弹性模量 E_B，其值为经过第一次黄金分割的下限值 0.57 MPa，再对泊松比 μ 进行黄金分割优选确定，获得泊松比 μ 的下限值和上限值，分别为 0.40 和 0.51，这样不断轮换对待反演参数围岩弹性模量 E_B 和泊松比 μ 进行黄金分割优化确定，将每一组优化确定的参数值代入 FLAC 3D 建立的数值模型，获取计算位移值和量测位移值的误差，即建立基于计算位移值和量测位移值的误差函数，当误差函数值满足一定精度要求时，即可认为黄金分割法优化确定的那一组参数为工程实体参数值。

经过 7 次优选，当弹性模量 E_B 为 0.47 GPa，泊松比 μ 为 0.43 时，计算位移值与量测值的误差为 0.01，满足精度要求，且其组合值经过多次利用得到了符合要求的 E_B、μ 参数值，见表 3-11。因此，石磨岭隧道 YK57+690～YK57+740 段Ⅴ级围岩的参数值表示为弹性模量 $E_B=0.47$ MPa、泊松比 $\mu=0.43$、黏聚力 $c=0.05$ MPa 及内摩擦角 $\varphi=24°$。

表 3-11 E_B、μ 参数反演结果

优选次数	E_B 值范围 /GPa	μ 值范围	计算 E 值 /GPa	计算 μ 值	理论位移 /mm	实测位移 /mm	目标函数 /mm²
1	(0.3,1)	(0.2,0.7)	0.3	0.20	6.4	3.8	6.76
			1	0.20	1.4	3.8	5.76

续上表

优选次数	E_B 值范围 /GPa	μ 值范围	计算 E 值 /GPa	计算 μ 值	理论位移 /mm	实测位移 /mm	目标函数 /mm^2
2	(0.3,1)	(0.2,0.7)	0.57	0.20	3.2	3.8	0.36
			0.73	0.20	1.7	3.8	4.41
3	(0.3,0.73)	(0.2,0.7)	0.57	0.40	4.2	3.8	0.16
			0.57	0.51	2.6	3.8	1.44
4	(0.3,0.73)	(0.2,0.51)	0.47	0.40	4.1	3.8	0.09
			0.57	0.40	4.2	3.8	0.16
5	(0.3,0.57)	(0.2,0.51)	0.47	0.32	4.5	3.8	0.49
			0.47	0.40	4.1	3.8	0.09
6	(0.3,0.57)	(0.32,0.51)	0.40	0.40	4.0	3.8	0.04
			0.47	0.40	4.1	3.8	0.09
7	(0.40,0.57)	(0.32,0.51)	0.47	0.40	4.1	3.8	0.09
			0.47	0.43	3.7	3.8	0.01

4　岩体力学参数确定新方法

4.1　概　　述

在岩土工程的稳定性评价、结构和现场支护的设计及工程实体的数值模拟中，工程岩体力学参数确定的研究至关重要。目前获取岩体力学参数的常用理论有以 Hoek-Brown 强度准则为基础的岩体参数估算理论和基于数值模拟和监控量测的位移反演理论。前者是通过室内外试验、地质勘探结果及工程经验类比分析对岩土材料进行划分，并通过四个输入参数的描述，获得符合现场工程实际的岩土材料的参数强度值。后者是基于监控量测手段，以数值模拟为基础对岩体参数力学参数进行反演。前者虽然可避免室内外试验测试周期长、费用高以及岩体赋存环境等问题，但是准则所需输入参数地质强度指标 GSI 的确定难以规避人为因素，存在主观性问题，此外准则估算出的岩体力学参数值不能得到有效验证，而后者在多参数的位移反分析中存在唯一性问题，且位移反分析结果的有效性和可靠性过于依赖监控量测技术，至今这些问题都尚未得到很好解决，对工程应用造成巨大挑战。因此，如何解决岩体力学参数确定方法中存在的不足和缺陷，将是岩土工程界未来研究的难点和热点。

4.2　新方法提出的背景及意义

贺巴高速(昭平至蒙山段)石磨岭隧道散体围岩呈松散破碎状，极不稳定，层理、节理十分发育，结构面多，结构体多元化，围岩岩体呈非常显著的非线性特征。围岩力学参数的准确确定对于石磨岭隧道设计变更、施工预测及稳定性评价具有重要意义。

依托石磨岭隧道的工程实际，采用基于 Hoek-Brown 强度准则为基础的岩体参数估算理论和基于数值模拟和监控量测的位移反演理论对石磨岭隧道散体围岩段进行围岩力学参数确定，参数结果见第 2 章和第 3 章。将石磨岭隧道散体围岩段(左主洞进口段 ZK34＋200～ZK34＋250)分成 10 段共 11 个断面，对 11 个断面的散体围岩力学参数采用 Hoek-Brown 强度准则估算，最后求其平均值，得出左主洞进口段围岩力学参数为：黏聚力 $c=0.048$ MPa，内摩擦角 $\varphi=30.82°$，抗拉强度 $\sigma_\tau=-0.004$ MPa，弹性模量 $E_H=0.62$ GPa，同时采用基于数值模拟和监控量测的位移反演理论对右主洞进口段散体围岩力学参数进行位移反分析确定，根据相关规范及地质勘探资料给定黏聚力 c 为 0.05 MPa 和内摩擦角 φ 为 24°，对弹性模量 E_B 和泊松比 μ 进行位移反分析，采用黄金分割法对位移反分析进行优化，提高反分析效率，最后经过 7 次优选和 10 次位移计算，得出弹性模量 E_B 为 0.47 MPa 和泊松比 μ 为 0.43。

将两种方法确定的散体围岩力学参数对比，结果见表 4-1。

表 4-1 准则估算及位移反分析围岩力学参数结果对比

参数	准则估算值	位移反分析结果	绝对误差	相对误差
弹性模量 E/GPa	0.62	0.47	0.15	0.241 935
黏聚力 c/MPa	0.048	0.05	0.002	0.04
内摩擦角 φ/(°)	30.82	24	6.82	0.221 284
泊松比 μ	—	0.43	—	—
抗拉强度 σ_τ/MPa	−0.004	—	—	—

由表 4-1 可知，弹性模量 E 绝对误差达到 0.15 GPa，相对误差最大高达 24.2%；误差较小为内摩擦角 φ，其绝对误差为 6.82°，相对误差为 22.1%，误差最小为黏聚力 c，绝对误差仅为 0.002 MPa，相对误差也仅有 4%，而参数泊松比 μ 和抗拉强度 σ_τ 由于各自确定方法的缺陷，无法进行比较。

结果对比发现，Hoek-Brown 强度准则估算值与位移反分析参数结果存在一定的不一致性。因此，有必要怀疑参数的可靠性、有效性和唯一性，这也直观体现了估算准则中参数存在易受经验影响、主观性过重和多参数位移反分析结果具有唯一性的问题。当工程在设计、施工及预测时，对于岩体力学参数确定存在“选择恐惧症”和“模糊性”，也即存在参数确定的标准化问题，因此有必要寻找一种岩体力学参数确定的新方法。对于表 4-1 中散体围岩力学参数缘何出现误差，本书认为主要原因如下：

(1) Hoek-Brown 强度准则中忽略了中间主应力及准则估算输入参数的影响，尤其是地质强度指标 GSI 的确定过于依赖经验判定，难免存在人为因素，主观性过重，同时 Hoek-Brown 强度准则估算值结果偏保守。

(2) 对于位移反分析，单参数的反分析足以确定参数值，但多参数的反分析存在唯一性问题。

(3) 数值模型建立的“真实性”及监控数据的准确性。

基于以上分析，为解决岩体力学参数确定存在的可靠性、有效性、唯一性和标准化问题，本书提出一种岩体力学参数确定新方法。

4.3 岩体力学参数确定新方法

4.3.1 岩体力学参数位移反分析优化基本思路

岩体力学参数确定新方法是基于 Hoek-Brown 强度准则和位移反分析的有机结合对岩体力学参数进行确定，基本思路如图 4-1 所示。

基于 Hoek-Brown 强度准则能够较好描述非线性特征的岩体破坏特性，采用此准则对岩体力学参数弹性模量 E_H、黏聚力 c、内摩擦角 φ 和抗拉强度 σ_τ 进行估算确定，其值是通过地质调查和室内外试验确定的完整岩石的无侧限抗压强度 σ_c、地质强度指标 GSI、完整的岩石参数 m_i 和扰动系数 D 确定，将准则估算出的黏聚力 c、内摩擦角 φ 和抗拉强度 σ_τ 作为位移反分析中的已知参数，利用数值方法对弹性模量 E_B 和泊松比 μ 进行基于坐标轮换黄金分割法优化的位移反分析确定，将估算出的弹性模量 E_H 和位移反分析出的弹性模量 E_B 进行对比分析，确定弹性模量的相对误差是否满足小于 5% 的精度要求，如不满足则对准则输入参数进行修正。由于地质强度指标 GSI 主观性过重，对计算结果最为敏感，因此主要修正输入参数 GSI 值，按照图 4-1 进行确定，直至弹性模量 E 的相对误差达到精度要求，即认为获得足够接近实际的岩体力学参数。因此，采用新方法可以确定具有唯一性、有效性和可靠性的符合工程实际的岩体力学参数。

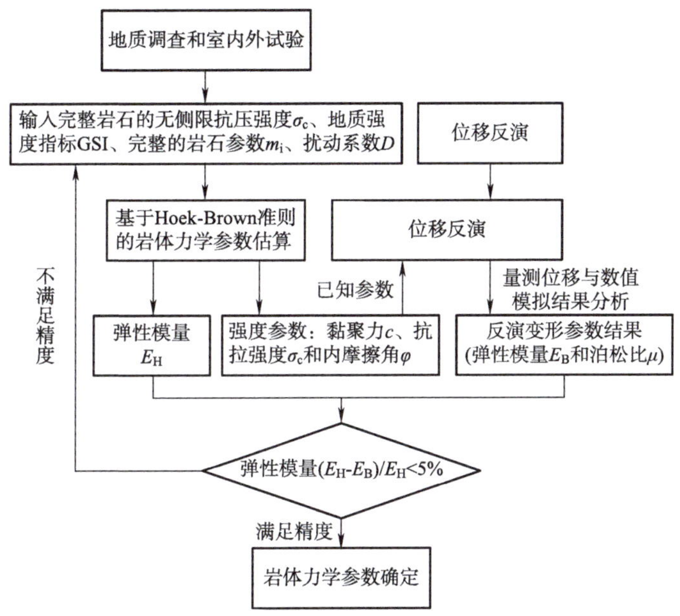

图 4-1 岩体力学参数位移反分析流程

4.3.2 参数有效性及唯一性的判别标准

由于岩体力学参数确定新方法是基于 Hoek-Brown 强度准则和位移反分析的有机结合，其中最可靠的确定性信息是监控量测数据且始终认为其数据符合工程实际，因此监控量测数据成为参数确定的唯一性和有效性的判别标准。但是其判别标准的实现是通过弹性模量 E 的相对误差达到精度要求而实现，只有弹性模量 E 的相对误差满足精度，才能使 Hoek-Brown 强度准则和位移反分析确定的参数值具有一致性和唯一性，并且根据新方法确定的参数代入数值模型计算出的位移值满足工程实际的监控量测位移值，保证了参数的有效性和可靠性，岩体力学参数的标准化问题得到解决。

4.4 新方法在散体力学参数确定中的应用

针对散体围岩力学参数确定不具有唯一性、有效性、可靠性和标准化的问题，本节采用新方法确定散体围岩力学参数，并对其结果进行反演正算验证。

4.4.1 新方法确定石磨岭隧道散体围岩力学参数结果

4.4.1.1 基于 Hoek-Brown 强度准则的力学参数估算确定

由于新方法的基础是基于 Hoek-Brown 强度准则，因此力学参数估算步骤可参考第 2 章内容，但需重新修正准则输入参数尤其是地质强度指标 GSI。将石磨岭隧道进口端散体围岩段(YK57+690-YK57+740)分为 10 段共 11 个断面的力学参数进行估算，准则估算结果见表 4-2。

表 4-2 散体围岩分段的力学参数估算

桩号	σ_c/MPa	GSI	m_i	D	c/MPa	φ/(°)	σ_τ/MPa	E_H/GPa
YK57+690	19.6	20	6	0.7	0.037	24.28	−0.002	0.51
YK57+695	21.2	18	5	0.5	0.042	26.54	−0.003	0.55
YK57+700	17.8	19	5	0.4	0.043	28.78	−0.004	0.57
YK57+705	15.6	21	7	0.4	0.048	32.62	−0.003	0.6
YK57+710	18.3	20	6	0.4	0.047	31.49	−0.003	0.61
YK57+715	17.2	20	5	0.4	0.046	28.85	−0.004	0.6
YK57+720	13.4	22	5	0.3	0.046	30.84	−0.004	0.62
YK57+725	16.1	17	5	0.4	0.042	25.56	−0.003	0.48
YK57+730	18.7	15	6	0.4	0.056	23.93	−0.002	0.46
YK57+735	20.3	19	6	0.4	0.087	24.75	−0.003	0.61
YK57+740	18.8	17	6	0.2	0.12	23.79	−0.004	0.58
平均值					0.056	27.4	−0.003	0.56

由表 4-2 可知，石磨岭隧道进口端散体围岩段的强度参数估算结果 $c=0.056$ MPa，$\varphi=27.4°$，$\sigma_\tau=-0.003$ MPa，$E_H=0.56$ GPa。

4.4.1.2 石磨岭隧道散体围岩变形参数位移反分析

本节位移反分析步骤可参考第 3 章内容，但黏聚力 c 和内摩擦角 φ 则是根据 4.4.1.1 节 Hoek-Brown 强度准则估算出的黏聚力 c 和内摩擦角 φ 的值，并对待反分析参数弹性模量 E_B 和泊松比 μ 进行位移反分析确定。根据石磨岭隧道地质勘查报告提供的资料，选取 E_B、μ 的范围确定为弹性模量 E_B 为 0.3～1 GPa，泊松比 μ 为 0.2～0.7。经过 6 次优选得到符合要求的 E_B、μ 参数值，见表 4-3。

表 4-3 E_B、μ 参数反演结果

优选次数	E_B 值范围/GPa	μ 值范围	计算 E 值/GPa	计算 μ 值	理论位移/mm	实测位移/mm	目标函数/mm²
1	(0.3,1)	(0.2,0.7)	0.3	0.2	6.6	3.8	7.84
			1	0.2	1.5	3.8	5.29
2	(0.3,1)	(0.2,0.7)	0.57	0.2	3.5	3.8	0.09
			0.73	0.2	1.8	3.8	4.0
3	(0.3,0.73)	(0.2,0.7)	0.57	0.4	2.8	3.8	1.00
			0.57	0.51	4.0	3.8	0.04
4	(0.3,0.73)	(0.2,0.51)	0.47	0.40	4.4	3.8	0.36
			0.57	0.4	3.9	3.8	0.01

续上表

优选次数	E_B 值范围 /GPa	μ 值范围	计算 E 值 /GPa	计算 μ 值	理论位移 /mm	实测位移 /mm	目标函数 /mm²
5	(0.47,0.73)	(0.2,0.51)	0.57	0.32	4.0	3.8	0.04
			0.57	0.4	3.9	3.8	0.01
6	(0.47,0.57)	(0.2,0.51)	0.50	0.4	4.2	3.8	0.16
			0.57	0.4	3.9	3.8	0.01

由表 4-3 可知，石磨岭隧道 YK57＋690～YK57＋740 段散体围岩变形参数反演结果：弹性模量 E_B＝0.57 GPa，泊松比 μ＝0.40。

4.4.1.3　石磨岭隧道散体围岩力学参数有效性及唯一性的判定

将 E_H 和 E_B 对比分析及参数确定进行有效性判定。由表 4-4 可知，E_H＝0.56 MPa，E_B＝0.57 MPa，相差仅为 0.01 MPa，相对误差为 1.75％，数据说明误差满足精度要求(小于 5％)，即石磨岭隧道散体围岩力学参数估算及反演值合理有效。

表 4-4　对比分析弹性模量 E

参数	位移反分析结果	准则估算结果	绝对误差	相对误差/％
弹性模量 E/GPa	0.57	0.56	0.01	1.754 386

4.4.2　新方法确定石磨岭隧道散体围岩力学参数正算结果分析

由上文可知，采用新方法确定的石磨岭隧道散体围岩段的力学参数为黏聚力 c＝0.056 MPa、内摩擦角 φ＝27.4°、抗拉强度 σ_τ＝－0.003 MPa、弹性模量 E＝0.57 GPa、泊松比 μ＝0.40，其结果是基于 YK57＋692 断面的现场量测的拱顶下沉数据进行位移反分析得出，对于其他断面是否满足不得而知，也即尚未确定新方法确定的散体围岩参数是否满足石磨岭隧道工程实际，因此需要将新方法确定的参数代入模型进行计算并与其他断面的现场量测数据进行对比，即参数反演正算分析，在这里仅以现场位移量测数据作为验证标准。

现场量测位移有拱顶下沉与水平收敛位移，其在隧道监控中对于稳定性分析具有重要依据，因此，本节将拱顶下沉与水平收敛位移数据进行了两方面的力学参数验证。

(1)选取 YK57＋732 断面的现场监测值进行检验，将力学参数代入由有限差分 FLAC 3D 软件建立的数值模型进行位移计算，得到竖直位移也即拱顶沉降值随计算时间的时态图(图 4-2)，数值计算经过 26 189 时步，散体围岩的应力得到彻底释放，散体围岩位移也不会出现继续下沉的趋势，最终其位移达到稳定状态。将通过数值模型计算的拱顶下沉与水平收敛位移数据以文本文档格式导出，得到 YK57＋732 断面的计算拱顶下沉值达到 3.98 mm，石磨岭隧道左右拱脚的水平收敛位移分别达到 0.327 mm 和－1.209 mm，其中正负号表示在 FLAC 3D 软件建立模型时，以右边隧道的模型边界为坐标零点后，石磨岭隧道左右拱脚水平收敛位移都朝向隧道内侧，因此可以计算出石磨岭隧道计算相对水平收敛位移为 1.53 mm。由表 4-5 和图 4-2 可知，YK57＋732 断面实测拱顶下沉值为 3.93 mm，实测水平收敛位移值为 1.48 mm。通过 YK57＋732 断面拱顶下沉与水平收敛值的比较可知，拱顶下沉的计算位移值与实测位移值相差 0.05 mm，相对误差仅为 1.2％，水平收敛计算位移值与实测位移值相差 0.05 mm，相对误差仅为 3.4%，基本符合反分析结果检验标准(其中去精度要求为小于 5%)。数据说明新方法确定的力学参数满足 YK57+732 断面散体围岩的实际施工情况。

表 4-5　FLAC 3D 计算位移与现场监测位移比较

监测项目	FLAC 3D 计算值/mm	现场监控量测值/mm	绝对误差/mm	相对误差/%
拱顶下沉	3.98	3.93	0.05	1.2
水平收敛	1.53	1.48	0.05	3.4

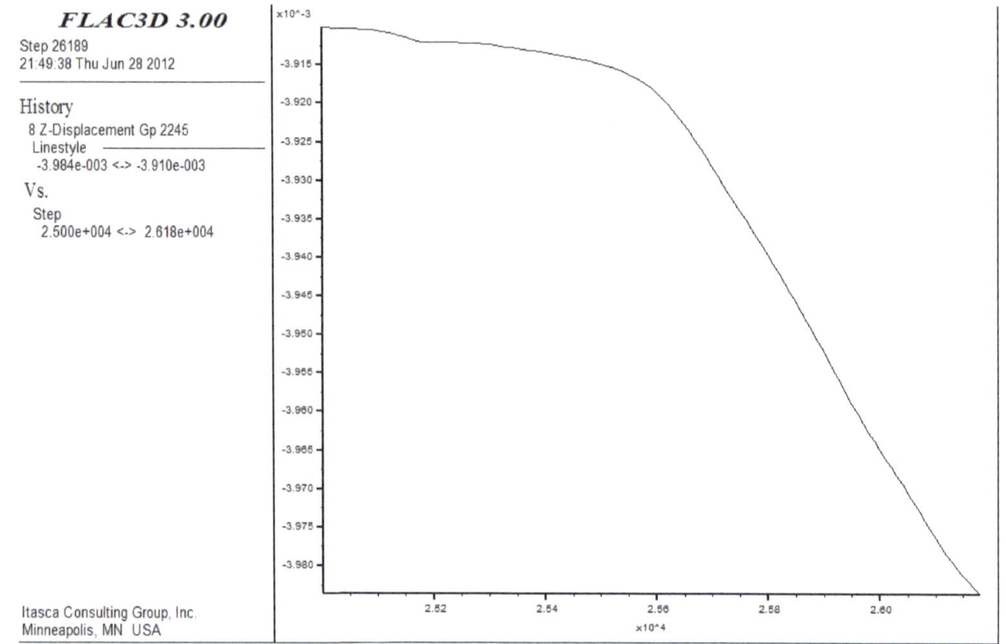

图 4-2　YK57+732 断面围岩位移随时步的变化曲线

(2)只针对 YK57+732 断面围岩进行反演正算显然是不够的，有必要对其附近断面也进行反演正算。考虑到靠近 YK57+732 的断面的散体围岩力学参数和稳定性评价与 YK34+732 断面几乎相一致，本节选取 YK57+730、YK57+734、YK57+736、YK57+738 和 YK57+740 断面，并将力学参数代入数值模型进行计算。通过数值模型计算的拱顶下沉与水平收敛位移数据以文本文档格式导出，将这些断面的数值模拟计算值与现场监控量测值进行对比分析，获得这些断面的误差及相对误差，见表 4-6 和表 4-7。由表 4-6 和表 4-7 可知，拱顶下沉值的相对误差最大为 4.48%、最小为 0.41%，周边(水平)位移收敛值相对误差最大为 3.95%、最小为 0.40%，误差均在允许范围内。

表 4-6　数值模拟与监控量测拱顶下沉值对比表及相对误差

监测量测断面	拱顶下沉值/mm		相对误差/%
	数值模拟值	监控量测值	
YK57+730	4.003 4	3.986 9	0.413 855 4
YK57+732	3.984 2	3.930 8	1.258 502 1

续上表

监测量测断面	拱顶下沉值/mm		相对误差/%
	数值模拟值	监控量测值	
YK57+734	3.898 2	3.914 5	0.416 400 6
YK57+736	3.745 9	3.786 8	1.080 067 6
YK57+738	3.516 5	3.433 4	2.420 341 4
YK57+740	3.172 5	3.321 6	4.488 800 6

表 4-7 数值模拟与监控量测周边(水平)位移收敛值对比表及相对误差

监测量测断面	周边(水平)位移收敛值/mm		相对误差/%
	数值模拟值	监控量测值	
YK57+730	1.607 17	1.596 57	0.663 923 3
YK57+732	1.538 57	1.480 09	3.951 111 1
YK57+734	1.296 73	1.402 36	0.401 466 1
YK57+736	1.224 67	1.242 18	1.204 594
YK57+738	1.246 84	1.237 68	0.740 094 4
YK57+740	1.216 86	1.206 94	0.821 913 3

综上所述,新方法确定的力学参数黏聚力 c、内摩擦角 φ、抗拉强度 σ_τ、弹性模量 E 和泊松比 μ 满足石磨岭隧道工程实际,其值对于石磨岭隧道施工建设具有重要的参考意义,因此基于 Hoek-Brown 破坏准则的岩体参数估算理论与基于监控量测技术及数值建模的位移反分析有机结合的岩体参数确定新方法在理论和工程实际角度均是科学合理的。

5　散体围岩隧道施工技术的数值分析

本章以贺巴高速(昭平至蒙山段)石磨岭隧道进口浅埋段散体围岩开挖为背景,根据隧道各种开挖及支护方法的特点,对部分开挖及支护方式进行数值模拟,分析计算结果,比较各种开挖及支护方法对散体围岩的稳定性影响。

5.1　数值分析

5.1.1　数值分析特点

对于隧道工程而言,采用数值分析方法研究可以直观观测隧道开挖后围岩及地下结构的各种物理力学变化过程,便于理解和分析。同时,隧道属于大型工程,模型实验成本昂贵不能重复使用,且实验效果与模型大小、材料、实验设备等均相关,而数值模拟受外界干扰条件少,设备投资少,在保证各种物理参数、本构方程设置合理的前提下,模拟结果精度高,可反复操作。数值模拟对制定科学的隧道施工方案和围岩影响范围等能够提供可靠的理论指导。

5.1.2　FLAC 3D 简介

FLAC 3D 是一款有限差分软件,它内置丰富的弹、塑性材料本构模型,有静力、动力、蠕变、渗流、温度 5 种计算模式,并可以相互耦合,使模型更加客观真实地反映岩体物理状态。FLAC 3D 采用“混合离散法”模拟材料塑性破坏及流动,比有限元通常采用的“离散集成法”更为准确合理,利用显式差分法程序进行求解计算,不需形成整体刚度矩阵,计算占用内存小,模拟大变形问题耗时少,可迅速求得应力、应变增量和不平衡力并跟踪系统模型演化过程,适合模拟隧道开挖等大量单元系统模型。

5.2　隧道开挖方法对散体围岩稳定性影响的数值分析

散体围岩在开挖后既有弹性变形,也有塑性变形,且以塑性破坏为主,因此,本节数值计算主要采用 Mohr-Coulomb 塑性本构模型,具体的理论介绍见 3.4.3.1 节。浅埋散体围岩用于比较的施工方案为:全断面法、超短台阶法、正台阶预留核心土法、CD 法、CRD 法,其中隧道数值模型建立和模拟参数设置见 3.4.3.3 和 3.4.3.4 节。

5.2.1　各开挖方法模型及模拟工序

(1)全断面法主要模拟工序

①设置超前注浆管棚与超前注浆小导管,进行超前支护;

②全断面开挖;

③设置钢拱架、锚杆、喷射混凝土等初期支护。

全断面法每循环进尺 1 m,其开挖示意如图 5-1 所示。

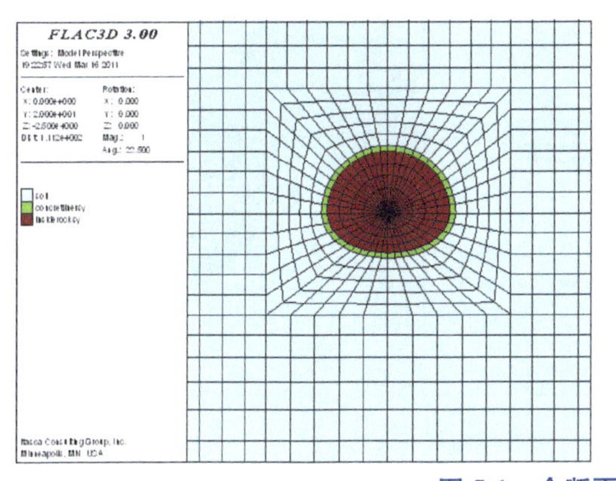

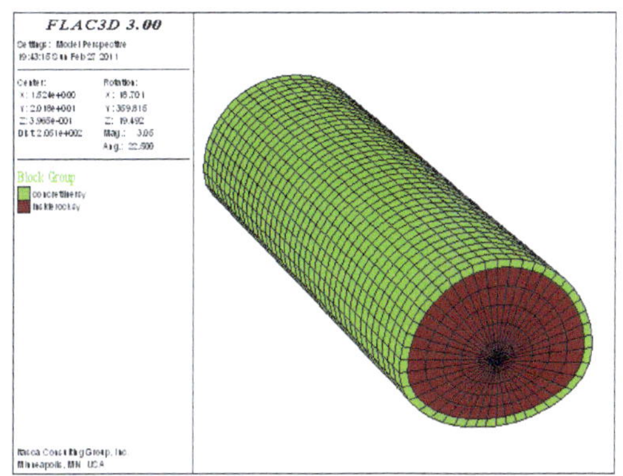

图 5-1　全断面法开挖模型示意

(2)超短台阶法主要模拟工序

①设置超前注浆管棚与超前注浆小导管,进行超前支护;

②开挖上台阶,设置拱部初期支护;

③开挖下台阶,设置边墙及仰拱初期支护;

④设置超前注浆小导管,进入下一循环。

超短台阶法每循环进尺 1 m,上台阶超前 2 m,其开挖示意如图 5-2 所示。

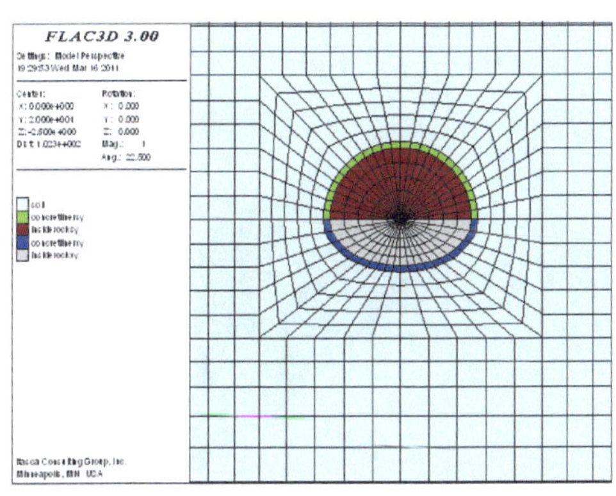

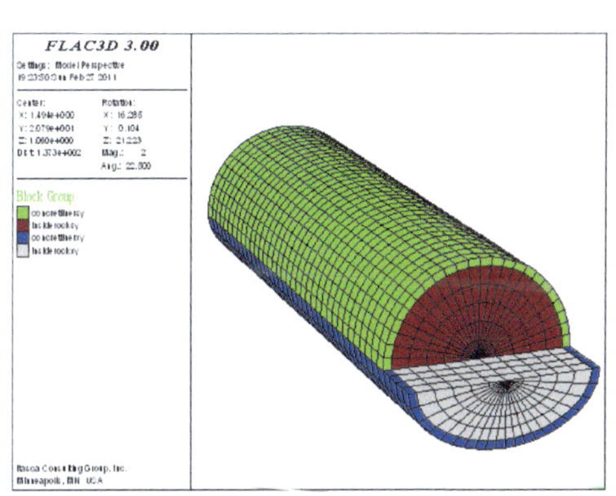

图 5-2　超短台阶法开挖模型示意

(3)正台阶预留核心土法主要模拟工序

①设置超前注浆管棚与超前注浆小导管进行超前支护;

②上断面预留核心土环向开挖,设置拱部初期支护;

③开挖核心土;

④开挖下台阶,设置边墙及仰拱初期支护;

⑤设置超前注浆小导管,进入下一循环。

正台阶预留核心土法每循环进尺 1 m,核心土长 5 m,其开挖示意如图 5-3 所示。

(4)CD 法主要模拟工序

①设置超前注浆管棚与超前注浆小导管进行超前支护;

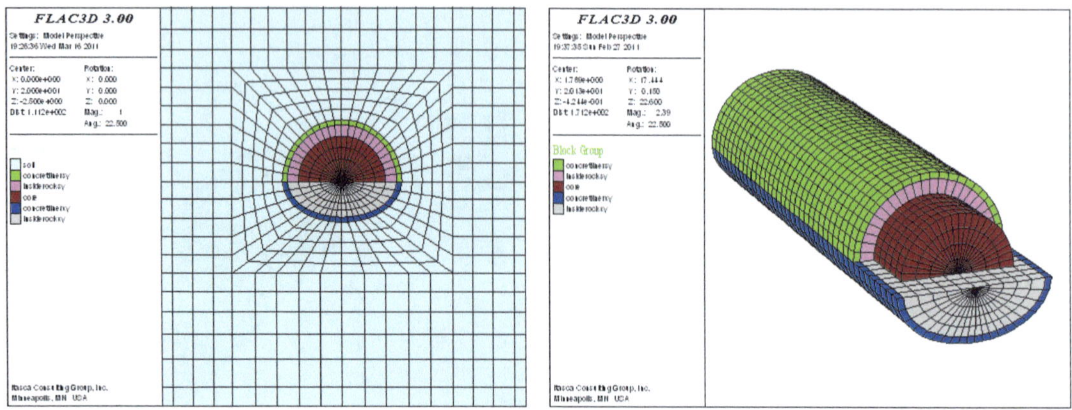

图 5-3 正台阶预留核心土法开挖模型示意

②开挖左侧导坑上台阶，施作拱部初期支护，设置中隔墙等临时支护；

③与上台阶间隔一定距离后开挖左侧导坑下台阶，设置中隔墙临时支护，施作侧墙部、仰拱初期支护；

④先行导坑间隔一定距离后开挖右侧导坑上台阶，并施作拱部初期支护；

⑤与上台阶间隔一定距离后开挖右侧导坑下台阶，施作侧墙部、仰拱初期支护；

⑥设置超前注浆小导管，进入下一循环。

CD 法每循环进尺 1 m，上台阶超前 4 m，其开挖示意如图 5-4 所示。

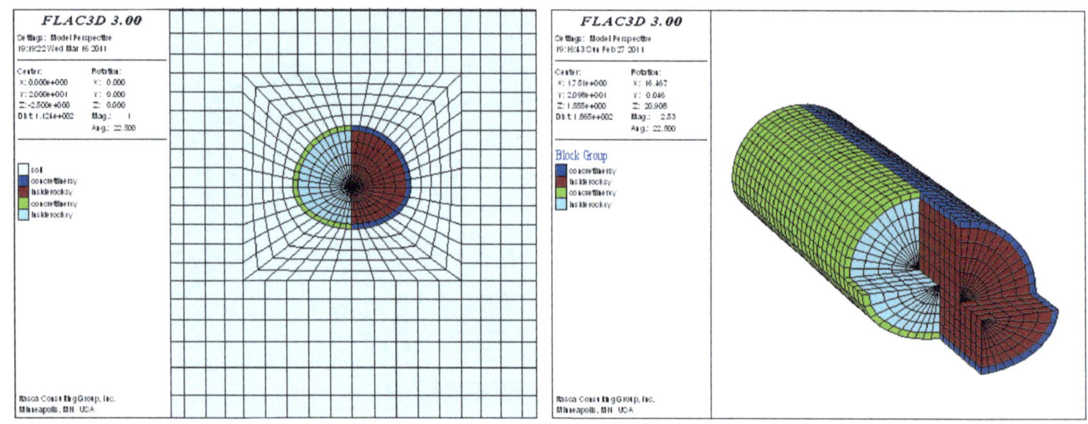

图 5-4 CD 法开挖模型示意

(5)CRD 法主要模拟工序

①设置超前注浆管棚与超前注浆小导管进行超前支护；

②开挖左侧导坑上台阶施作拱部初期支护，设置中隔墙、临时仰拱等临时支护；

③与上导坑间隔一定距离后，开挖左侧下导坑，设置中隔墙等临时支护，施作侧墙部初期支护、仰拱初期支护；

④与先行导坑间隔一定距离后开挖右侧导坑上台阶，施作拱部初期支护及临时仰拱；

⑤与上台阶间隔一定距离后开挖右侧导坑下台阶，施作侧墙部、仰拱等初期支护；

⑥分段拆除中隔壁、临时仰拱等临时支护；

⑦设置超前注浆小导管，进入下一循环。

CRD 法每循环进尺 1 m，上台阶超前 4 m，其开挖示意如图 5-5 所示。

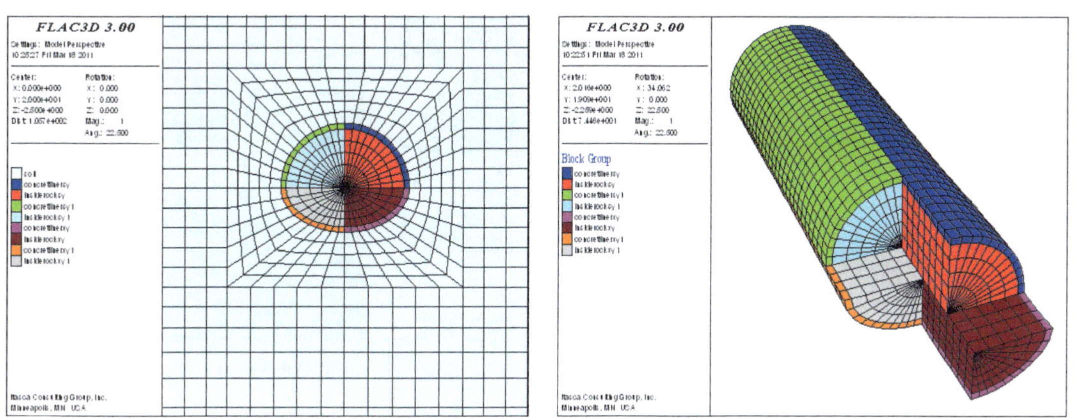

图 5-5　CRD 法开挖模型示意

本书各工况开挖均模拟 15 步，共开挖 15 m。以掌子面开挖至 10 m(第 10 步)处时的围岩状态为研究对象，分析围岩各观测面与观测节点的位移、应力、塑性区发展变化情况，从而对比不同开挖方法对围岩稳定性的影响。围岩的主要观测断面与观测点示意如图 5-6 所示。

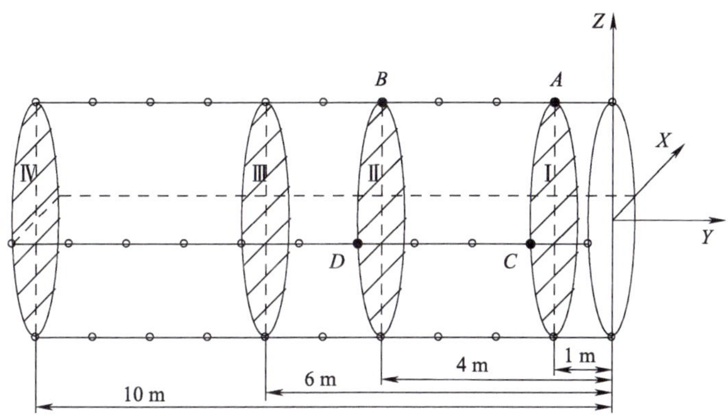

图 5-6　观测点示意

A、B 分别为距洞口 1 m、4 m 的拱顶观测点，C、D 分别为距洞口 1 m、4 m 的拱脚观测点，Ⅰ、Ⅱ、Ⅲ、Ⅳ分别为距洞口 1 m、4 m、6 m、10 m 的隧道横断面。

5.2.2　全断面法开挖对围岩的稳定性影响

1. 主应力特征

(1)隧道纵断面主应力云图

由图 5-7 可知，在拱脚、拱顶、拱肩处应力较集中，在拱脚附近最小主应力出现最大值约为−1.264 MPa(负值表示为压应力，正值为拉应力)，掌子面附近围岩大小主应力迅速减少，产生应力松弛区，并向掌子面上方及后方围岩发展，并在掌子面中心出现拉应力，最大拉应力值约为 0.019 7 MPa。

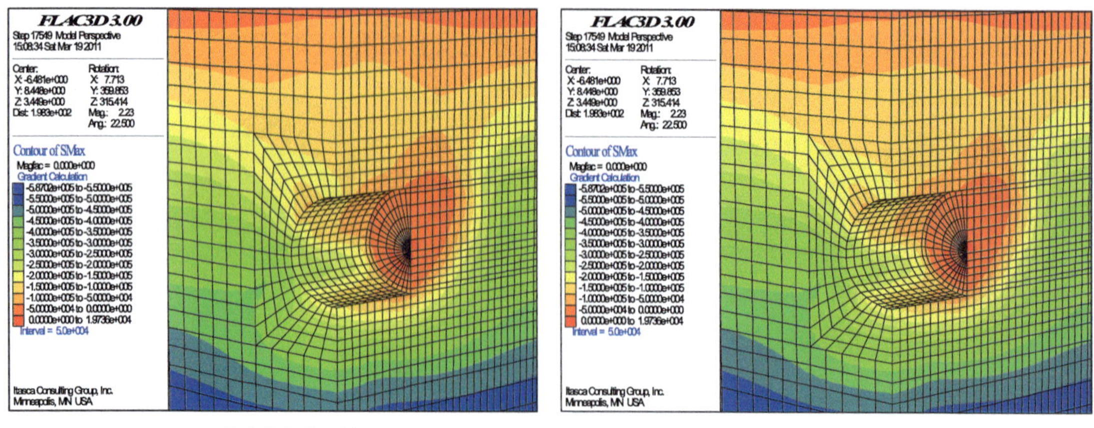

(a) 最大主应力云图　　(b) 最小主应力云图

图 5-7　全断面法纵断面主应力云图(单位:MPa)

(2) Ⅰ、Ⅱ横断面主应力等值线图

由图 5-8、图 5-9 可知,主应力在拱顶、拱肩、拱脚处集中,仰拱应力松弛。以Ⅱ横断面为例,初始应力状态下拱顶最小主应力约为−0.40 MPa,拱脚最小主应力为−0.47 MPa。全断面开挖后拱顶最小主应力约为−0.660 MPa,应力集中系数为 1.65,拱脚最小主应力为−0.935 MPa,应力集中系数为 1.99。

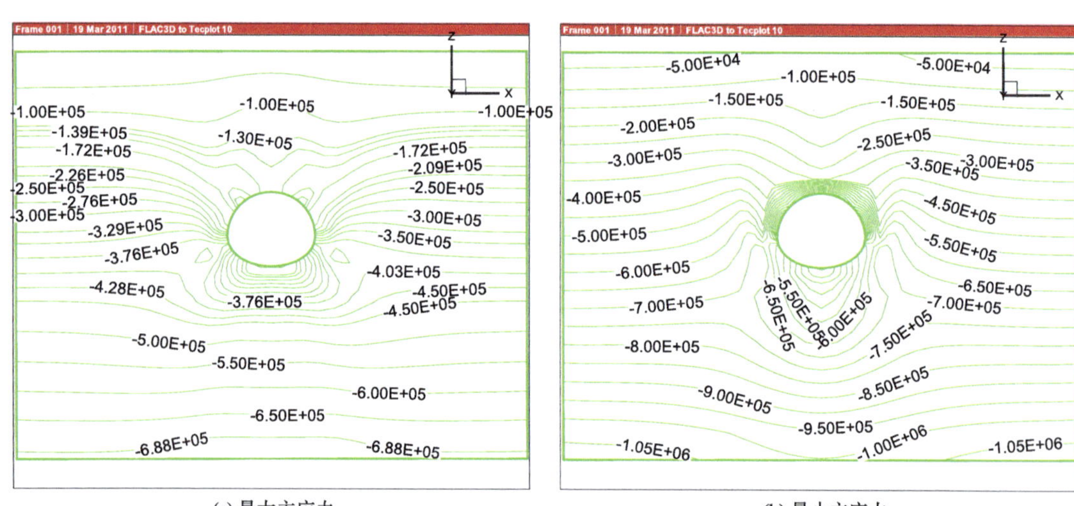

(a) 最大主应力　　(b) 最小主应力

图 5-8　全断面法Ⅰ断面主应力等值线(单位:MPa)

2. 位移特征

(1)隧道纵断面位移云图

由图 5-10(a)可知,仰拱、拱顶、掌子面及后方一定范围内围岩竖向位移变形最大,掌子面竖向位移最大值约为−24.1 mm,仰拱竖向位移最大值约为 23.6 mm。由图 5-10(b)可知侧墙水平位移较大,进口拱脚出现最大值约为 25 mm。由图 5-10(c)可知掌子面及后方围岩内空位移很大,掌子面内空位移最大值约为−63.8 mm,掌子面后方 10 m 处内空位移值约

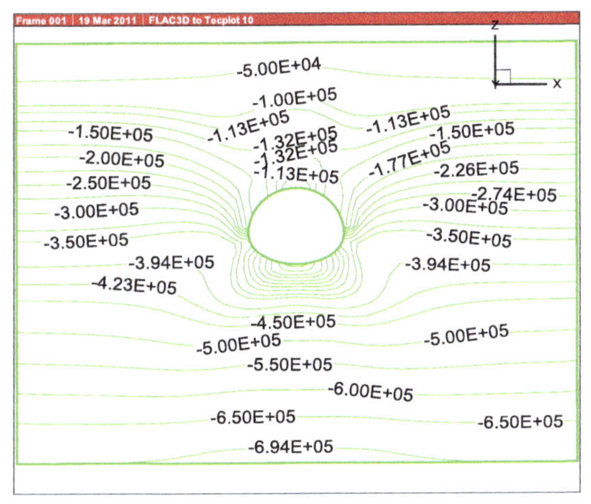

(a) 最大主应力

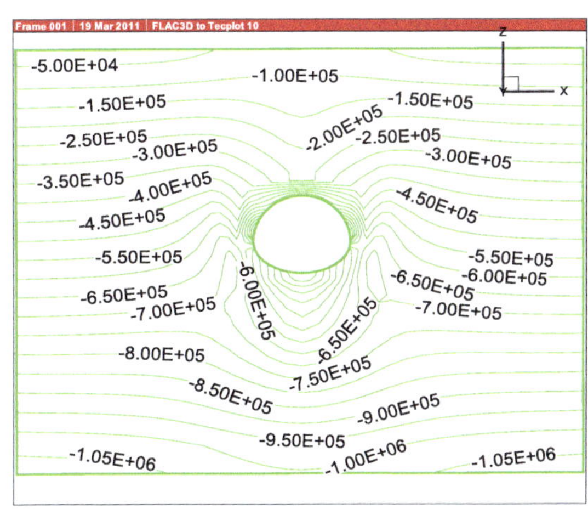

(b) 最小主应力

图 5-9　全断面法Ⅱ断面主应力等值线(单位:MPa)

为−10 mm。由图 5-10(d)可知拱脚、掌子面及后方围岩的剪切应变增量最大,特别是在掌子面拱顶附近剪切应变增量约为 1.88×10^{-2},说明掌子面拱顶处最可能产生剪切破坏。

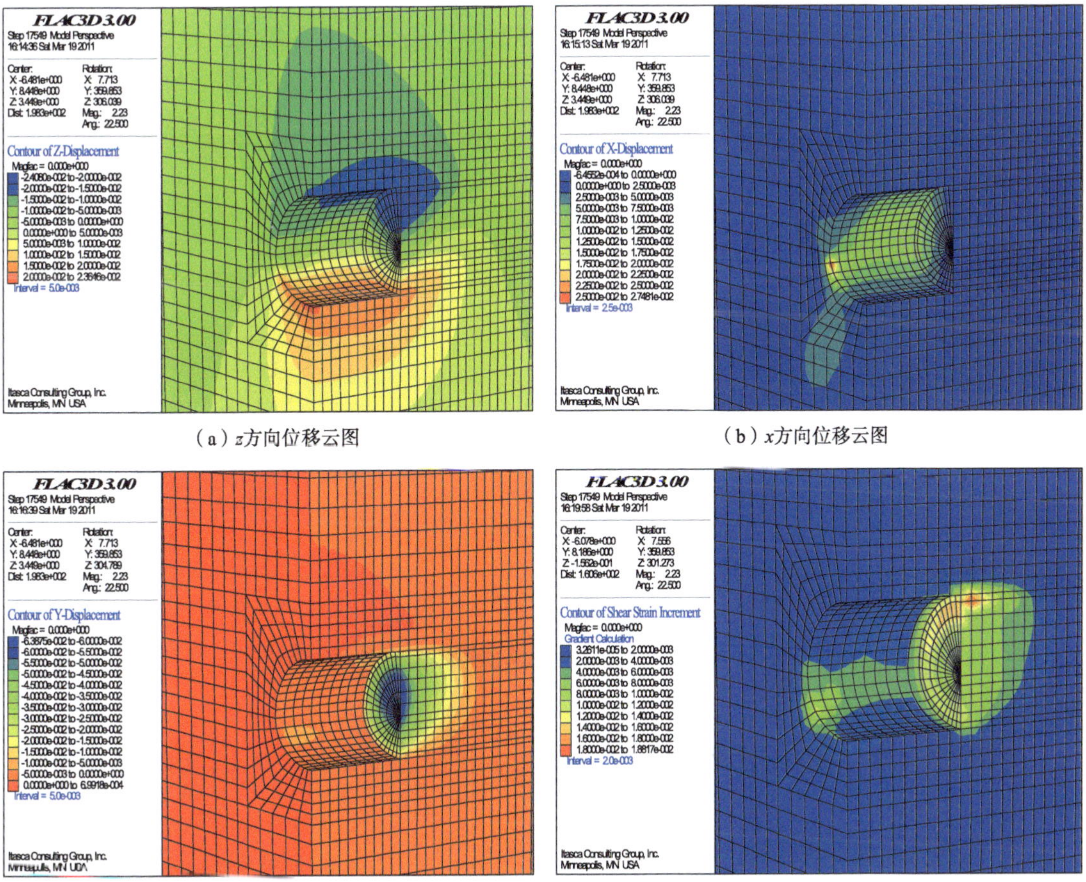

(a) z方向位移云图

(b) x方向位移云图

(c) y方向位移云图

(d) 剪切应变增量云图

图 5-10　全断面法纵断面位移云图(单位:mm)

（2）地表沉降云图及等值线图

由图 5-11 可知，全断面开挖对地表下沉影响范围广，地表下沉最大值为－9.016 mm。

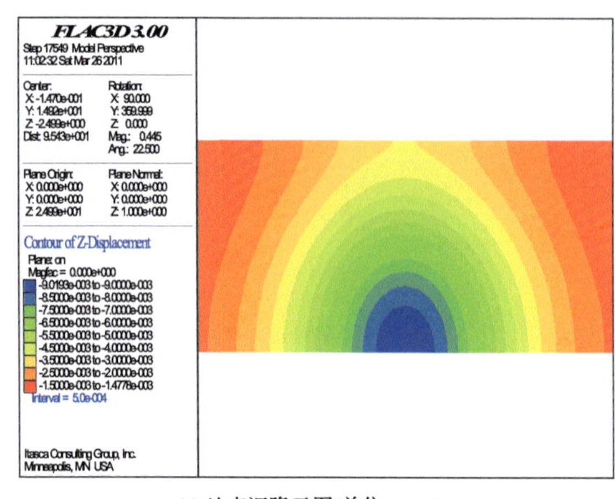

(a) 地表沉降云图(单位：mm)

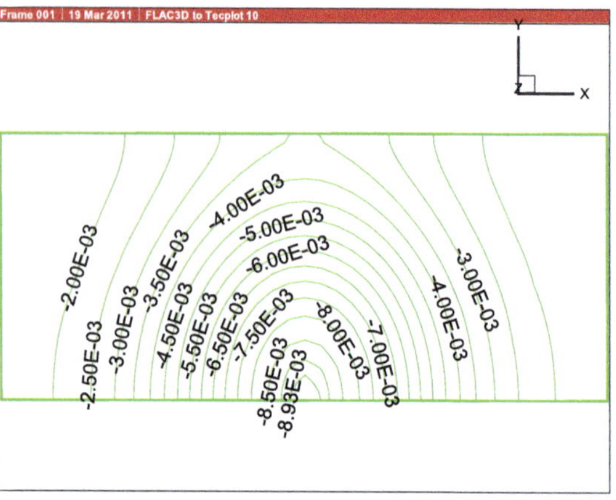

(b) 地表沉降等值线图(单位：MPa)

图 5-11　全断面法地表沉降云图及等值线图

（3）隧道纵断面位移等值线

由图 5-12 可知，掌子面上方及后方围岩位移变形特别是掌子面处内空位移大，影响范围深，容易导致掌子面围岩失稳。

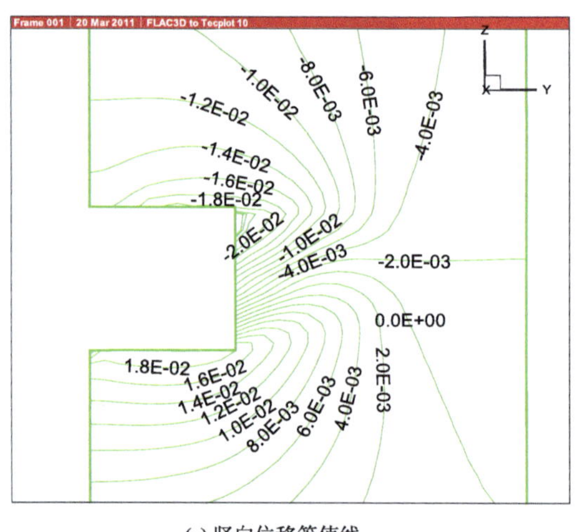

(a) 竖向位移等值线

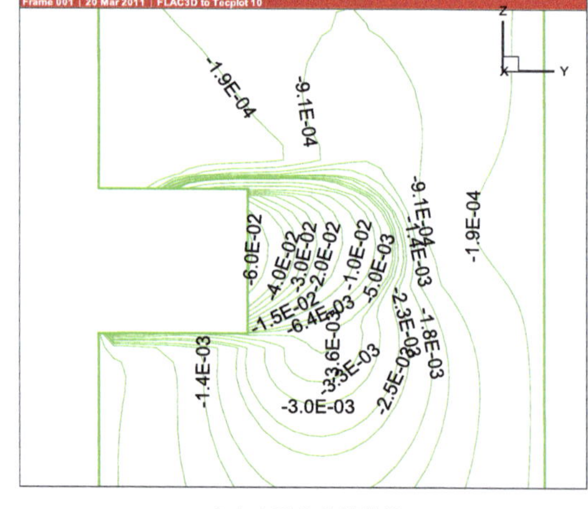

(b) y方向水平位移等值线

图 5-12　全断面法纵断面位移等值线(单位:mm)

（4）Ⅰ、Ⅱ横断面总位移等值线

围岩的总位移分布情况如图 5-13 所示，其中仰拱围岩位移变形最大，拱顶、拱脚处围岩次之。

（5）观测点位移历时曲线

图 5-14(a)中粗曲线为拱顶 A 点的沉降历时曲线，最大下沉值为－15.76 mm，细曲线为拱顶 B 点的沉降历时曲线，最大下沉值为－19.77 mm。A 点拱顶下沉量小于 B 点拱顶下沉，

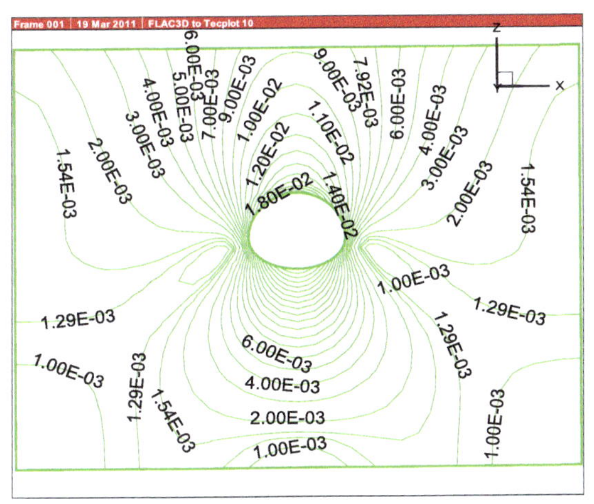

(a) Ⅰ断面总位移等值线

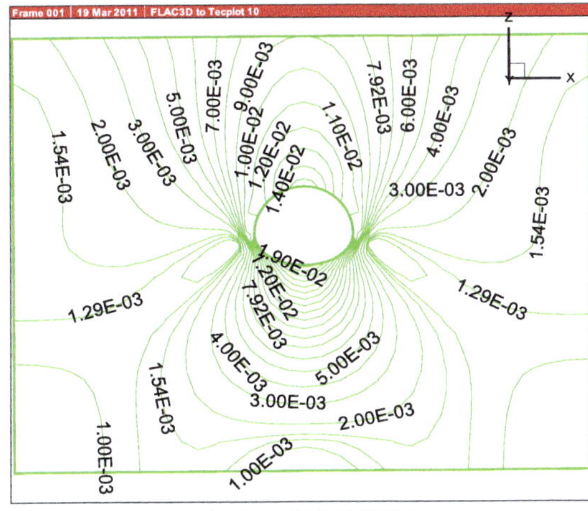

(b) Ⅱ断面总位移等值线

图 5-13　全断面法Ⅰ、Ⅱ横断面总位移等值线(单位:mm)

这是由于超前支护作用被开挖土体的拱顶围岩具有一定的承载能力,而凌空的掌子面及后方围岩承载力相对较弱,在应力作用下产生较大的位移变形。当开挖面至 B 点时(第四轮进尺)拱顶下沉为－18.19 mm,占总下沉量的 92%,即开挖面到达 B 点时拱顶已经发生很大变形,说明全断面开挖对散体围岩扰动很大。

图 5-14(b)中,粗曲线为拱脚 C 点的水平位移历时曲线,最大水平位移值为 13.58 mm,细曲线为拱脚 D 点的水平位移历时曲线,最大水平位移值为 8.376 mm。因为拱脚处围岩不受超前支护作用影响,其位移大小跟扰动及开挖时间有关,围岩被扰动或开挖时间越长变形越大,全断面开挖时开挖时间长短影响隧道周边位移大小,所以 C 点水平位移比 D 点大,同时拱脚水平位移呈现先增大后减小的趋势,这是由于初期支护封闭成环后围岩在支护结构的反力作用下产生回弹变形。

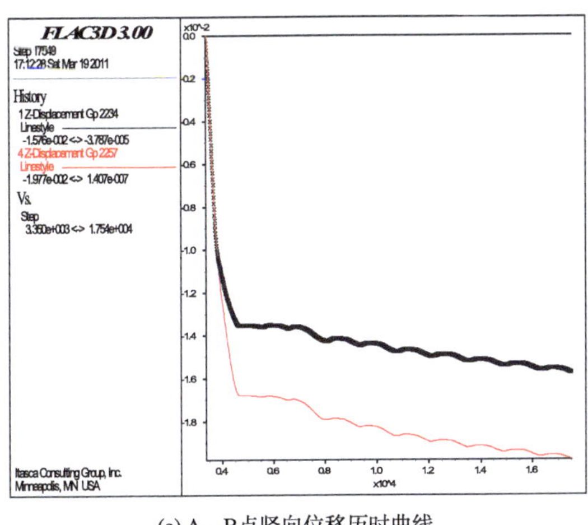

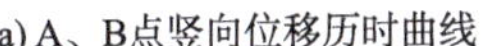
(a) A、B点竖向位移历时曲线

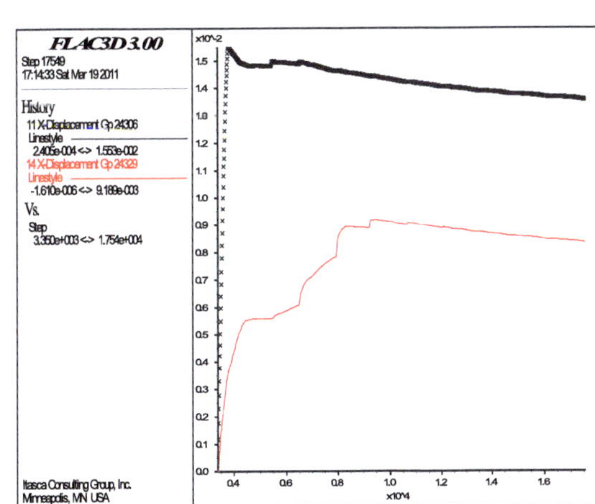

(b) C、D点水平位移历时曲线

图 5-14　全断面法位移历时曲线(单位:mm)

3. Ⅰ、Ⅱ截面间初期支护受力与变形特征

由图 5-15 可知，C 点处支护弯矩值为－36.54 kN・m，x 方向水平位移为－1.28 mm；D 点处支护弯矩值为－17.65 kN・m，x 方向水平位移为-1.92×10^{-5} mm。

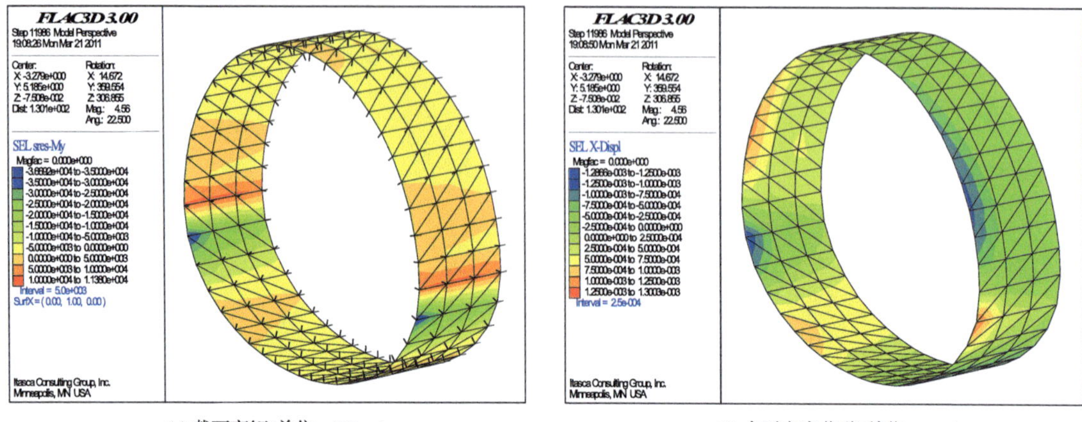

(a) 截面弯矩(单位：kN•m)　　(b) 水平方向位移(单位：mm)

图 5-15　全断面法第 6 轮进尺时 Ⅰ、Ⅱ截面间初期支护弯矩与水平位移

由图 5-16 可知，C 点弯矩值为－39.69 kN・m，x 方向水平位移为－1.76 mm；D 点弯矩值为－25.79 kN・m，x 方向水平位移为-5.58×10^{-4} mm。

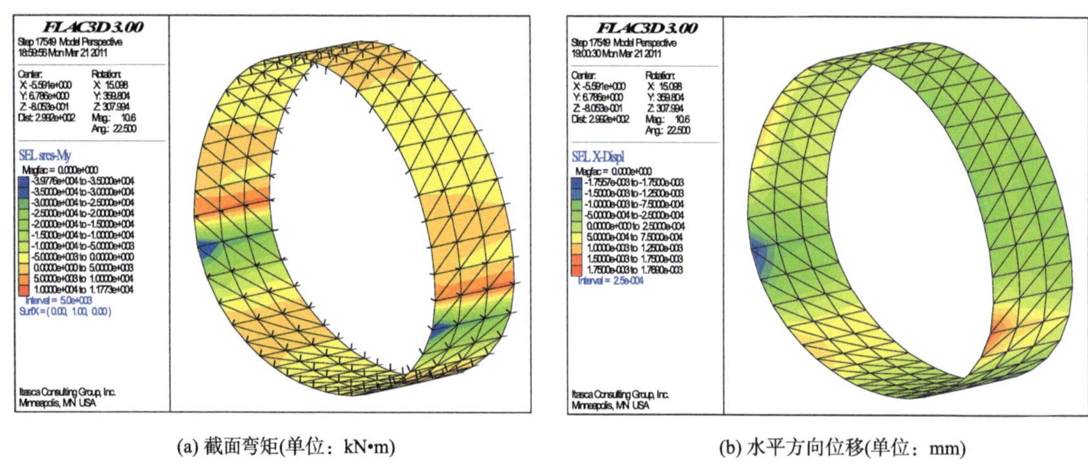

(a) 截面弯矩(单位：kN•m)　　(b) 水平方向位移(单位：mm)

图 5-16　全断面法第 10 轮进尺时 Ⅰ、Ⅱ截面间初期支护弯矩与水平位移

通过分析可知初期支护结构封闭成环后，在竖向围岩压力作用下，拱脚附近支护结构弯矩增大，并向围岩内部变形使得拱脚处围岩水平位移减小。

4. 围岩塑性应变特征

图 5-17 中 P 表示该单元在 FLAC 3D 计算过程中曾处于过塑性屈服面上，n 表示该单元处于塑性状态。由图可知，塑性区在隧道周边均有较大发展，拱肩处塑性区达 0.5 倍洞宽，掌子面后方围岩塑性区发展深度为 12 m。掌子面前后 4 m 范围内塑性区以拉伸破坏为主，其他以剪切破坏为主。

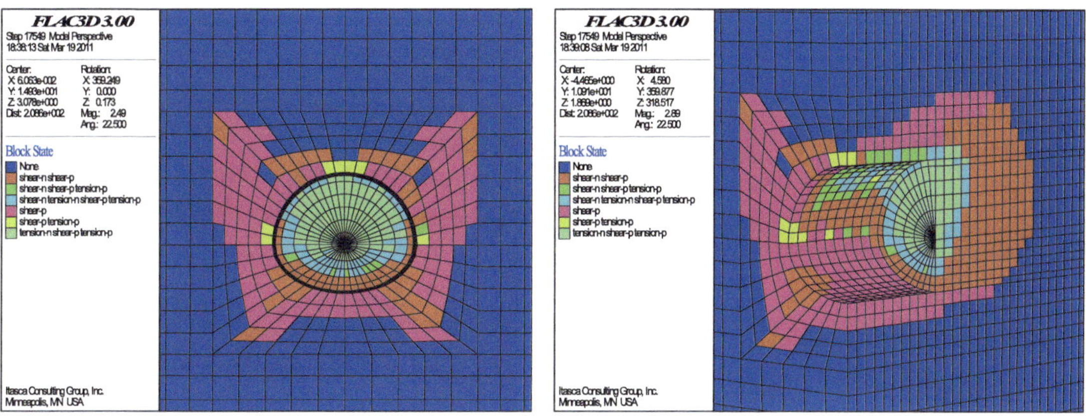

图 5-17　塑性区分布

5.2.3　超短台阶法开挖对围岩的稳定性影响

1. 主应力特征

(1)隧道纵断面主应力云图

由图 5-18 可知,在拱脚、拱顶、拱肩处应力较集中,最小主应力最大值出现在拱腰与拱脚间约为−1.17 MPa(负值表示为压应力,正值为拉应力)。掌子面附近围岩大小主应力迅速减少,产生应力松弛区,并向掌子面上方及后方围岩发展,其中上台阶与下台阶掌子面中心处出现拉应力,最大拉应力值约为 0.004 6 kPa。

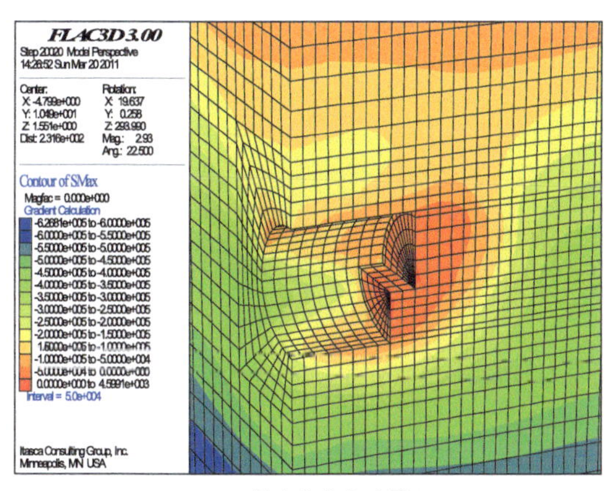

(a) 最大主应力云图

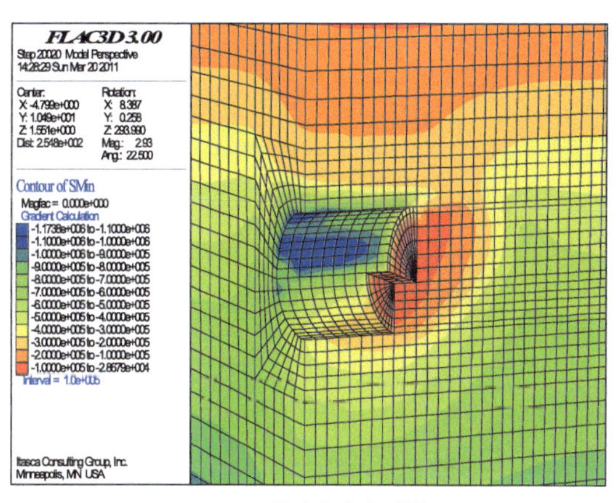

(b) 最小主应力云图

图 5-18　超短台阶法纵断面主应力云图(单位:MPa)

(2) Ⅰ、Ⅱ横断面主应力等值线图

由图 5-19～图 5-20 可知,主应力在拱顶、拱肩、拱脚处集中,仰拱应力松弛。以Ⅱ横断面为例,初始应力状态下拱顶最小主应力约为−0.40 MPa,拱脚最小主应力为−0.47 MPa。超短台阶开挖后拱顶最小主应力约为−0.74 MPa,应力集中系数为 1.85,拱脚最小主应力为−0.977 MPa,应力集中系数为 2.08。

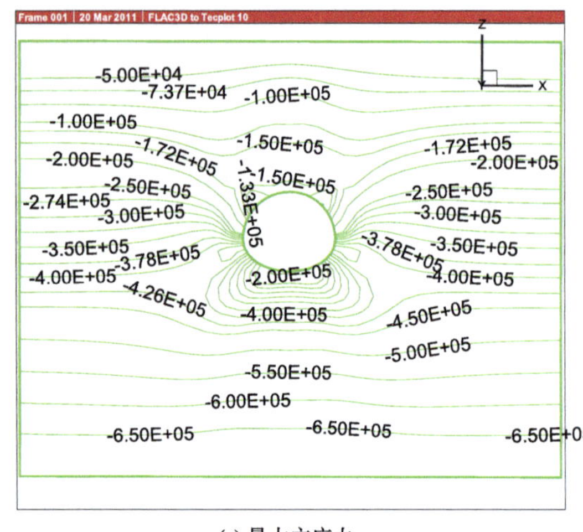

(a) 最大主应力

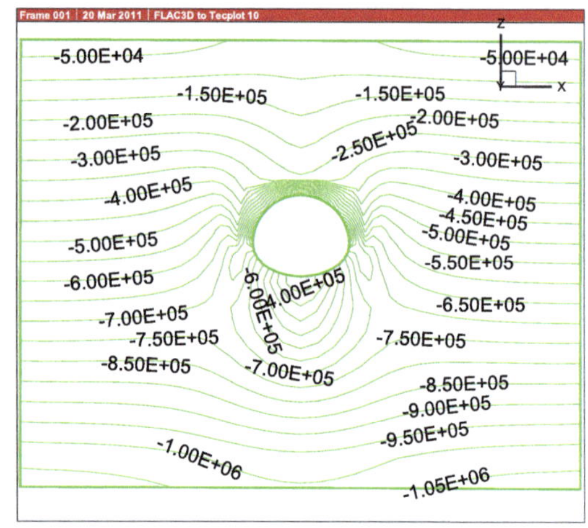

(b) 最小主应力

图 5-19　超短台阶法Ⅰ断面主应力等值线(单位:MPa)

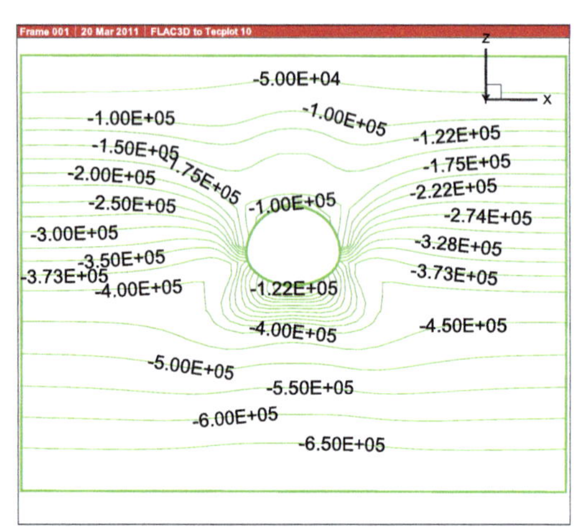

(a) 最大主应力

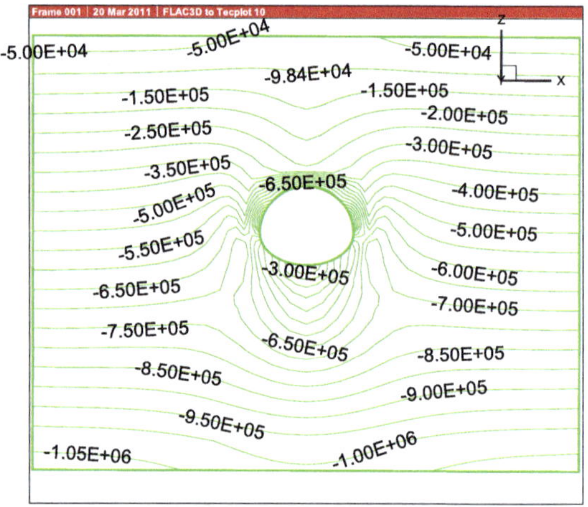

(b) 最小主应力

图 5-20　超短台阶法Ⅱ断面主应力等值线(单位:MPa)

2. 位移特征

(1)隧道纵断面位移云图

由图 5-21(a)可知,仰拱、拱顶、掌子面及后方一定范围内围岩竖向位移变形最大,拱顶竖向位移最大值约为−15.8 mm,仰拱竖向位移最大值约为 19.7 mm;由图 5-21(b)可知,侧墙水平位移较大,最大值出现在拱脚附近约为 10 mm;由图 5-21(c)可知,掌子面及后方围岩内空位移很大,上台阶掌子面内空位移最大值约为−50 mm,掌子面后方 8 m 处内空位移值约为−5 mm;由图 5-21(d)可知,拱脚、掌子面及后方围岩的剪切应变增量较大,特别是掌子面与隧道开挖轮廓线交界处,如拱顶剪切应变增量最大值约为 1.29×10^{-2},开挖交界处最可能产生剪切破坏。

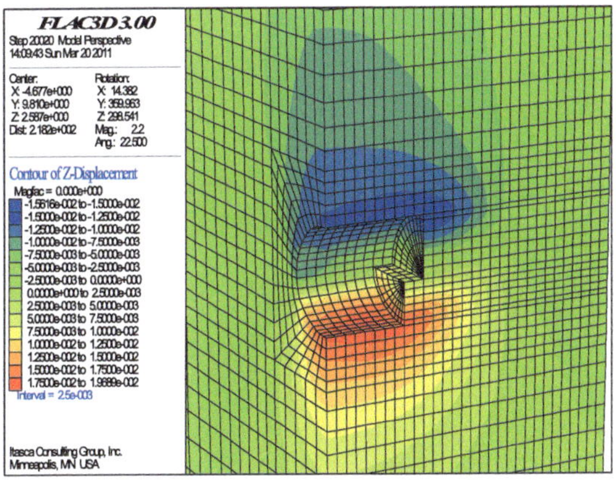

(a) z方向位移云图 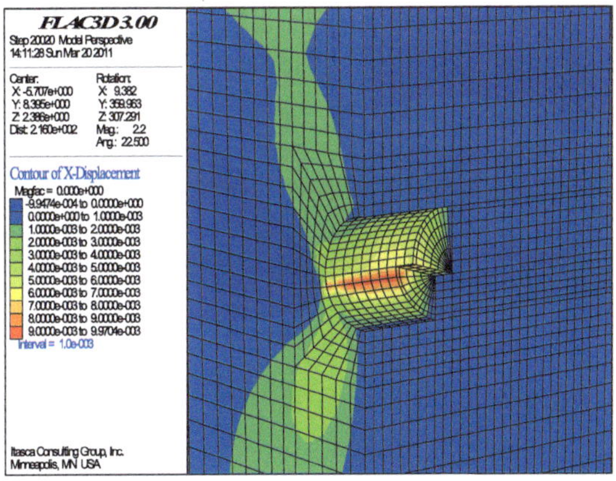　　(b) x方向位移云图

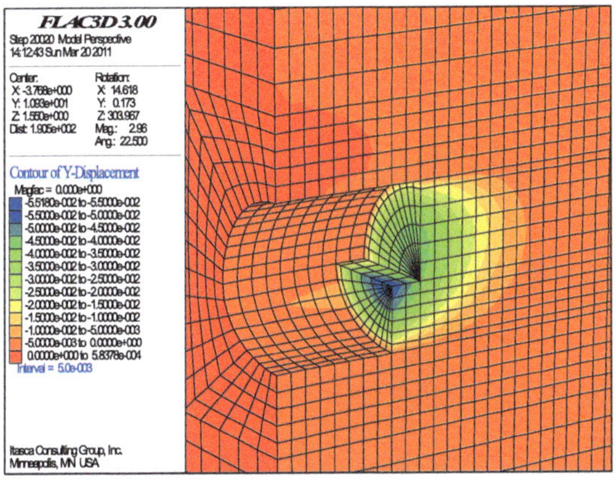

(c) y方向位移云图 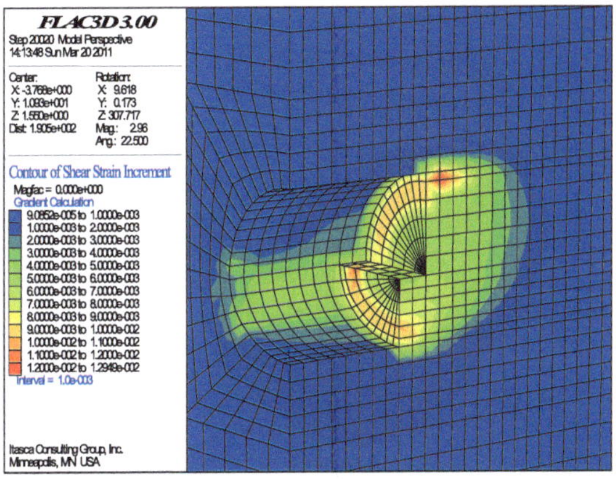　　(d) 剪切应变增量云图

图 5-21　超短台阶法纵断面位移及剪切应变增量云图(单位:mm)

(2)地表沉降云图及等值线图

由图 5-22 可知,地表下沉影响范围比较大,地表沉降量由隧道进口处地表中心向四周成环形递减,地表下沉最大值为−7.18 mm。

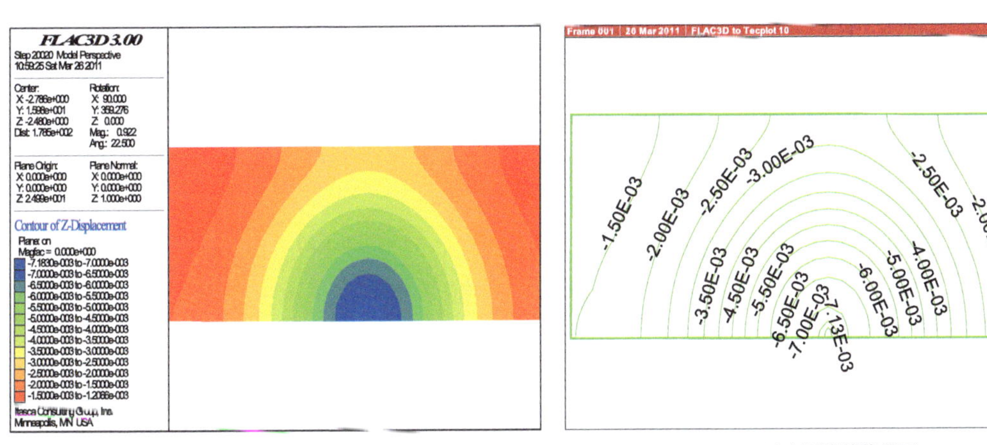

(a) 地表沉降云图　　(b) 地表沉降等值线图

图 5-22　超短台阶法地表沉降云图及等值线图(单位:mm)

(3)隧道纵断面位移等值线

由图 5-23 可知，超短台阶法开挖后，掌子面上方及后方围岩的竖向位移比全断面开挖小，掌子面处的内空位移仍然较大，容易导致掌子面围岩失稳。

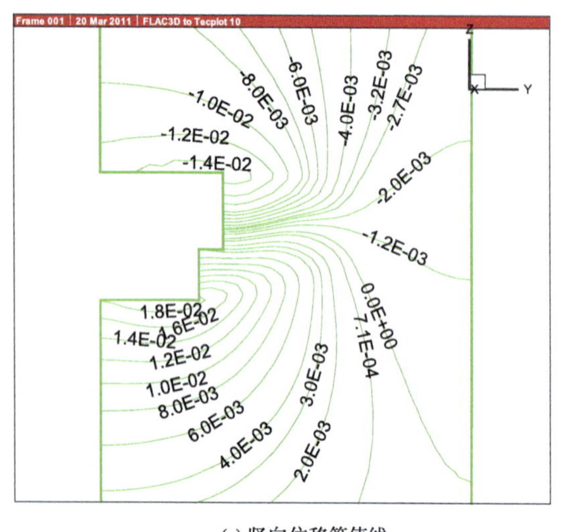

(a) 竖向位移等值线

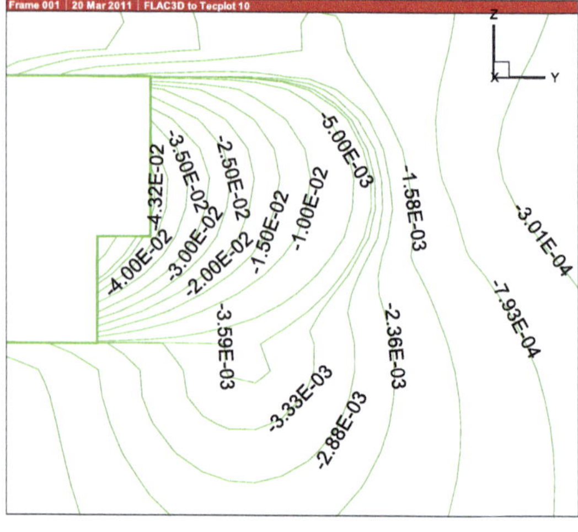

(b) y方向水平位移等值线

图 5-23 超短台阶法纵断面位移等值线(单位：mm)

(4)Ⅰ、Ⅱ横断面总位移等值线

由图 5-24 可知，围岩的总位移分布情况与全断面法开挖相似，但位移量相对减少。

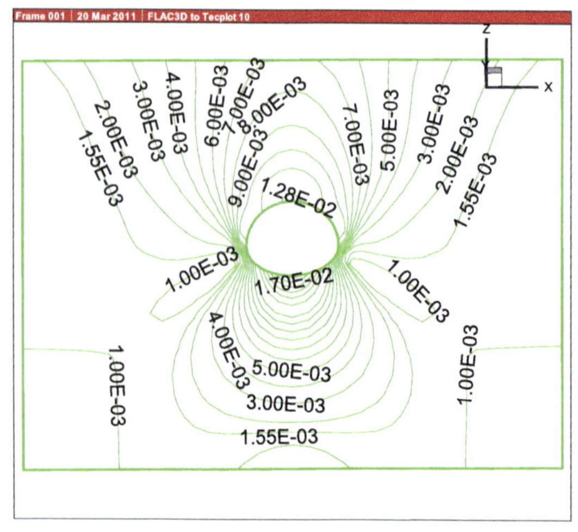

(c) Ⅰ断面总位移等值线

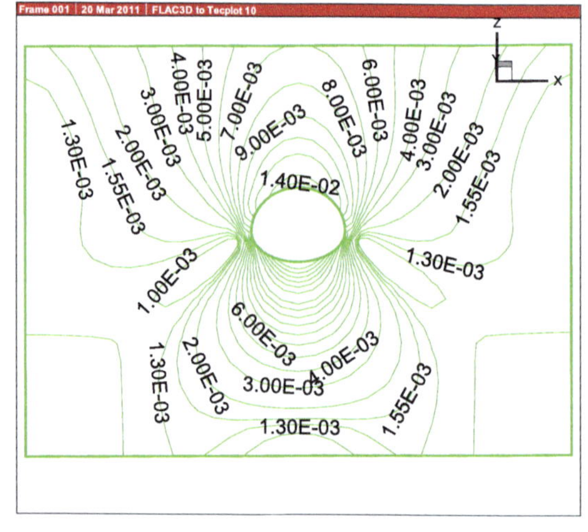

(d) Ⅱ断面总位移等值线

图 5-24 超短台阶法Ⅰ、Ⅱ横断面总位移等值线(单位：mm)

(5)观测点位移历时曲线

图 5-25(a)中，粗曲线为拱顶 A 点的沉降历时曲线，最大下沉值为－13.27 mm，细曲线为拱顶 B 点的沉降历时曲线，最大下沉值为－14.88 mm。特别的，当开挖面至 B 点时(第四轮进尺)，B 点拱顶下沉为－12.44 mm，占总下沉量的 83.6%，即开挖面到达前，B 点已发生较大

沉降变形，说明超短台阶法开挖对散体围岩扰动大。

图 5-25(b)中，粗曲线为拱脚 C 点的水平位移历时曲线，最大水平位移值为 8.13 mm，细曲线为拱脚 D 点的水平位移历时曲线，最大水平位移值为 9.91。因为超短台阶法开挖时，D 点扰动时间及频率比 C 点多，所以 D 点水平位移比 C 点大。

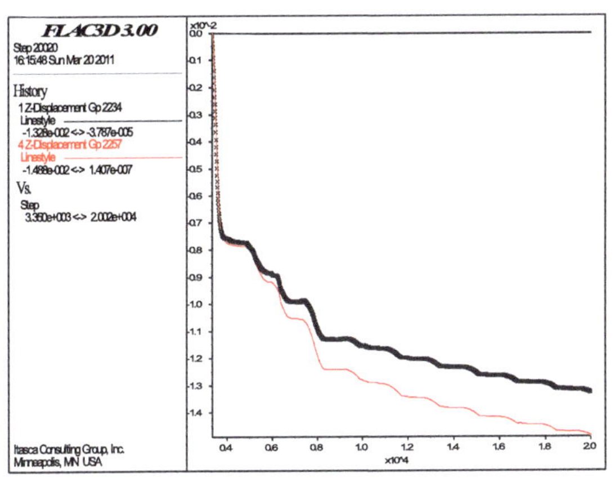

(a) A、B点竖向位移历时曲线

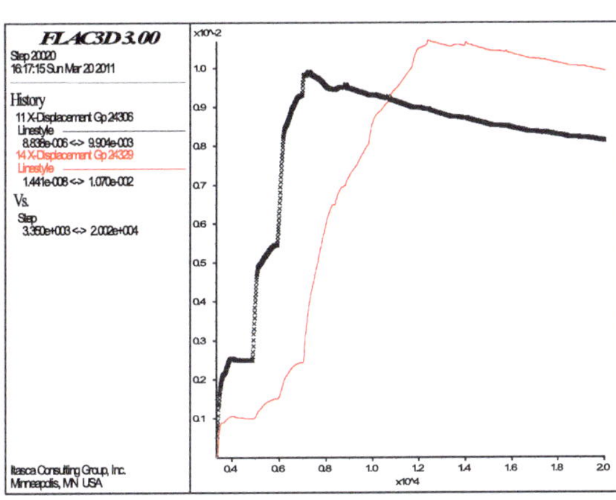

(b) C、D点水平位移历时曲线

图 5-25 超短台阶法位移历时曲线(单位：mm)

3. Ⅰ、Ⅱ截面间初期支护受力与变形特征

由图 5-26 可知，C 点弯矩值为－28.79 kN·m，x 方向水平位移为－0.55 mm；D 点弯矩值为－5.219 kN·m，x 方向水平位移为-5.35×10^{-5} mm。

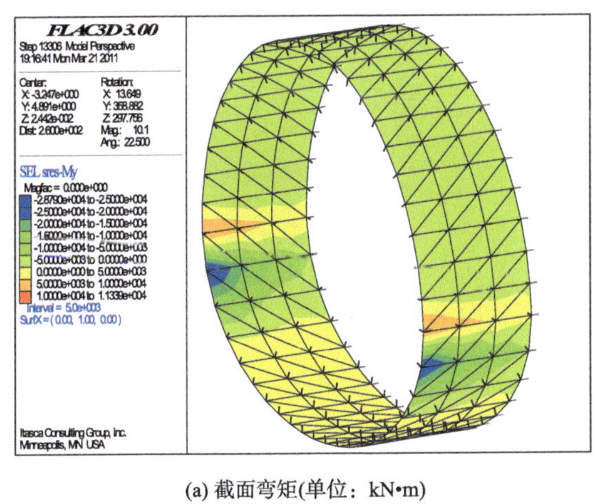

(a) 截面弯矩(单位：kN•m)

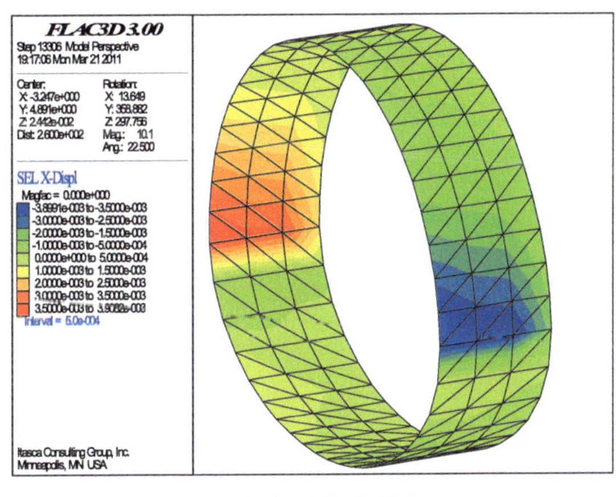

(b) 水平方向位移(单位：mm)

图 5-26 超短台阶法第 6 轮进尺时Ⅰ、Ⅱ截面间初期支护弯矩与水平位移

由图 5-27 可知，C 点弯矩值为－33.55 kN·m，x 方向水平位移为－1.174 mm；D 点弯矩值为－20.48 kN·m，x 方向水平位移为－0.675 mm。

通过分析可知，初期支护结构封闭成环后，在竖向围岩压力作用下，拱脚附近支护结构弯矩增大，向围岩内部变形，从而使拱脚处围岩水平位移减小。

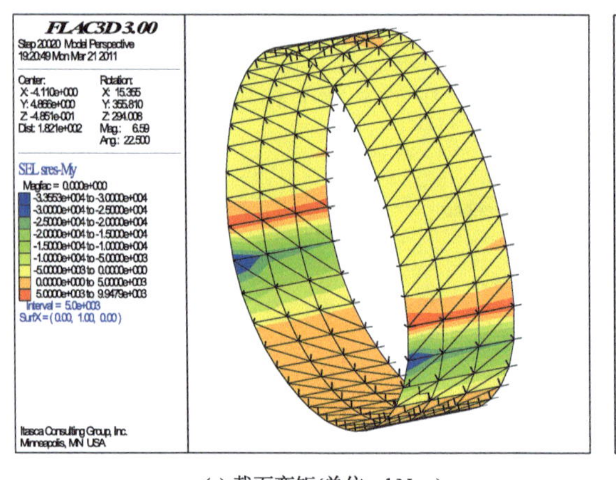

(a) 截面弯矩(单位：kN•m)

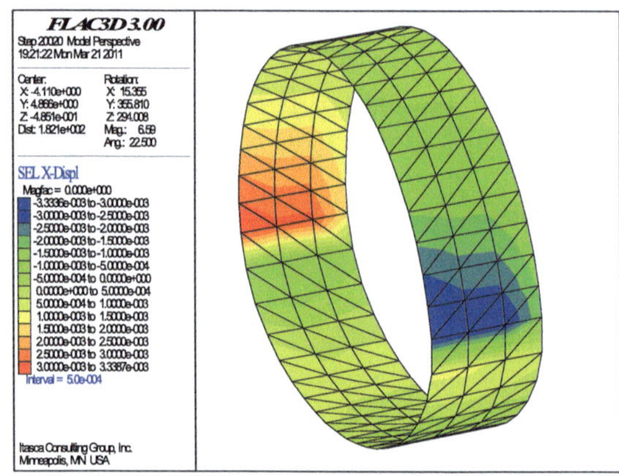

(b) 水平方向位移(单位：mm)

图 5-27　超短台阶法第 10 轮进尺时Ⅰ、Ⅱ截面间初期支护弯矩与水平位移

4. 围岩塑性应变特征

由图 5-28 可知，塑性区在拱顶及仰拱处发展较少，两侧发展较大，拱肩及仰拱拐角处塑性区约 0.5 倍洞宽，掌子面后方围岩塑性区发展深度为 11 m。掌子面前后 2 m 范围内，塑性区以拉伸破坏为主，其他以剪切破坏为主。

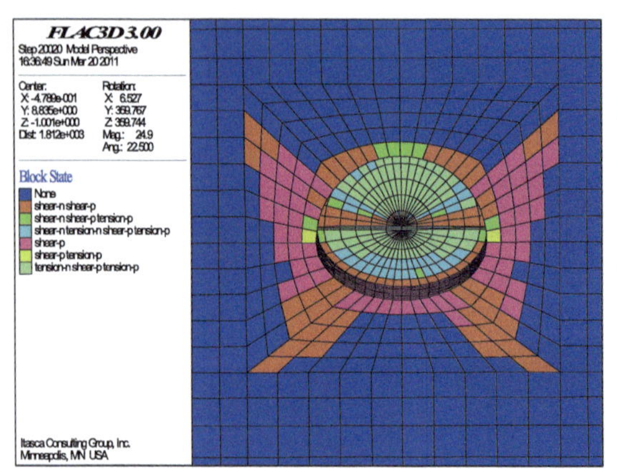

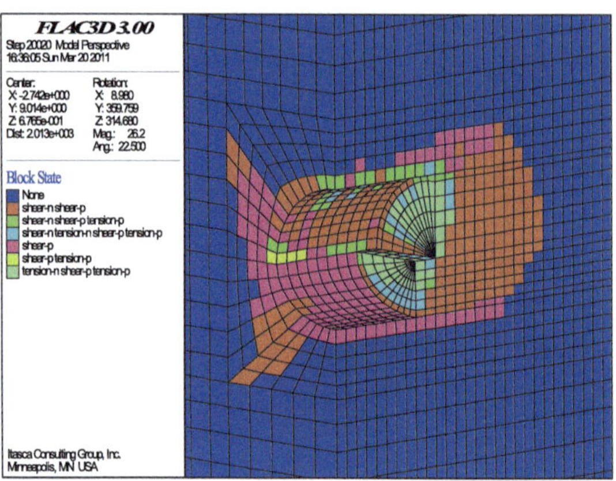

图 5-28　超短台阶法塑性区分布

5.2.4　正台阶预留核心土法开挖对围岩的稳定性影响

1. 主应力特征

(1)隧道纵断面主应力云图

由图 5-29 可知，在拱脚、拱顶、拱肩处应力较集中，最小主应力的最大值出现在拱顶附近约为−1.22 MPa(负值表示为压应力，正值为拉应力)；掌子面附近围岩大小主应力明显改善，掌子面附近没有出现拉应力，说明核心土有效限制掌子面内空位移。

(2)Ⅰ、Ⅱ横断面主应力等值线图

由图 5-30 和图 5-31 可知，主应力在拱顶、拱肩、拱脚处集中，仰拱应力松弛。以Ⅱ横断面为例，初始应力状态下，拱顶最小主应力约为−0.40 MPa，拱脚最小主应力为−0.47

MPa。围岩开挖后，拱顶最小主应力约为－0.91 MPa，应力集中系数为2.28，拱脚最小主应力为－0.716 MPa，应力集中系数为1.52。

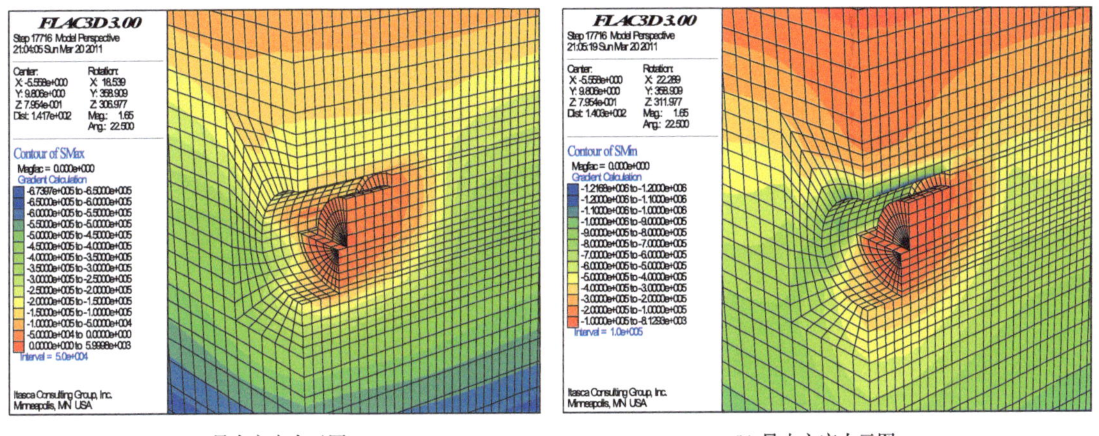

(a) 最大主应力云图　　(b) 最小主应力云图

图 5-29　预留核心土法纵断面主应力云图（单位：MPa）

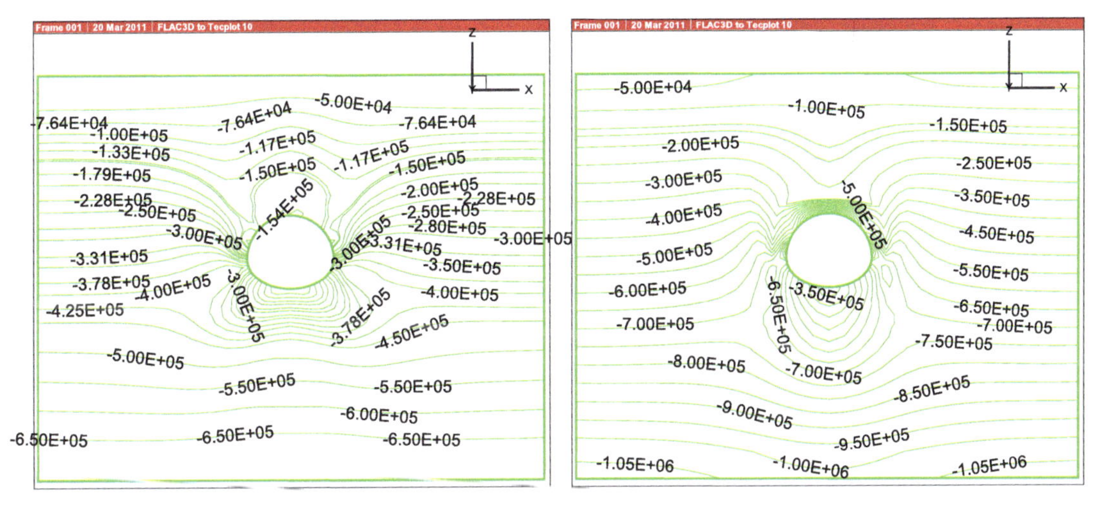

(a) 最大主应力　　(b) 最小主应力

图 5-30　预留核心土法Ⅰ断面主应力等值线（单位：MPa）

2. 位移特征

(1)隧道纵断面位移云图

由图5-32(a)可知，仰拱、拱顶和掌子面拱部围岩的竖向位移较大，最大值约为－13.4 mm，仰拱竖向位移最大值约为20 mm。由图5-32(b)可知，侧墙水平位移较大，最大值出现在拱脚附近约为15.1 mm。由图5-32(c)可知，掌子面及后方围岩内空位移明显减小，掌子面内空位移最大值约为－25 mm，掌子面后方5 m处内空位移约为－1 mm。由图5-32(d)可知，下台阶核心土两侧剪切应变增量较大，最大值约为1.86×10^{-2}。

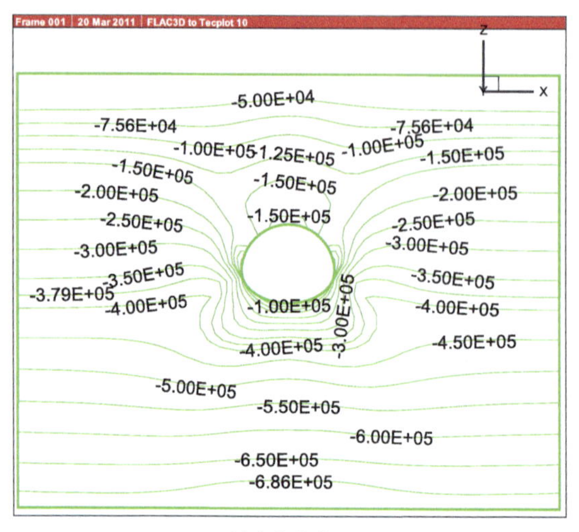

(a) 最大主应力

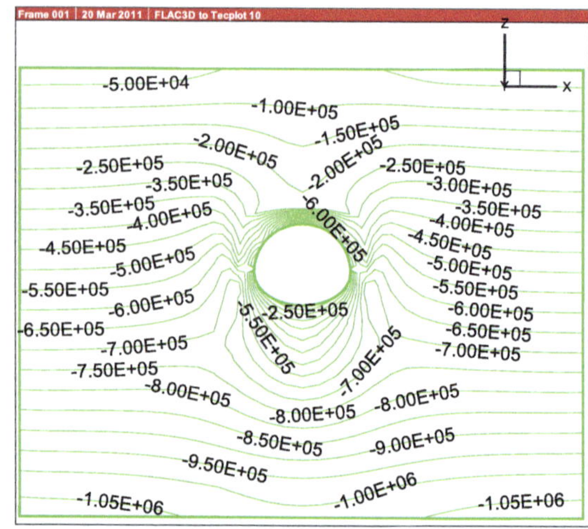

(b) 最小主应力

图 5-31　预留核心土法Ⅱ断面主应力等值线(单位:MPa)

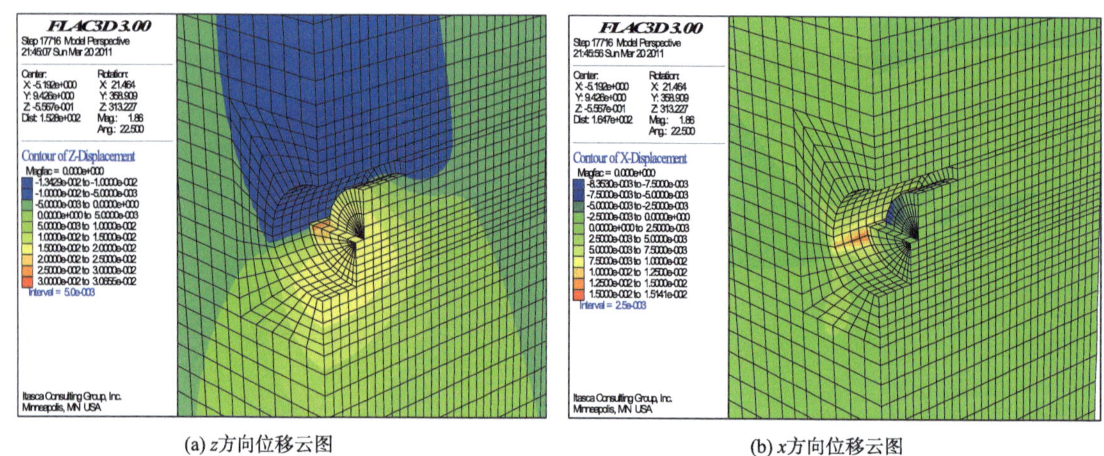

(a) z方向位移云图　　(b) x方向位移云图

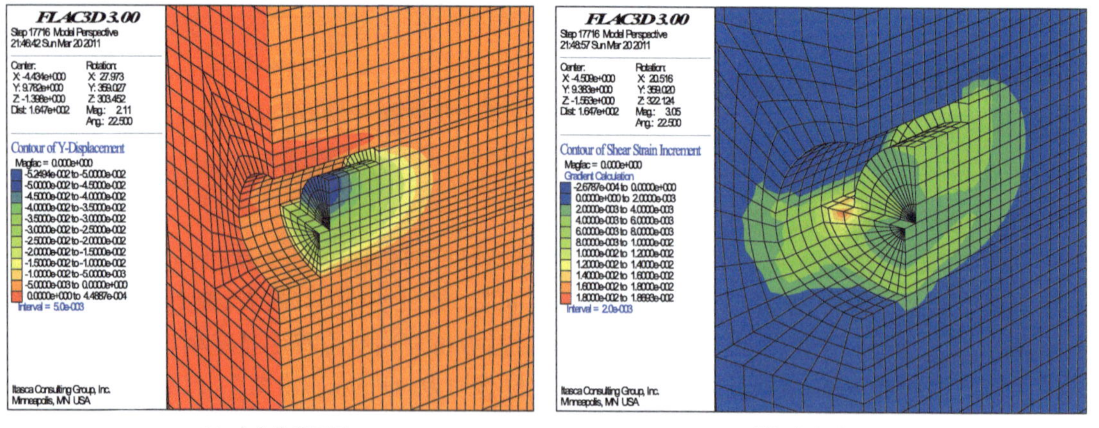

(c) y方向位移云图　　(d) 剪切应变增量云图

图 5-32　预留核心土法纵断面位移及剪切应变增量云图(单位:mm)

(2)地表沉降云图及等值线图

由图 5-33 可知,地表下沉影响范围减小,地表下沉最大值为－6.97 mm。

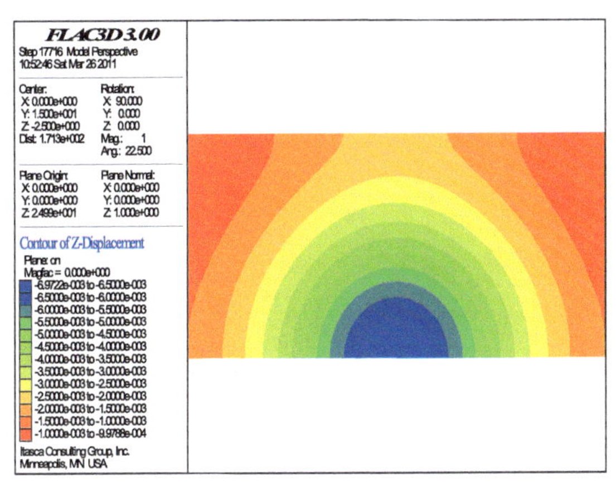

(a) 地表沉降云图

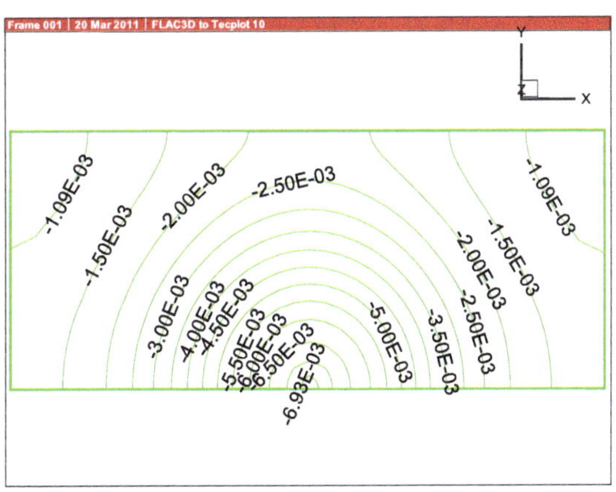

(b) 地表沉降等值线图

图 5-33　预留核心土法地表沉降云图及等值线图(单位:mm)

(3)隧道纵断面位移等值线

由图 5-34 可知,核心土限制了掌子面附近围岩的位移,掌子面围岩比较稳定。

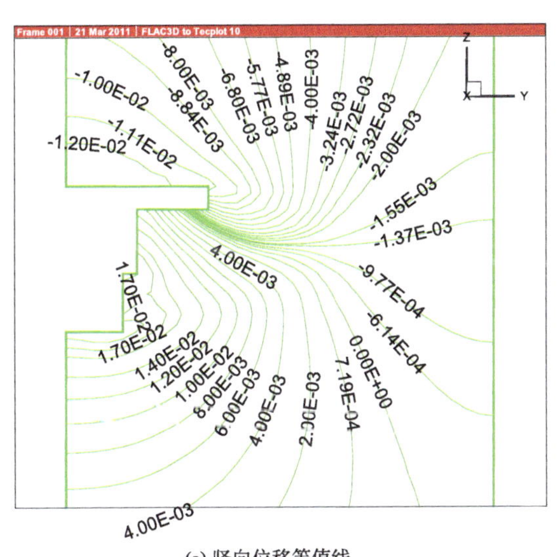

(a) 竖向位移等值线

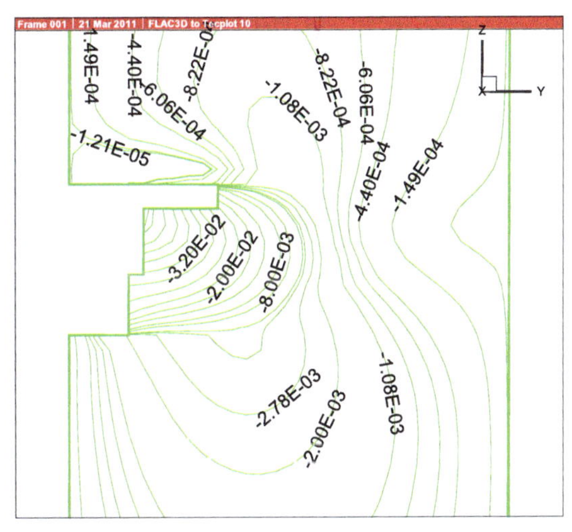

(b) y方向水平位移等值线

图 5-34　预留核心土法纵断面位移等值线(单位:mm)

(4)Ⅰ、Ⅱ横断面总位移等值线

由图 5-35 可知采用正台阶预留核心土开挖后围岩总位移继续减少。

(5)观测点位移历时曲线

图 5-36(a)中,粗曲线为拱顶 A 点的沉降历时曲线,最大下沉值为－13.266 mm;细曲线为拱顶 B 点的沉降历时曲线,最大下沉值为－12.78 mm。A 点拱顶下沉量大于 B 点拱顶下沉,说明核心土有效阻止了掌子面及后方围岩位移。当开挖面至 B 点时(第四轮进尺)拱顶下

沉为－5.58 mm，占总下沉量的 43.6%。

图 5-36(b)中，粗曲线为拱脚 C 点的水平位移历时曲线，最大水平位移值为 11.301 mm，细曲线为拱脚 D 点的水平位移历时曲线，最大水平位移值为 15.41 mm。由于正台阶留核心法开挖时 D 点扰动时间比 C 点长，因此 D 点水平位移较大。

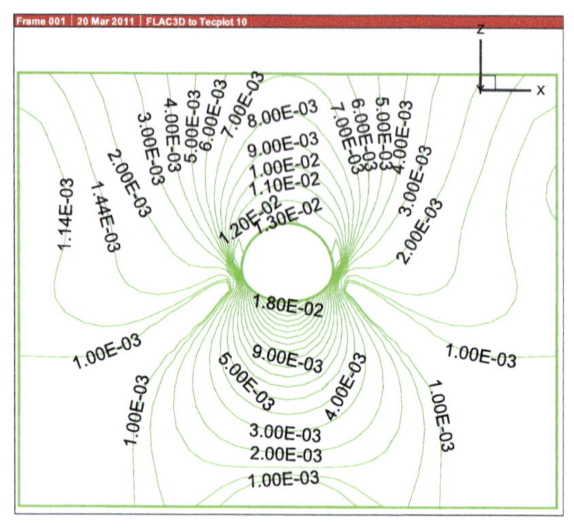

(a) Ⅰ断面总位移等值线

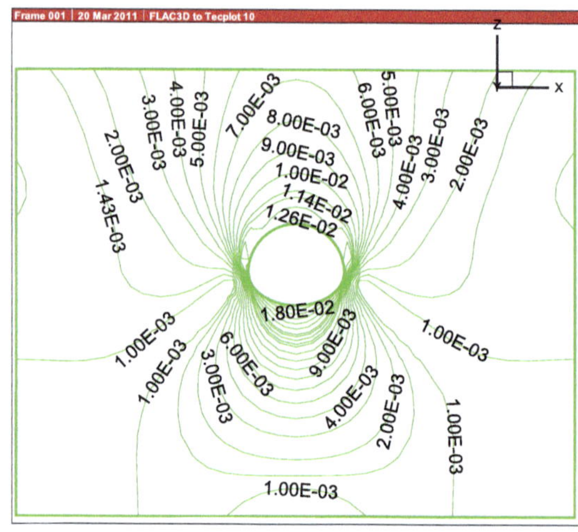

(b) Ⅱ断面总位移等值线

图 5-35　预留核心土法Ⅰ、Ⅱ横断面总位移等值线(单位：mm)

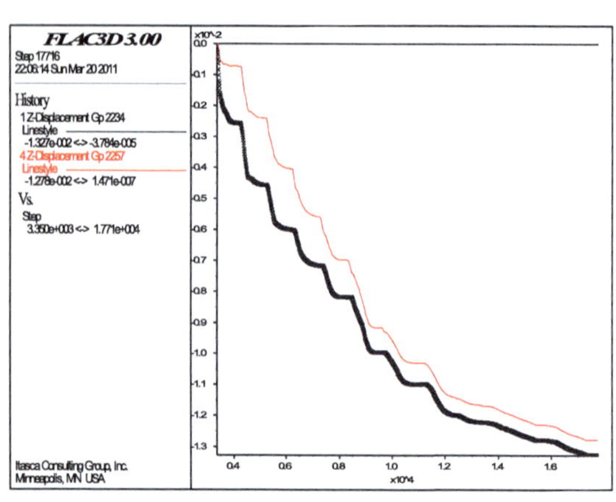

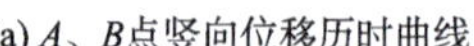

(a) A、B点竖向位移历时曲线

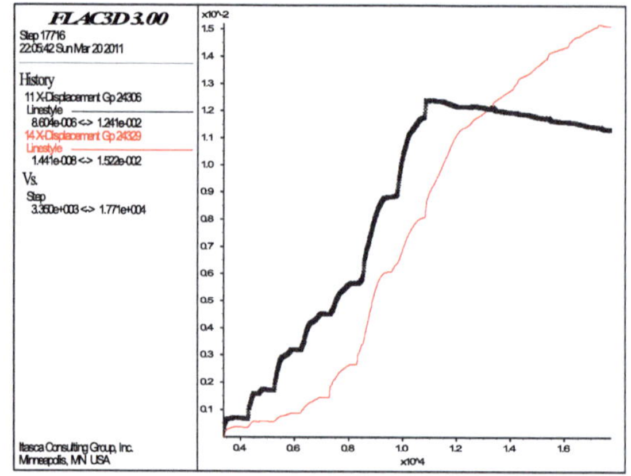

(b) C、D点水平位移历时曲线

图 5-36　预留核心土法位移历时曲线(单位：mm)

3. Ⅰ、Ⅱ截面间初期支护受力与变形特征

第六轮进尺时下台阶尚未开挖，仅拱部施进行初期支护，在 C 点上方拱腰附近弯矩值最大约为－36.54 kN·m，拱脚处水平位移最大约为 5.95 mm。

C 点弯矩值为－19.80 kN·m，x 方向水平位移为－0.463 mm；D 点弯矩值为－1.24 kN·m，x 方向水平位移为-1.31×10^{-5} mm。

通过分析可知，初期支护结构封闭成环后，在竖向围岩压力作用下，拱脚附近支护结构弯矩增大，并向围岩内部变形使得拱脚处围岩水平位移减小。

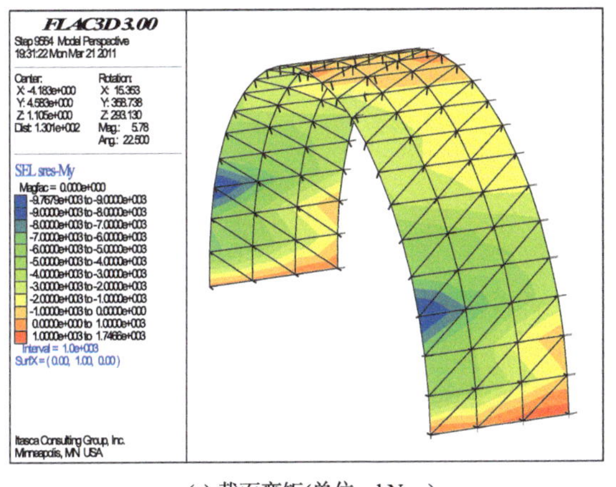

(a) 截面弯矩(单位：kN•m)

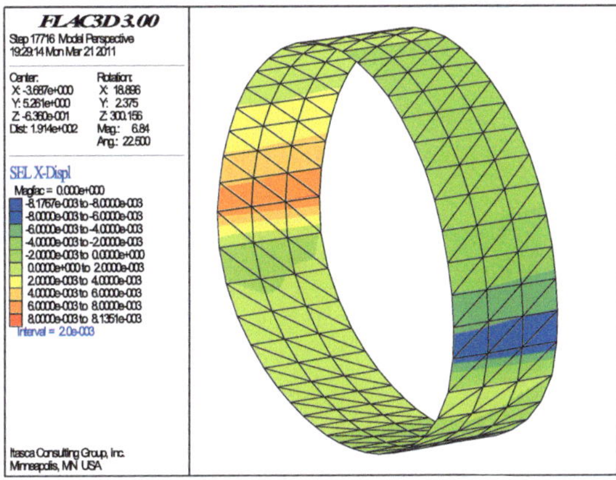

(b) 水平方向位移(单位：mm)

图 5-37　预留核心土法第 6 轮进尺时Ⅰ、Ⅱ截面间初期支护弯矩与水平位移

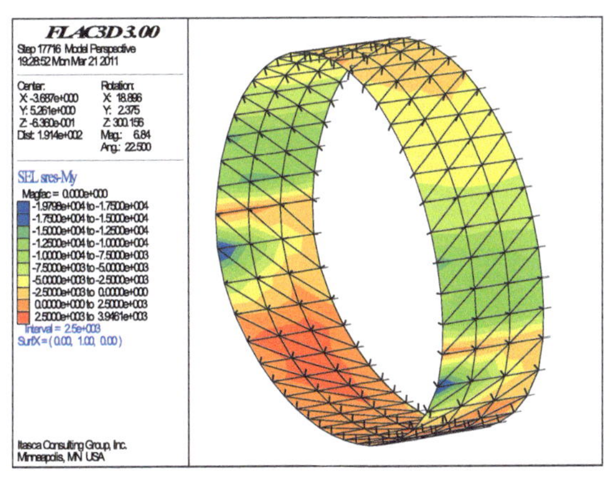

(a) 截面弯矩(单位：kN•m)

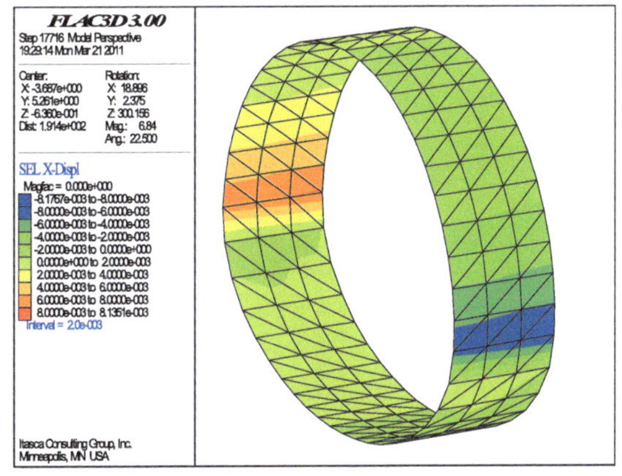

(b) 水平方向位移(单位：mm)

图 5-38　预留核心土法第 10 轮进尺时Ⅰ、Ⅱ截面间初期支护弯矩与水平位移

4. 围岩塑性应变特征

由图 5-39 可知，塑性区在拱顶及仰拱处发展较少，两侧发展较多，拱肩及仰拱拐角处塑性区约 0.5 倍洞宽，掌子面后方围岩塑性区发展深度为 8 m。核心土及拱腰至拱脚处 1 m 范围内的塑性区以拉伸破坏为主，其他以剪切破坏为主。

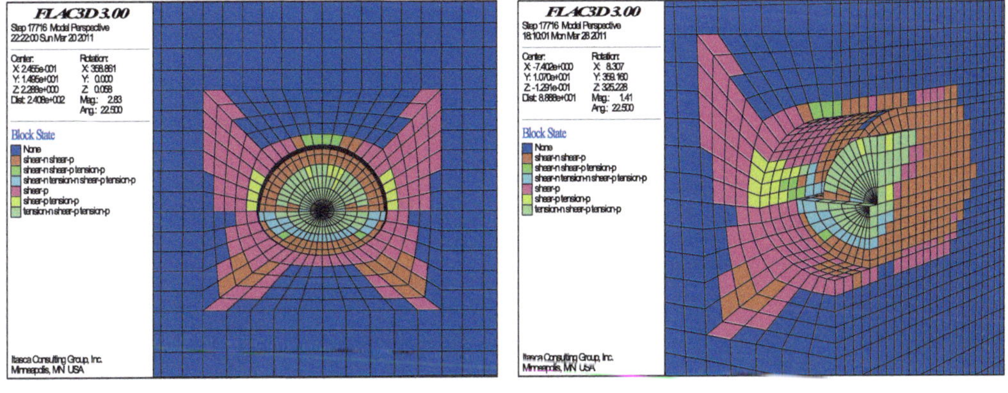

图 5-39　预留核心土法塑性区分布

5.2.5 CD 法开挖对围岩的稳定性影响

1. 主应力特征

(1)隧道纵断面主应力云图

由图 5-40 可知,在拱脚、拱顶、拱肩处应力较集中,最小主应力的最大值出现在拱腰与拱脚间约为−1.15 MPa(负值表示为压应力,正值为拉应力)。掌子面附近围岩大小主应力减少,产生应力松弛区,并向掌子面上方及后方围岩发展,其中下台阶掌子面中心附近最大主应力出现拉应力,最大拉应力值约为 0.014 4 MPa。

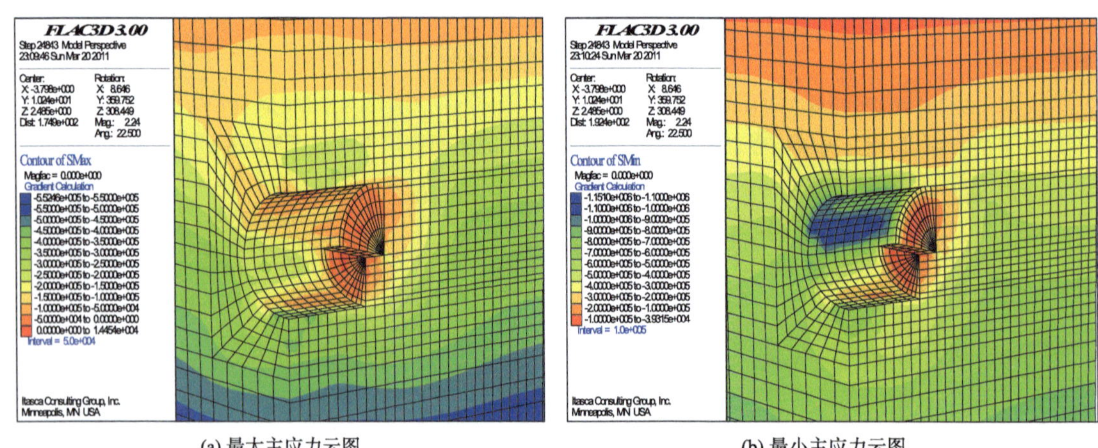

(a) 最大主应力云图　　(b) 最小主应力云图

图 5-40 CD 法纵断面主应力云图(单位:MPa)

(2)Ⅰ、Ⅱ横断面主应力等值线图

由图 5-41 和图 5-42 可知,主应力在拱顶、拱肩、拱脚处集中,仰拱应力松弛。以Ⅱ横断面为例,初始应力状态下拱顶最小主应力约为−0.40 MPa,拱脚最小主应力为−0.47 MPa。围岩开挖后拱顶最小主应力约为−0.837 8 MPa,应力集中系数为 2.09,拱脚最小主应力为−0.965 MPa,应力集中系数为 2.05。

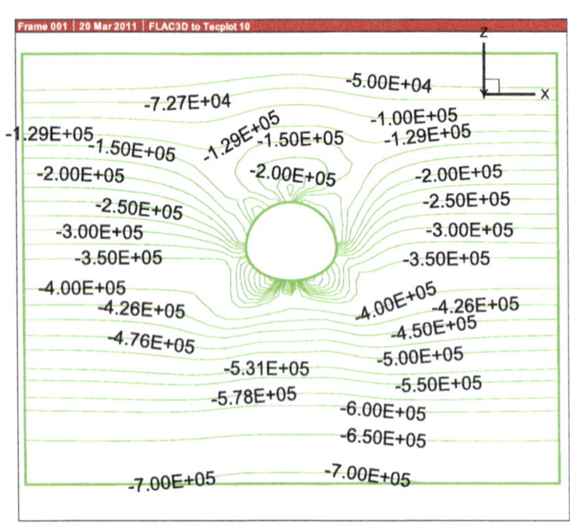

(a) 最大主应力

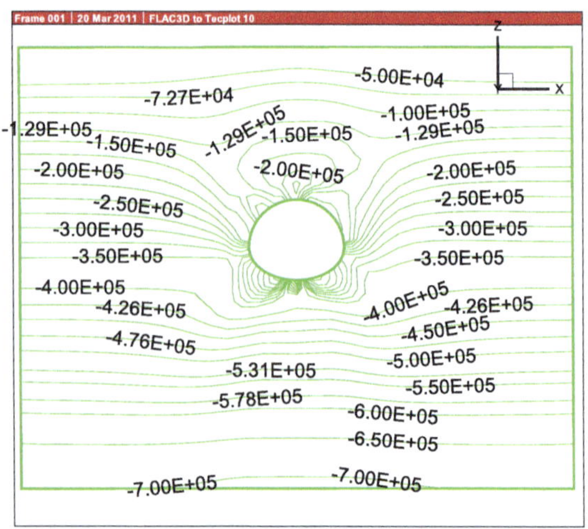

(b) 最小主应力

图 5-41 CD 法Ⅰ断面主应力等值线(单位:MPa)

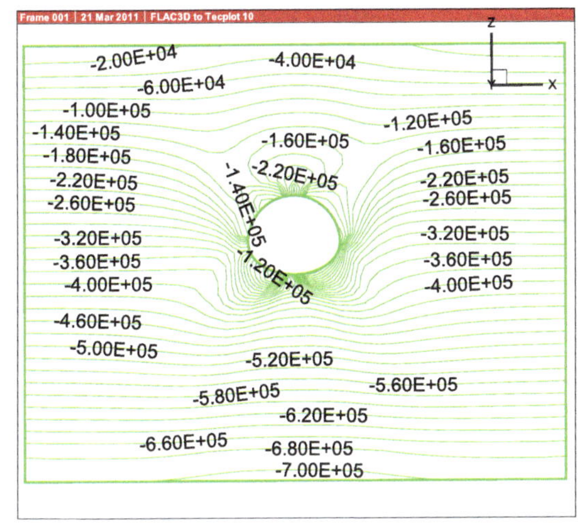

(a) 最大主应力

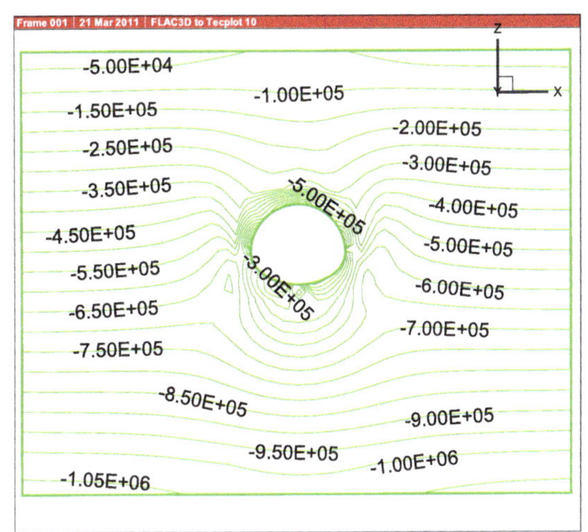

(b) 最小主应力

图 5-42 CD 法Ⅱ断面主应力等值线(单位:MPa)

2. 位移特征

(1)隧道纵断面位移云图

由图 5-43(a)可知,仰拱、拱顶两侧、掌子面及后方一定范围内围岩竖向位移较大,最大值约为−10.1 mm,仰拱竖向位移最大值约为 15.5 mm。由图 5-43(b)可知,侧墙水平位移较大,最大值出现在拱脚处约为 10.5 mm。由图 5-43(c)可知,掌子面及后方围岩内空位移较大,上台阶掌子面内空位移最大值约为−31 mm,掌子面后方 6 m 处内空位移值约为−5 mm。由图 5-43(d)可知,掌子面剪切应变增量较大,最大值约为 1.1×10^{-2}。

(2)地表沉降云图及等值线图

由图 5-44 可知,地表下沉量较小,地表下沉最大值为−5.1 mm。

(3)隧道纵断面位移等值线

由图 5-45 可知,拱顶及掌子面附近围岩的竖向位移较小,掌子面围岩比较稳定。

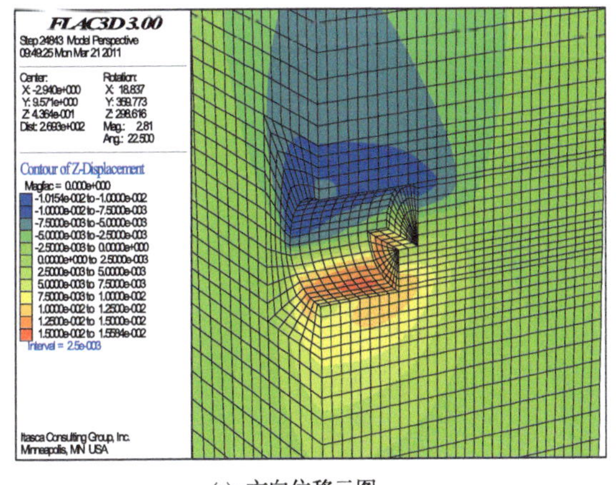

(a) *z*方向位移云图

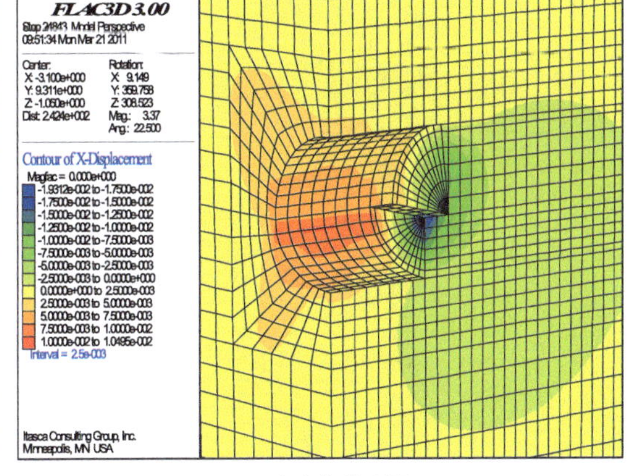

(b) *x*方向位移云图

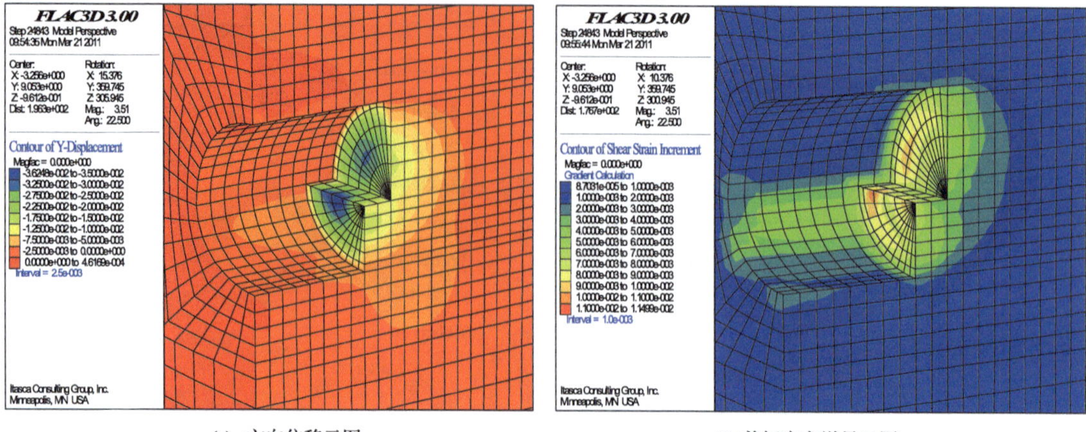

(c) *y*方向位移云图　　　　(d) 剪切应变增量云图

图 5-43　CD 法纵断面位移及剪切应变增量云图（单位：mm）

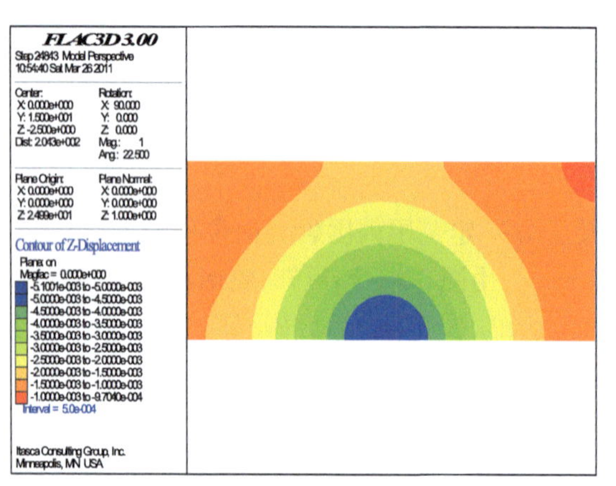

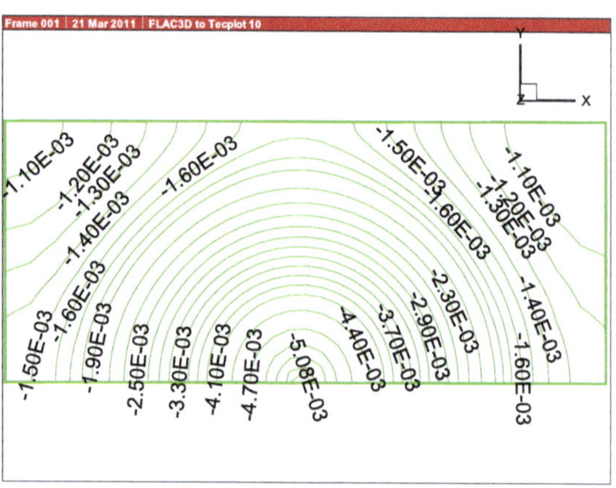

(a) 地表沉降云图　　　　(b) 地表沉降等值线图

图 5-44　CD 法地表沉降云图及等值线图（单位：mm）

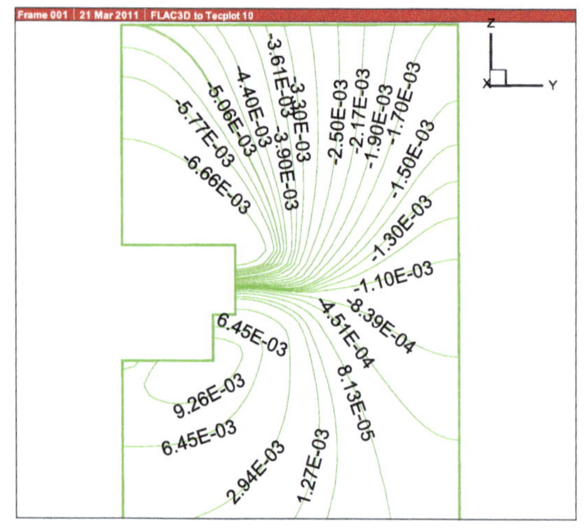

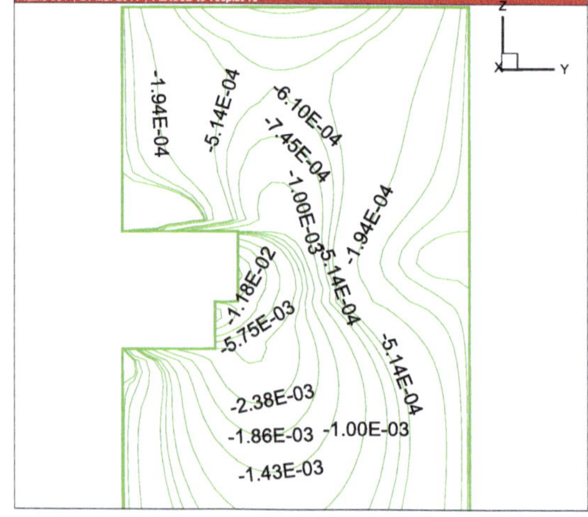

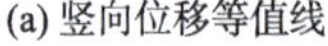

(a) 竖向位移等值线　　　　(b) *y*方向水平位移等值线

图 5-45　CD 法纵断面位移等值线（单位：mm）

(4) Ⅰ、Ⅱ横断面总位移等值线

由图 5-46 可知，拱顶两侧位移较大，且右侧位移比左侧大，这是由于采用 CD 法模拟时先开挖左侧后开挖右侧引起，但围岩总体位移较少。

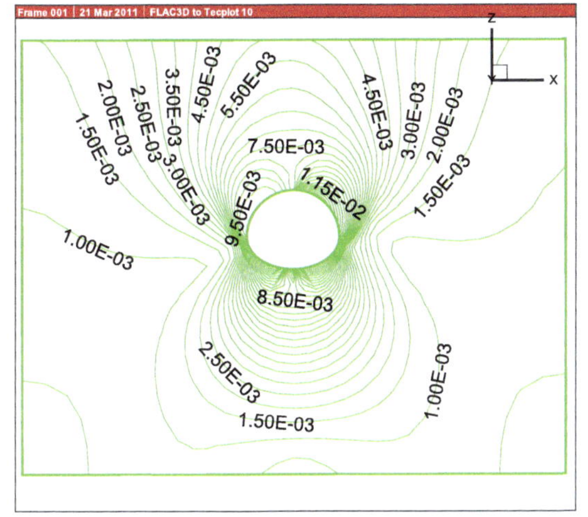

(a) Ⅰ断面总位移等值线

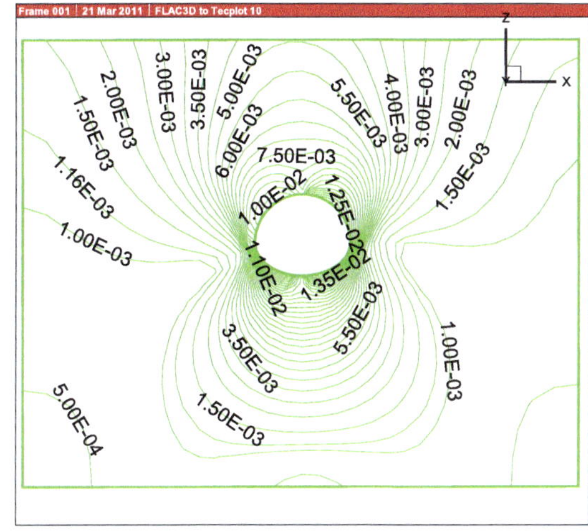

(b) Ⅱ断面总位移等值线

图 5-46　CD 法Ⅰ、Ⅱ横断面总位移等值线(单位:mm)

(5)观测点位移历时曲线

图 5-47(a)中，粗曲线为拱顶 A 点的沉降历时曲线，最大下沉值为－6.989 9 mm，细曲线为拱顶 B 点的沉降历时曲线，最大下沉值为－8.426 6 mm。当开挖面至 B 点时(第四轮进尺)拱顶下沉为－5.737 mm，占总下沉量的 68.0%。

图 5-47(b)中，粗曲线为拱脚 C 点的水平位移历时曲线，最大水平位移值为 9.680 3 mm，细曲线为拱脚 D 点的水平位移历时曲线，最大水平位移值为 10.433 mm。由于采用 CD 法开挖时 D 点扰动时间比 C 点长，因此 D 点水平位移较大。

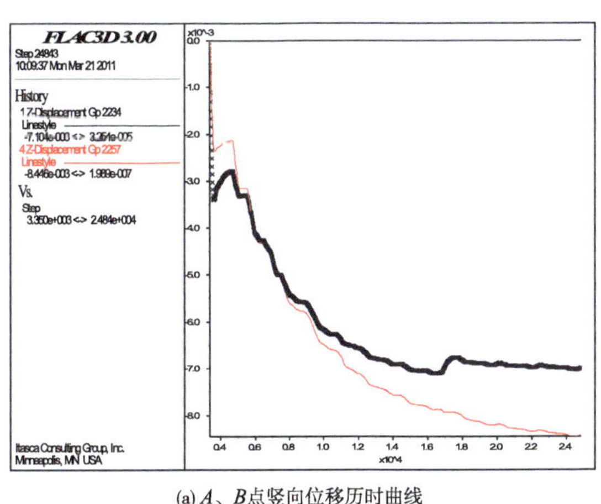

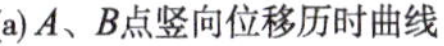
(a) A、B点竖向位移历时曲线

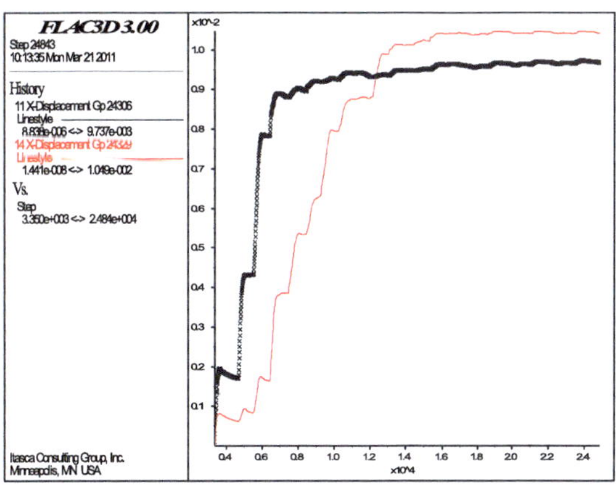

(b) C、D点水平位移历时曲线

图 5-47　CD 法位移历时曲线(单位:mm)

3. Ⅰ、Ⅱ截面间初期支护受力与变形特征

C 点弯矩值为－30.13 kN·m，x 方向水平位移为 1.656 mm；D 点弯矩值为－3.43 kN·m，

x 方向水平位移为 0.249 8 mm。

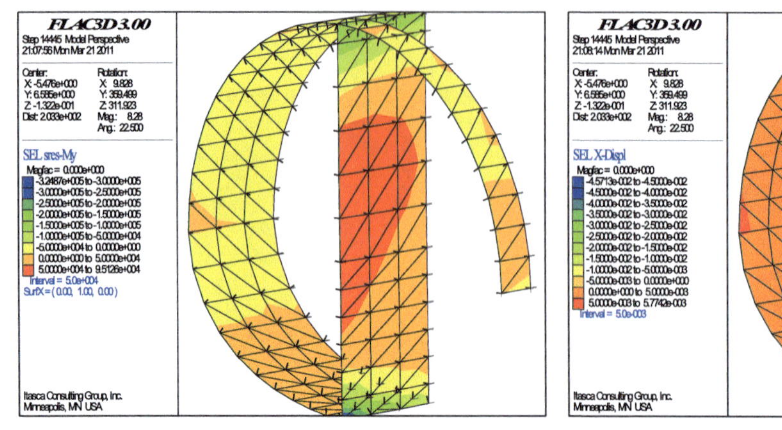

(a) 截面弯矩(单位：kN•m)

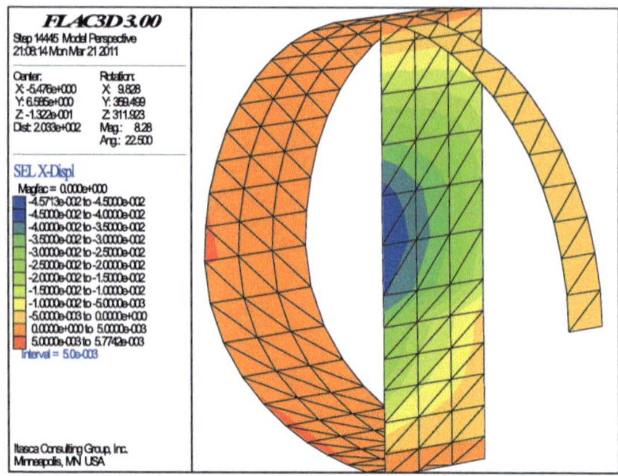

(b) 水平方向位移(单位：mm)

图 5-48　CD 法第 6 轮进尺时Ⅰ、Ⅱ截面间初期支护弯矩与水平位移

C 点弯矩值为-37.52 kN·m,x 方向水平位移为 1.856 mm;D 点弯矩值为-24.33 kN·m,x 方向水平位移为 0.541 4 mm。由分析可知初期支护结构的弯矩逐渐增大。

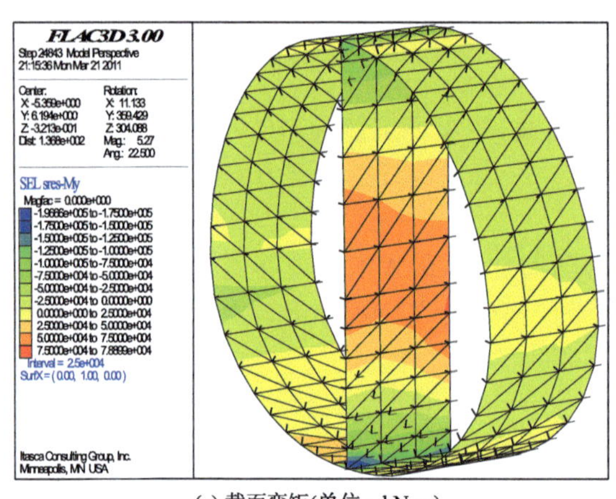

(a) 截面弯矩(单位：kN•m)

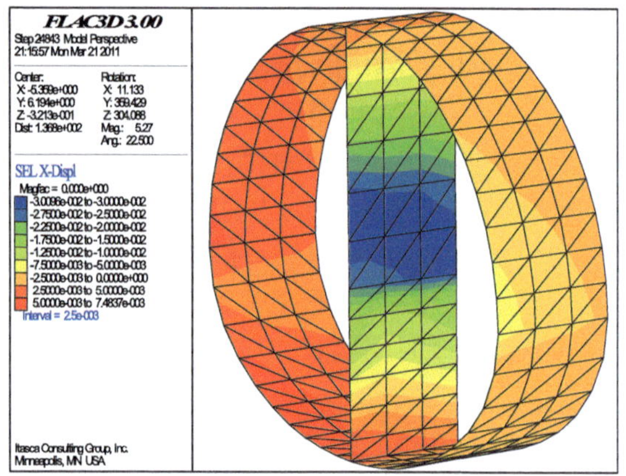

(b) 水平方向位移(单位：mm)

图 5-49　CD 法第 10 轮进尺时Ⅰ、Ⅱ截面间初期支护弯矩与水平位移

4. 围岩塑性应变特征

由图 5-50 可知,塑性区在拱顶处发展较少,两侧及仰拱发展较多,拱腰及仰拱拐角处塑性发展约 0.5 倍洞宽,掌子面后方围岩塑性区发展深度为 8 m。掌子面及拱脚处 1 m 范围内的塑性区以拉伸破坏为主,其他以剪切破坏为主。

5.2.6　CRD 法开挖对围岩的稳定性影响

1. 主应力特征

(1)隧道纵断面主应力云图

由图 5-51 可知,在拱脚、拱顶、拱肩处应力较集中,在拱脚附近最小主应力出现最大值约为－1.24 MPa（负值表示为压应力，正值为拉应力）。掌子面附近围岩大小主应力减少，产生应力松弛区，并向掌子面上方及后方围岩发展，其中掌子面中心附近出现拉应力，上台阶最大拉应力约为 0.003 MPa，下台阶最大拉应力约为 0.010 93 MPa。

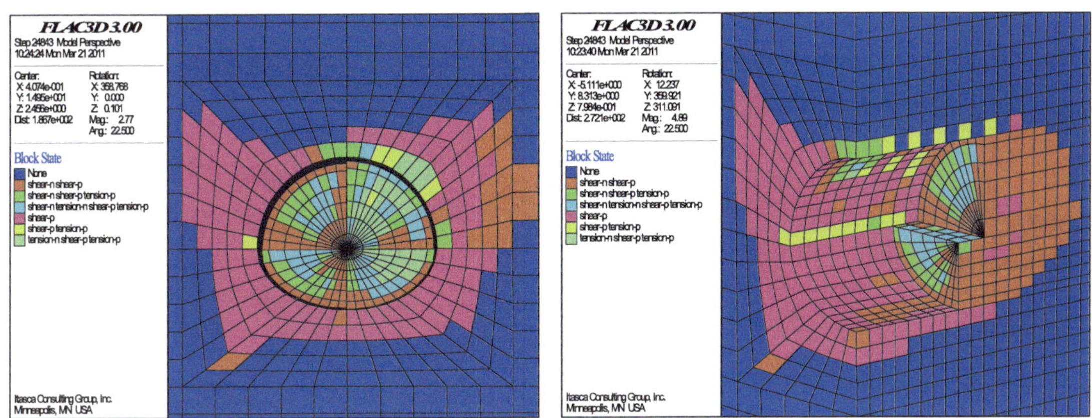

图 5-50 CD 法塑性区分布

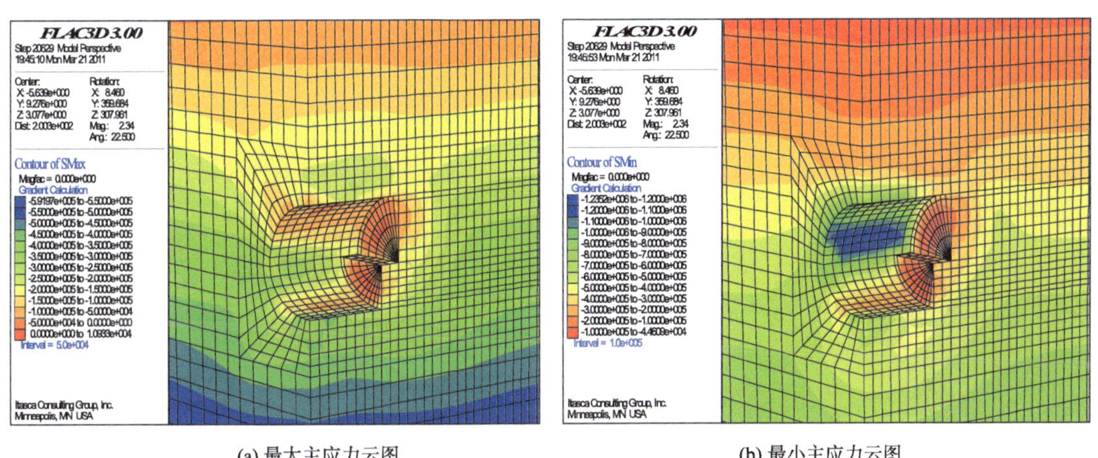

(a) 最大主应力云图　　(b) 最小主应力云图

图 5-51 CRD 法纵断面主应力云图（单位：MPa）

(2) Ⅰ、Ⅱ横断面主应力等值线图

由图 5-52 和图 5-53 可知，主应力在拱顶、拱肩、拱脚处集中，仰拱应力松弛。以Ⅱ横断面为例，初始应力状态下拱顶最小主应力约为－0.40 MPa，拱脚最小主应力为－0.47 MPa。围岩开挖后拱顶最小主应力约为－0.862 MPa，应力集中系数为 2.16，拱脚最小主应力为－1.061 MPa，应力集中系数为 2.26。

2. 位移特征

(1)隧道纵断面位移云图

由图 5-54(a)可知，仰拱、拱顶两侧、掌子面及后方一定范围内围岩的竖向位移较大，最大值约为－8.48 mm，仰拱竖向位移最大值约为 13.9 mm。由图 5-54(b)可知，拱腰及拱底至拱脚附近水平位移较大，拱腰水平位移最大值约为 3.41 mm，仰拱水平位移最大值约为

6.14 mm。由图 5-54(c)可知，掌子面及后方围岩内空位移较大，上台阶掌子面内空位移最大值约为 25.7 mm，掌子面后方 6 m 处内空位移值约为 2 mm。由图 5-54(d)可知，围岩剪切应变增量较小，主要集中上台阶掌子面及后方围岩，如上台阶掌子面剪切应变增量最大值约为 0.83×10^{-2}。

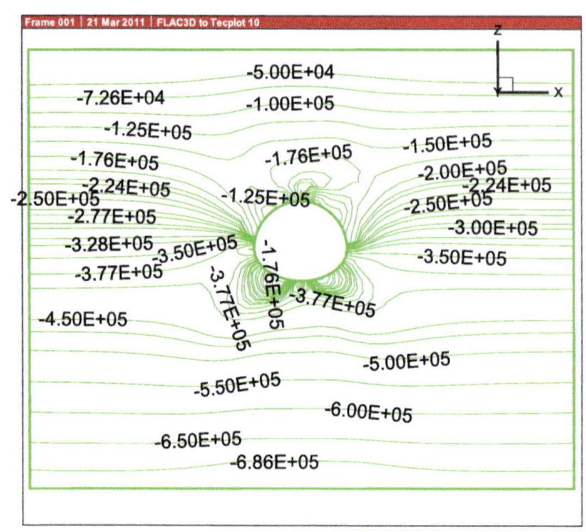

(a) 最大主应力

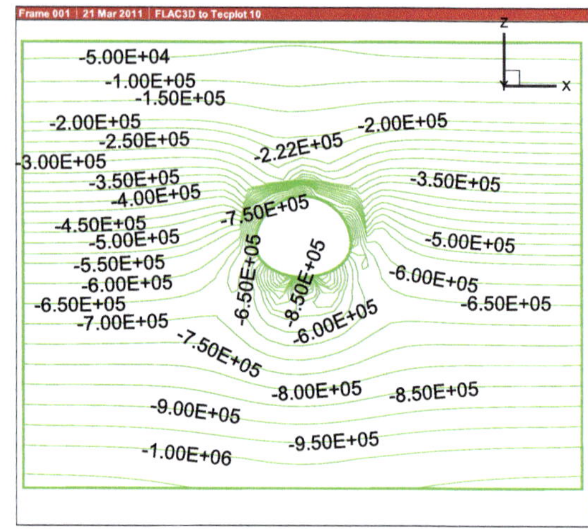

(b) 最小主应力

图 5-52　CRD 法Ⅰ断面主应力等值线(单位:MPa)

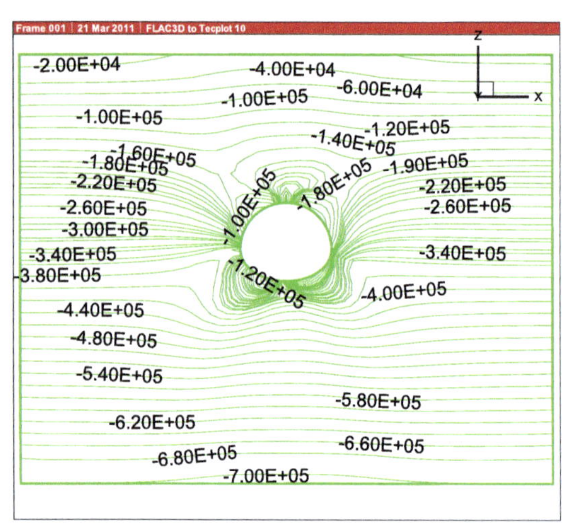

(a) 最大主应力

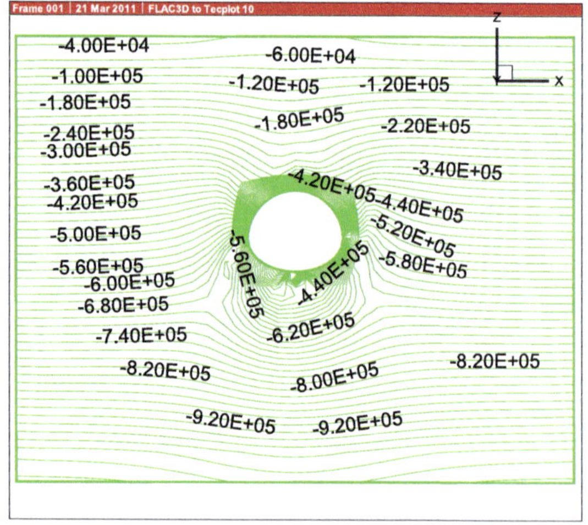

(b) 最小主应力

图 5-53　CRD 法Ⅱ断面主应力等值线(单位:MPa)

(2)地表沉降云图及等值线图

由图 5-55 可知，CRD 法开挖地表下沉量较小，地表下沉最大值为－3.4 mm。

(3)隧道纵断面位移等值线

由图 5-56 可知，拱顶及掌子面附近围岩的位移较小，掌子面围岩比较稳定。

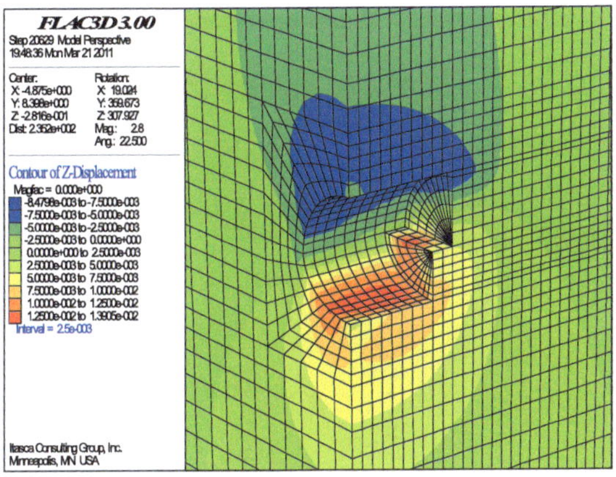

(a) z方向位移云图

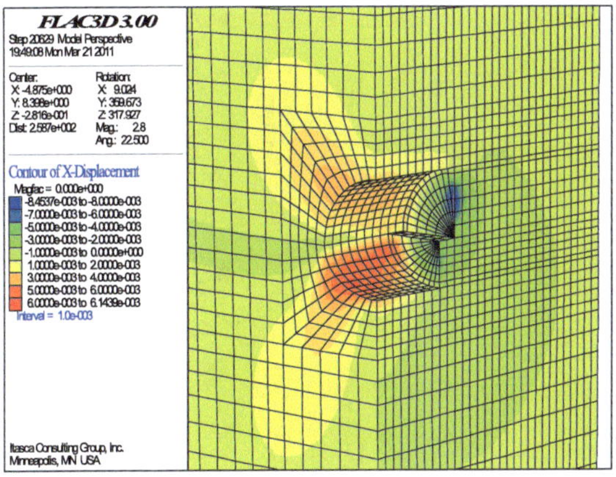

(b) x方向位移云图

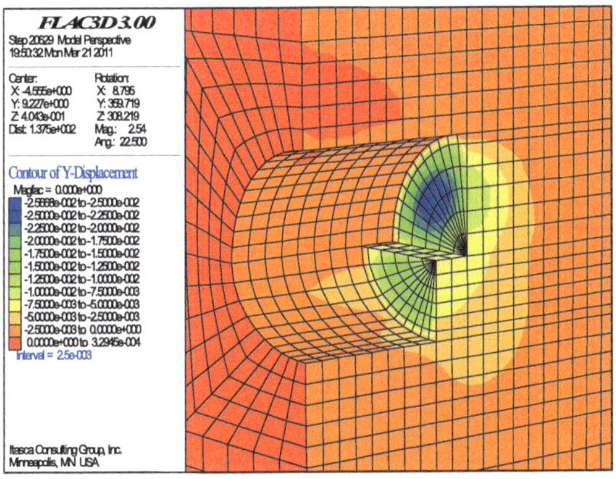

(c) y方向位移云图

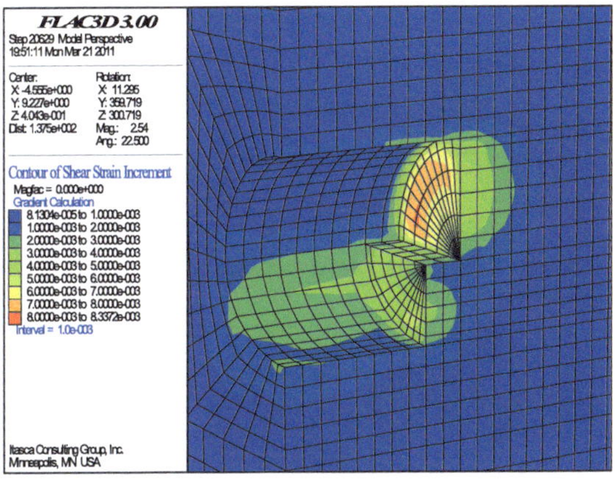

(d) 剪切应变增量云图

图 5-54　CRD 法纵断面位移及剪切应变增量云图(单位:mm)

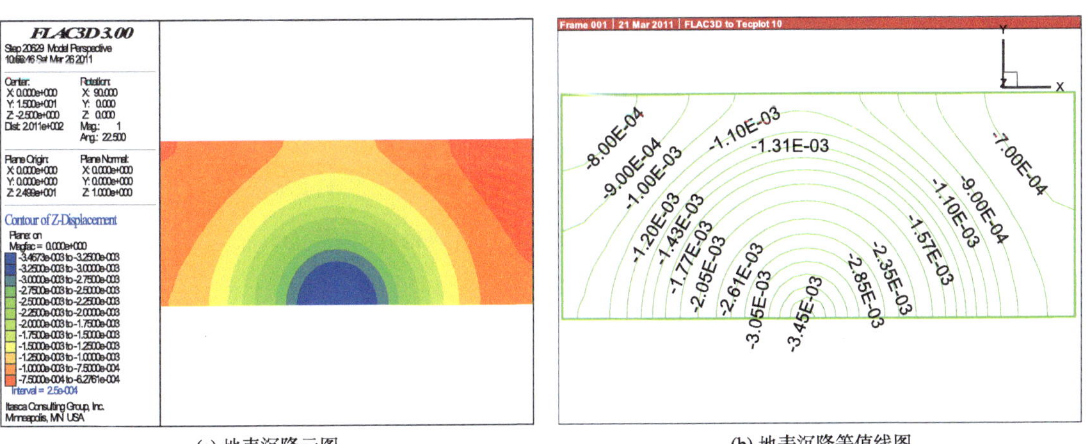

(a) 地表沉降云图

(b) 地表沉降等值线图

图 5-55　CRD 法地表沉降云图及等值线图(单位:mm)

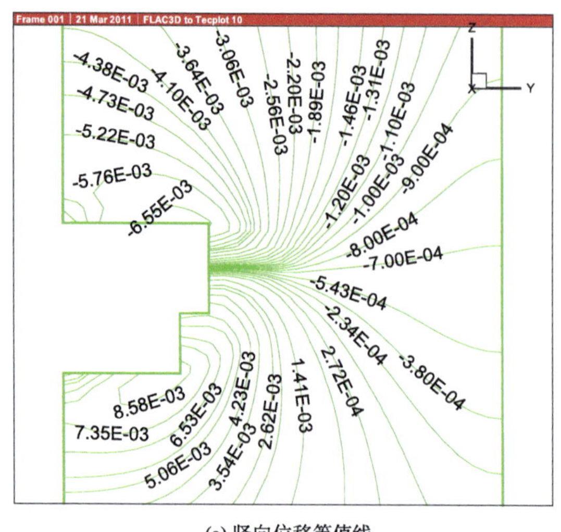

(a) 竖向位移等值线

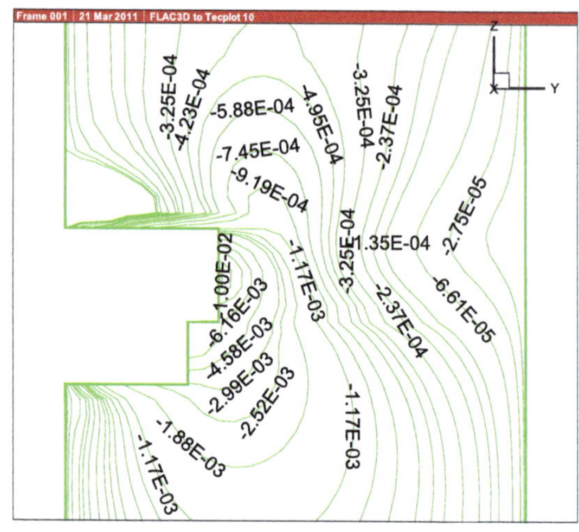

(b) y方向水平位移等值线

图 5-56　CRD 法纵断面位移等值线(单位:mm)

(4) Ⅰ、Ⅱ横断面总位移等值线

由图 5-57 可知,围岩位移情况与 CD 法开挖相似,但围岩总位移减少。

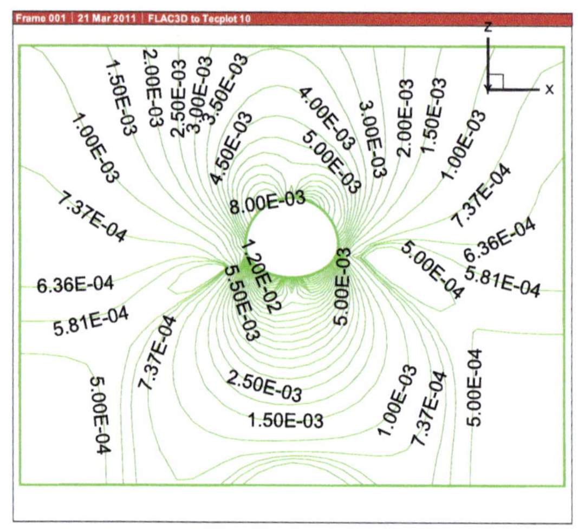

(a) Ⅰ断面总位移等值线

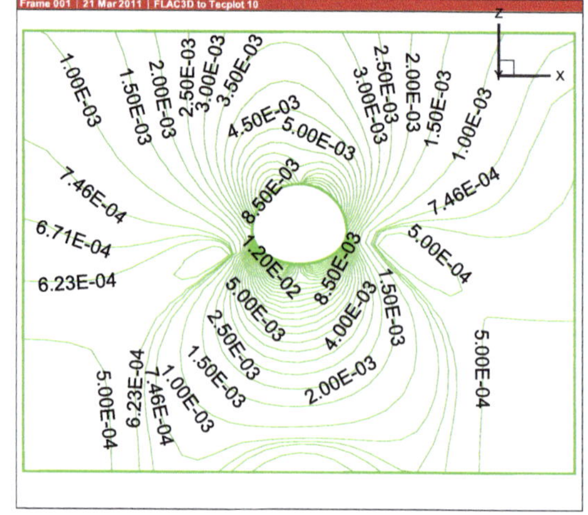

(b) Ⅱ断面总位移等值线

图 5-57　CRD 法Ⅰ、Ⅱ横断面总位移等值线(单位:mm)

(5)观测点位移历时曲线

图 5-58(a)中,粗曲线为拱顶 A 点的沉降历时曲线,最大下沉值为$-4.719\ 4$ mm,细曲线为拱顶 B 点的沉降历时曲线,最大下沉值为$-6.268\ 7$ mm。当开挖面至 B 点时(第四轮进尺)拱顶下沉为-4.498 mm,占总下沉量的 71.70%。

图 5-58(b)中,粗曲线为拱脚 C 点的水平位移历时曲线,最大水平位移值为 3.158 0 mm,细曲线为拱脚 D 点的水平位移历时曲线,最大水平位移值为 4.362 1 mm。

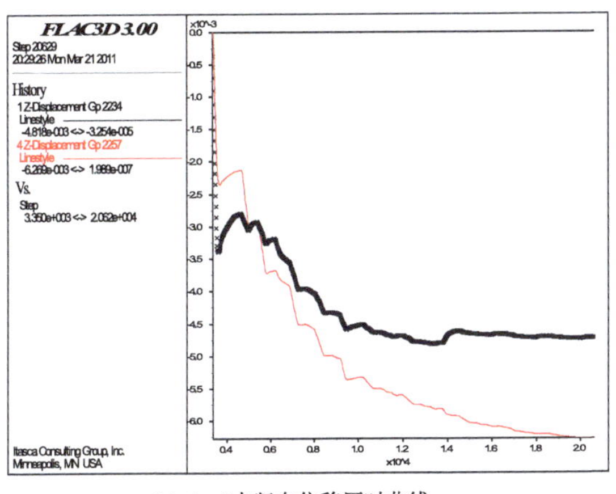

(a) *A*、*B*点竖向位移历时曲线

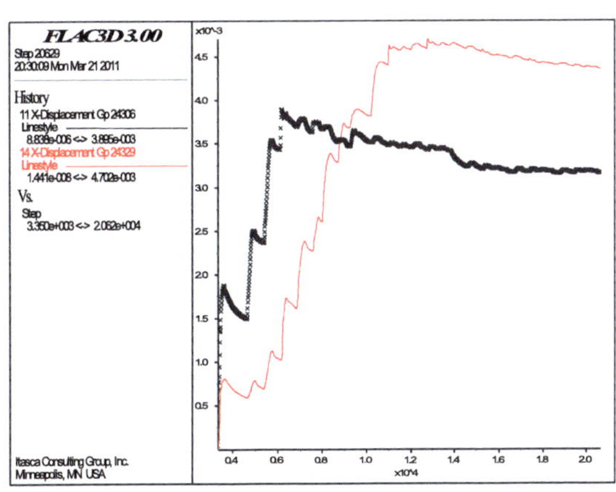

(b) *C*、*D*点水平位移历时曲线

图 5-58 CRD 法位移历时曲线(单位:mm)

3. Ⅰ、Ⅱ截面间初期支护受力与变形特征

C 点弯矩值为 −24.46 kN · m,*x* 方向水平位移为 2.66×10^{-2} mm;*D* 点弯矩值为−0.442 9 kN · m,*x* 方向水平位移为 0.17 mm。

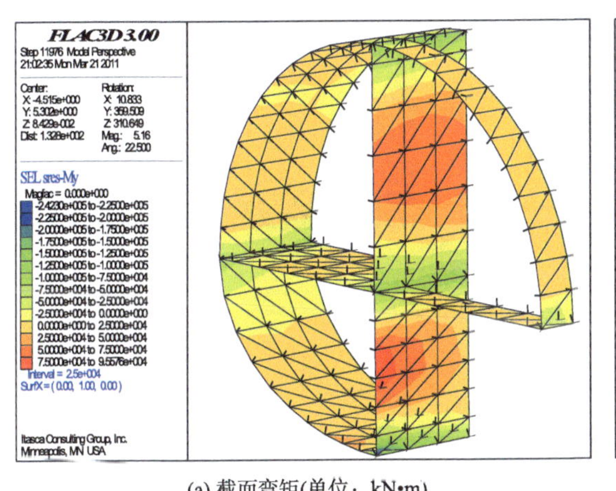

(a) 截面弯矩(单位：kN•m)

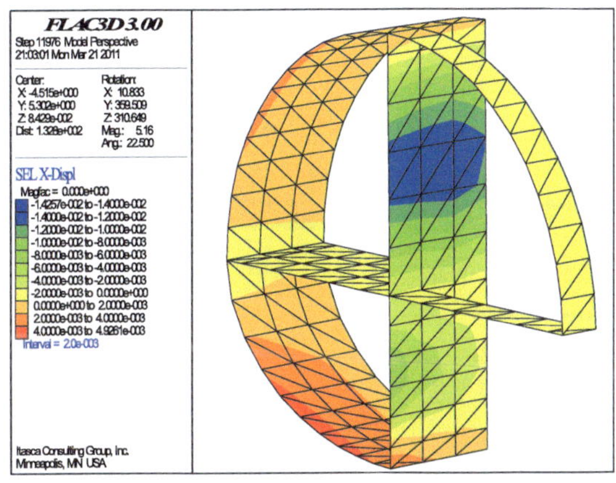

(b) 水平方向位移(单位：mm)

图 5-59 CRD 法第 6 轮进尺时Ⅰ、Ⅱ截面间初期支护弯矩与水平位移

C 点弯矩值为−31.2 kN · m,*x* 方向水平位移为−0.273 4 mm;*D* 点弯矩值为−24.3 kN · m,*x* 方向水平位移为−0.042 mm。通过分析可知初期支护结构的弯矩逐渐增大。

4. 围岩塑性应变特征

由图 5-61 可知,CRD 法开挖后的塑性区发展与 CD 法开挖相似,但拱脚处未出现拉伸破坏,掌子面后方围岩塑性区发展深度为 6 m。掌子面 1 m 范围内的塑性区以拉伸破坏为主,其他以剪切破坏为主。

5.2.7 不同开挖方法的效果对比与分析

1. 围岩变形位移的对比与分析

不同开挖方法的围岩位移特征曲线如图 5-62 所示。

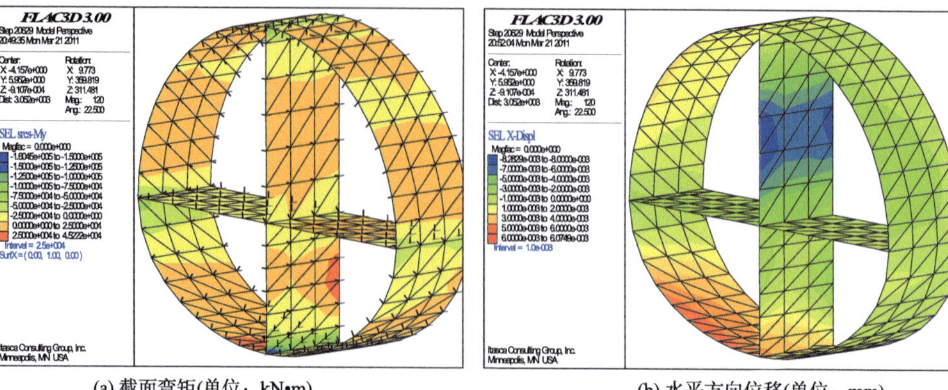

(a) 截面弯矩(单位：kN•m)　　(b) 水平方向位移(单位：mm)

图 5-60　CRD 法第 10 轮进尺时Ⅰ、Ⅱ截面间初期支护弯矩与水平位移

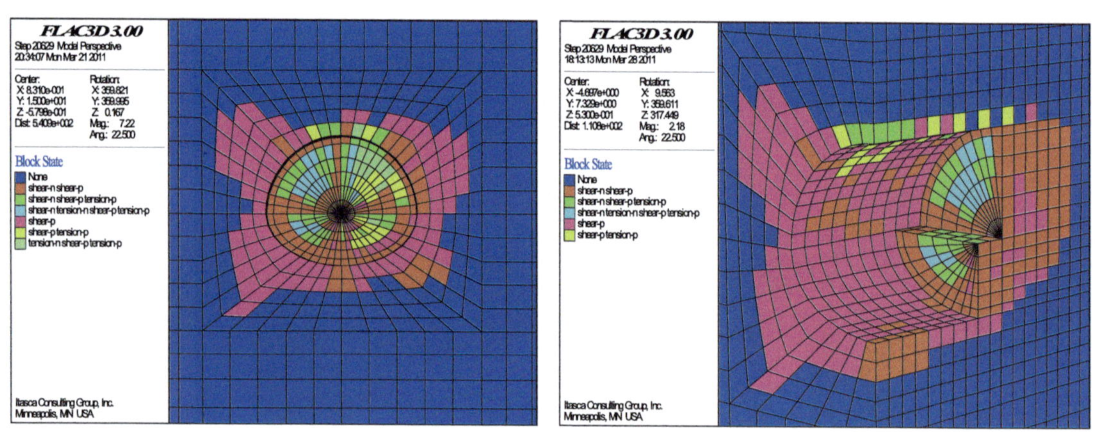

图 5-61　CRD 法塑性区分布

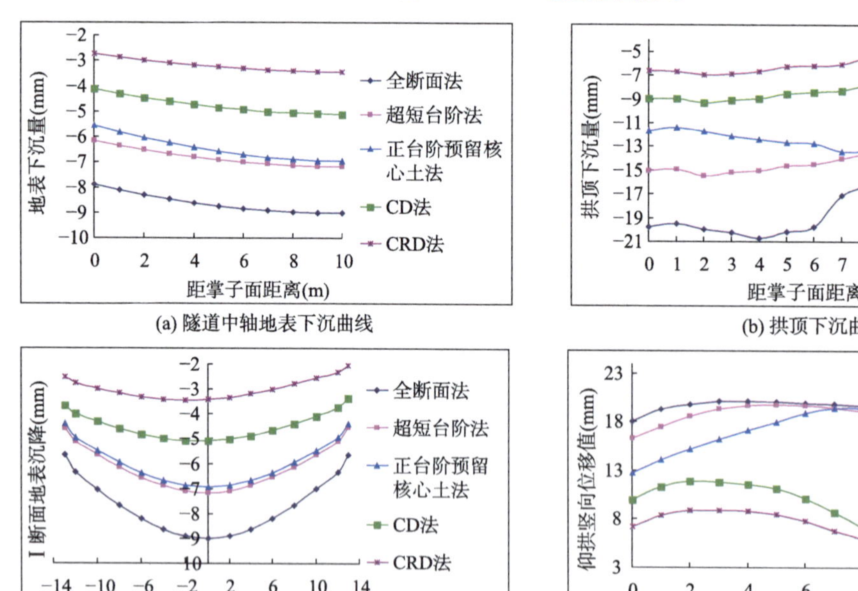

(a) 隧道中轴地表下沉曲线　　(b) 拱顶下沉曲线

(c) 仰拱中轴底鼓曲线　　(d) 拱脚x方向水平位移

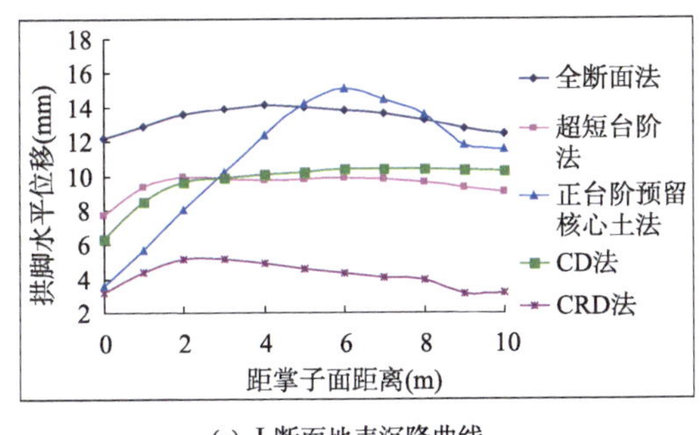

(e) Ⅰ断面地表沉降曲线

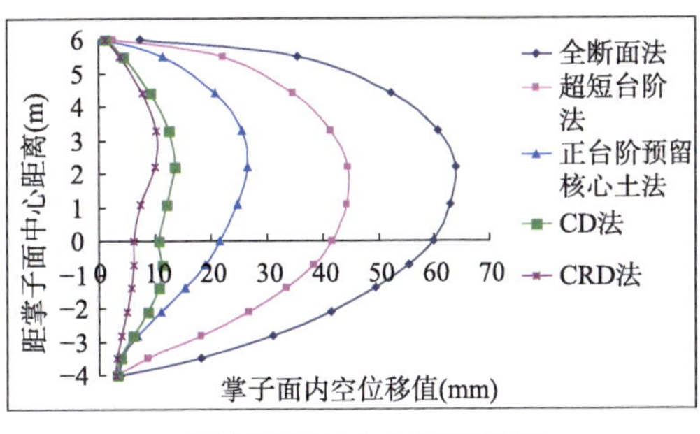

(f) Ⅳ掌子面中心内空位移曲线

图 5-62 不同开挖方法的围岩位移特征曲线

(1)隧道轴向地表下沉

由图 5-62(a)可知,轴向地表下沉值由小到大依次为:CRD 法、CD 法、正台阶预留核心土法、超短台阶法、全断面法,各开挖工况的地表沉降情况见表 5-1。

表 5-1 各开挖工况的地表下沉值(mm)

轴向地表下沉	全断面法	超短台阶法	正台阶预留核心土法	CD 法	CRD 法
最大值	−9.0	−7.2	−6.9	−5.1	−3.4
最小值	−7.9	−6.2	−5.6	−4.1	−2.8
平均值	−8.6	−6.8	−6.3	−4.7	−3.2

CRD 法、CD 法将隧道断面分为四部分开挖,各部分开挖跨度相对减少,拱底围岩易于维持稳定,且每部分开挖面积较小,对围岩扰动小,同时由于 CRD 法设置临时仰拱,各部分开挖后能快速封闭,地表沉降控制效果比 CD 法好。其他方法单次开挖断面跨度大,特别是全断面法开挖后,掌子面整体临空,散体围岩稳定性迅速下降,拱底及地表迅速下沉。预留核心土开挖有效限制掌子面位移,减少开挖对隧道上覆围岩的扰动,地表下沉值相对较少。

(2)轴向拱顶下沉

由图 5-62(b)可知,轴向拱顶下沉值由小到大依次为:CRD 法、CD 法、正台阶预留核心土法、超短台阶法、全断面法,各开挖工况的拱顶沉降情况见表 5-2。

表 5-2 各开挖工况的拱顶下沉值(mm)

轴向拱顶下沉	全断面法	超短台阶法	正台阶预留核心土法	CD 法	CRD 法
最大值	−20.7	−15.9	−13.4	−9.3	−7.0
最小值	−15.6	−13.2	−11.4	−6.6	−4.3
平均值	−19.4	−14.8	−12.3	−8.3	−6.1

拱顶下沉与地表下沉情况相似,CRD 法最小,平均拱顶下沉量为−6.1 mm,全断面最大,平均拱顶下沉量达 19.4 mm,为 CRD 法沉降量的 3 倍。CD 法开挖相比全断面减少 57.2%,预留核心土开挖相比全断面减少 36.6%,超短台阶法开挖相比全断面减少 23.7%。CRD 法、CD 法、超短台阶法在距掌子面 2 m 处,拱顶下沉均达最大值,正台阶预留

核心土法在距掌子面 7 m 处拱顶下沉达最大值，这主要与支护封闭时间及台阶长度有关。CRD 法分块开挖，各部分迅速封闭成环，有效提高支护结构的抗压强度及围岩自承能力，对拱顶及地表下沉具有较好的抑制效果。由图 5-62(b)可知，除正台阶预留核心土法外，其他开挖条件下，拱顶沉降随开挖深度增加而增大，说明预留核心土开挖对围岩扰动少，有效确保掌子面的稳定性。

(3)仰拱中轴底鼓

由图 5-62(c)可知，仰拱底鼓值由小到大依次为：CRD 法、CD 法、正台阶预留核心土法、超短台阶法、全断面法，各开挖工况的底鼓情况见表 5-3。

表 5-3　各开挖工况的仰拱底鼓值(mm)

轴向轴仰拱底鼓	全断面法	超短台阶法	正台阶预留核心土法	CD 法	CRD 法
最大值	20.2	19.7	19.4	11.9	8.9
最小值	18.0	16.2	12.7	4.1	3.7
平均值	19.6	18.7	17.1	9.3	7.2

仰拱底鼓与拱顶下沉情况相似，CRD 法最小，平均拱顶下沉量为−7.2 mm，全断面最大，平均拱顶下沉量达 20 mm，为 CRD 沉降量的 2.8 倍。CRD 法、CD 法在距掌子面 2 m 处底鼓达最大值，全断面法、超短台阶法在距掌子面 3 m 处底鼓达最大值，正台阶预留核心土法在距掌子面7 m 处底鼓达最大值，这主要与支护封闭时间及台阶长度相关。由图 5-62(c)可知，全断面法、超短台阶法的底鼓值上升快，开挖较短距离时底鼓已接近最大值，核心土末端处仰拱底鼓值与超短台阶法相当，说明这三种方法对仰拱底鼓抑制作用较差。全断面法、超短台阶法开挖断面大，对围岩扰动较大，支护不能快速封闭造成，而预留核心土开挖由于核心土长度限制，使得支护封闭较晚，导致仰拱底鼓增加。CRD 法分块开挖，各部分能迅速封闭成环，对仰拱抑制效果好。

(4)拱脚 x 方向水平位移

由图 5-62(d)可知，CRD 法开挖拱脚水平位移最小，其最大值发生在距开挖面 2 m 处，预留核心土开挖拱脚水平位移最大，其最大值发生在距开挖面 6 m 处。由于初期支护的封闭时间影响，其他开挖方法产生的拱脚水平位移相近。预留核心土支护封闭最晚，在核心土末端处拱脚位移达到最大值。各开挖工况的拱脚水平位移见表 5-4。

表 5-4　各开挖工况的拱脚水平位移(mm)

左侧拱脚水平位移	全断面法	超短台阶法	正台阶预留核心土法	CD 法	CRD 法
最大值	14.2	10.0	15.1	10.5	5.2
最小值	12.2.0	7.7	3.6	6.3	3.2
平均值	13.4	9.4	10.9	9.6	4.2

(5)Ⅰ断面地表沉降

由图 5-62(e)可知Ⅰ断面地表沉降值由小到大依次为：CRD 法、CD 法、正台阶预留核心土法、超短台阶法、全断面法，其进一步说明各开挖方法对散体围岩的稳定性影响。各开挖工况的底鼓情况见表 5-5。

表 5-5 各开挖工况的Ⅰ断面地表沉降值(mm)

Ⅰ断面地表沉降	全断面法	超短台阶法	正台阶预留核心土法	CD 法	CRD 法
最大值	−9.0	−7.2	−7.0	−5.1	−3.5
最小值	−5.6	−4.6	−4.4	−3.4	−2.1
平均值	−7.6	−6.1	−5.9	−4.4	−3.0

(6)掌子面中心内空位移

由图 5-62(f)可知,采用全断面法开挖,掌子面内空位移最大,围岩最不稳定,超短台阶法次之。但采用预留核心土开挖时能有效限制掌子面及后方围岩变形,掌子面内空位移极大减少,提高了掌子面围岩的稳定性。由于 CRD 法、CD 法采用分块开挖,掌子面中心内空位移不能完全反映各部分掌子面内空位移程度。图 5-63 和图 5-64 为采用 CRD 法、CD 法时掌子面内空位移云图及内空位移等值线。

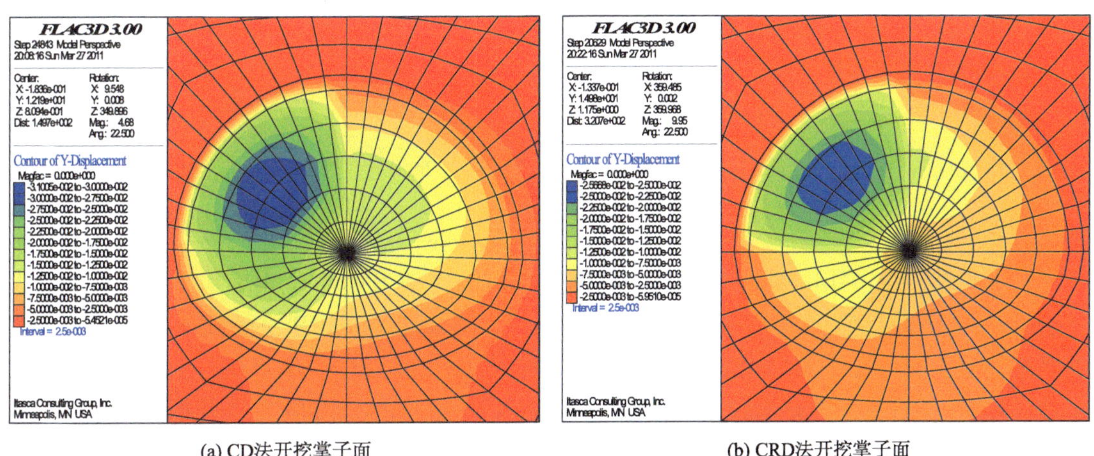

(a) CD法开挖掌子面　　(b) CRD法开挖掌子面

图 5-63 掌子面内空位移云图(单位:mm)

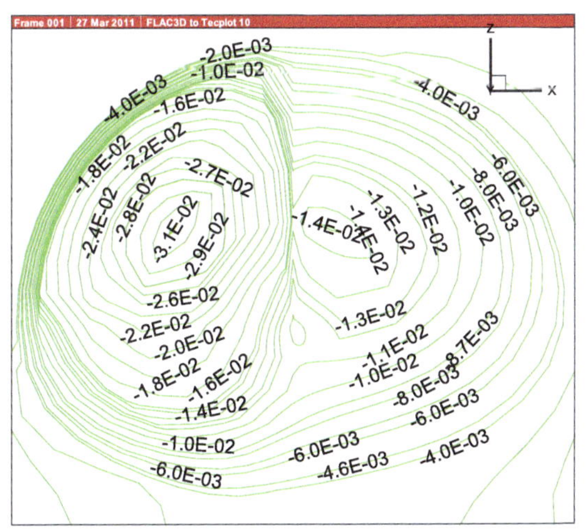

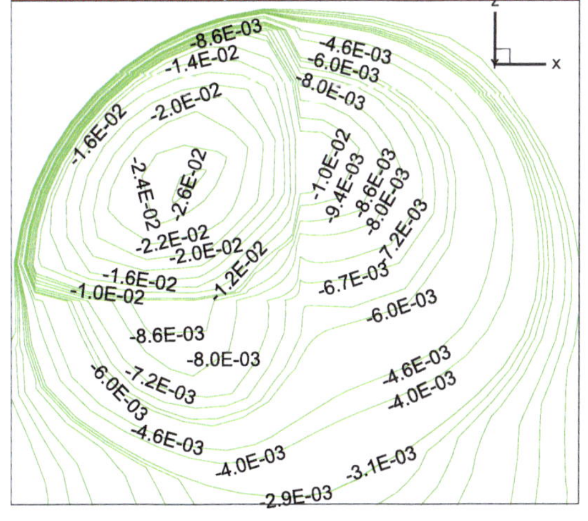

(a) CD法开挖掌子面　　(b) CRD法开挖掌子面

图 5-64 掌子面内空位移等值线(单位:mm)

通过分析可知，掌子面内空位移值由小到大依次为：正台阶预留核心土法、CRD 法、CD 法、超短台阶法、全断面法，各开挖工况的内空位移情况见表 5-6。

表 5-6 掌子面内空位移值(mm)

掌子面内空位移	全断面法	超短台阶法	正台阶预留核心土法	CD 法	CRD 法
最大值	63.9	44.4	26.7	31.5	25.7
最小值	3.7	4.6	0.5	4	2.9
平均值	41.7	28.7	14.8	23.9	20.7

(7)断面Ⅱ的拱顶沉降特征

表 5-7 拱顶 B 点的沉降变化特征(mm)

开挖方法	开挖前沉降值 h/mm	开挖后沉降值 H/mm	h/H	各开挖法相对全断面开挖的沉降比
全断面法	−18.2	−19.8	92%	—
超短台阶法	−12.4	−14.9	83.6%	75.3%
正台阶预留核心土法	−5.6	−12.8	43.6%	64.6%
CD 法	−5.7	−8.4	68.0%	42.4%
CRD 法	−4.5	−6.3	71.70%	31.8%

由表 5-7 可知，采用全断面法、超短台阶法开挖时，拱顶 B 点下沉主要由前方围岩开挖扰动引起，约占下沉总量的 80%～90%。预留核心土开挖时，断面Ⅱ开挖前拱顶 B 点下沉占总下沉量的 43.6%，说明全断面法、超短台阶法开挖对围岩扰动很大，预留核心土对围岩扰动较小，即对散体围岩稳定性影响较小。采用 CRD 法、CD 法开挖时，拱顶 B 点开挖前的下沉量与预留核心土开挖相当，B 点开挖后沉降变化不大，CD 法沉降增加了 2.7 mm，CRD 法仅增加了 1.8 mm，说明这两种方法能较好控制拱顶及地表下沉。图 5-65 为第 10 轮进尺时各开挖工况下拱顶 B 点位移历时曲线。

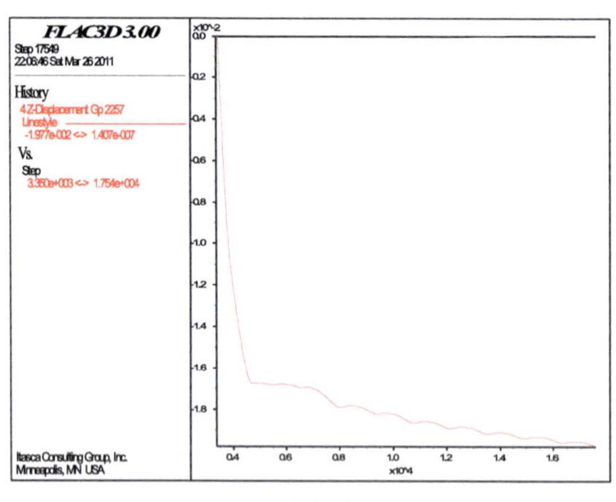

(a) 全断面法

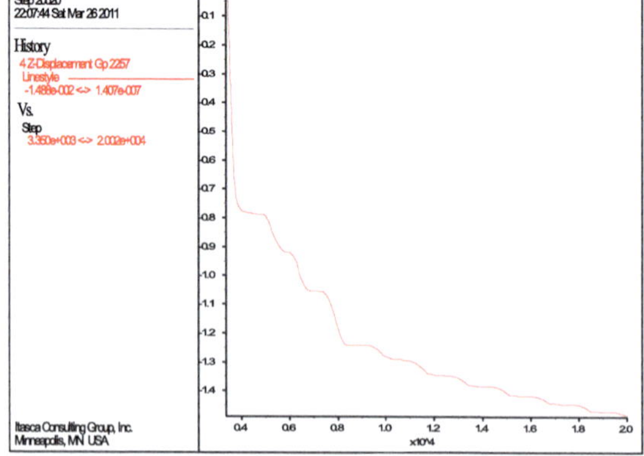

(b) 超短台阶法

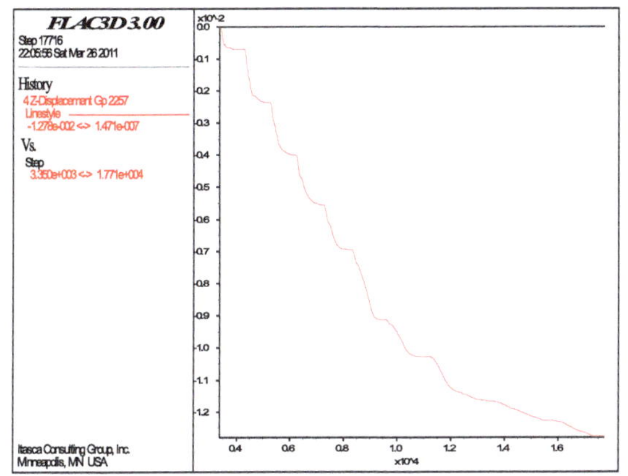

(c) 正台阶预留核心土法

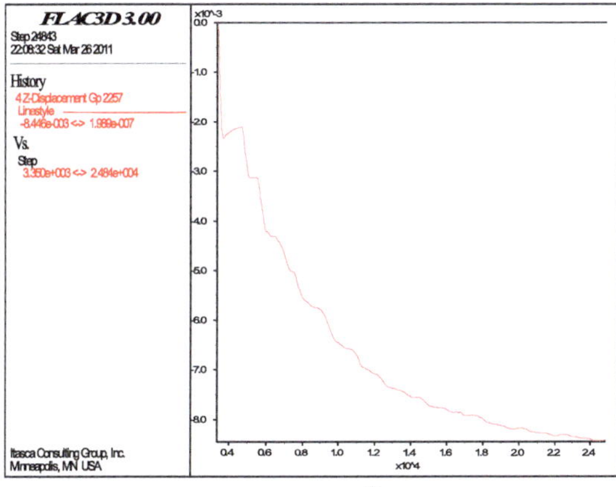

(d) CD法

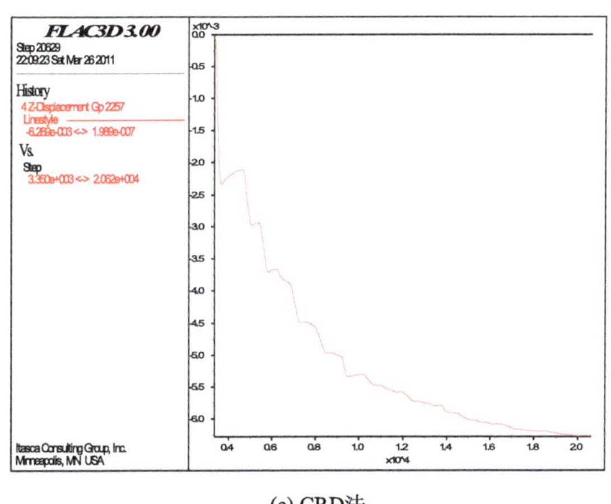

(e) CRD法

图 5-65　拱顶 B 点位移历时曲线(单位:mm)

(8)剪切应变增量

由图 5-66 可知,全断面法、超短台阶法、CD 法和 CRD 法开挖后,掌子面附近围岩剪切应变增量较大,特别是全断面法、超短台阶法条件下,掌子面拱顶附近围岩产生较大剪切应变,最大剪切应变增量达 1.88×10^{-2},说明掌子面拱顶处最可能产生剪切破坏。采用 CD 法、CRD 法开挖后掌子面也出现一定剪切变形,但比前两种开挖方法小。采用预留核心土法开挖时,在核心土末端拱脚处产生一定剪切变形,但掌子面附近围岩的剪切应变增量较小,进一步说明核心土可有效限制掌子面围岩位移变形,提高掌子面围岩稳定性。

2. 围岩应力分布情况的对比与分析

(1)开挖通过面应力分布

以Ⅱ横断面为例,初始应力状态下,拱顶最小主应力约为−0.40 MPa,拱脚最小主应力为−0.47 MPa,隧道开挖并支护后的拱顶、拱脚最小主应力特征见表 5-8。

通过分析可知正台阶预留核心土法、CD 法和 CRD 法开挖时拱顶围岩应力较大,说明初期支护承担了更多的围岩压力,减少了应力释放量,对拱顶下沉抑制效果较好。对于拱脚应力而言,正台阶预留核心土法开挖时,拱脚主应力最小,CRD 法最高,其他开挖方法应力相近,这主要与初期支护闭合时间相关。由于核心土长度限制,初期支护的闭合时间最晚,核心土两侧位移变形较大，围岩卸荷也较多，导致拱脚应力下降。CRD 法由于临时仰拱作用，初期支护能在开挖后快速封闭成环，限制拱脚位移及应力释放。

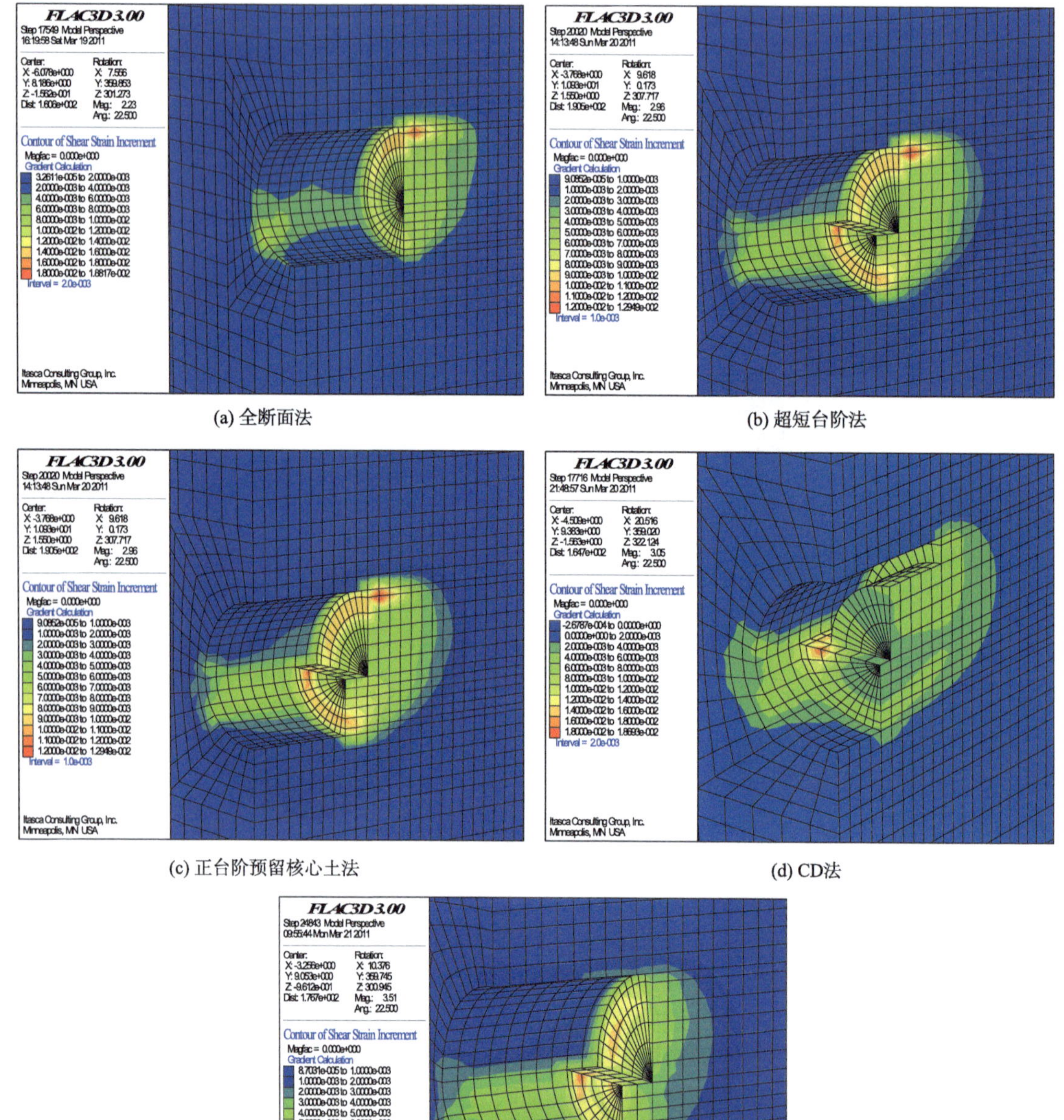

(a) 全断面法

(b) 超短台阶法

(c) 正台阶预留核心土法

(d) CD法

(e) CRD法

图 5-66 剪切应变增量

表 5-8 Ⅱ断面拱顶、拱脚主应力特征

开挖方法	拱顶主应力/MPa	应力集中系数	拱脚主应力/MPa	应力集中系数
全断面法	－0.660	1.65	－0.935	1.99
超短台阶法	－0.740	1.85	－0.977	2.08
正台阶预留核心土法	－0.910	2.28	－0.716	1.52
CD 法	－0.837	2.09	－0.965	2.05
CRD 法	－0.862	2.16	－1.061	2.26

(2)掌子面应力分布

图 5-67 为不同开挖方法下各开挖掌子面中心的应力分布特点。

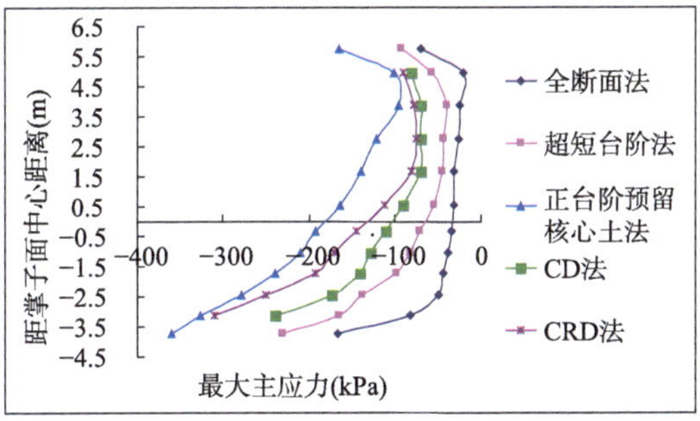

(a) 最主应力

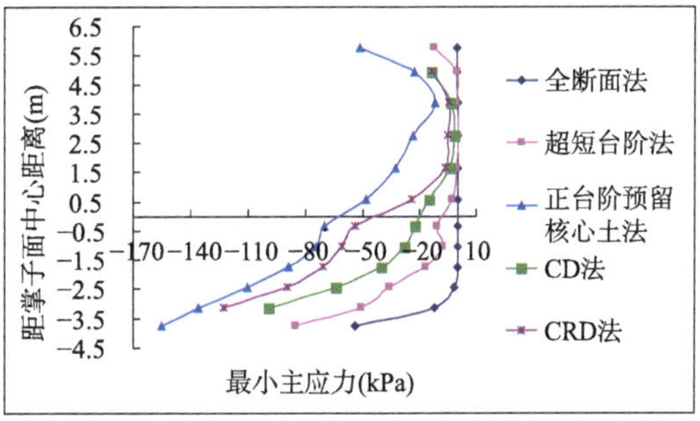

(b) 最小主应力

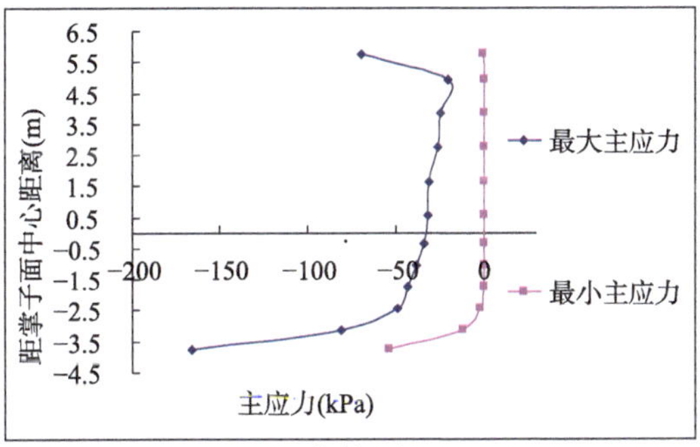

(c) 全断面法

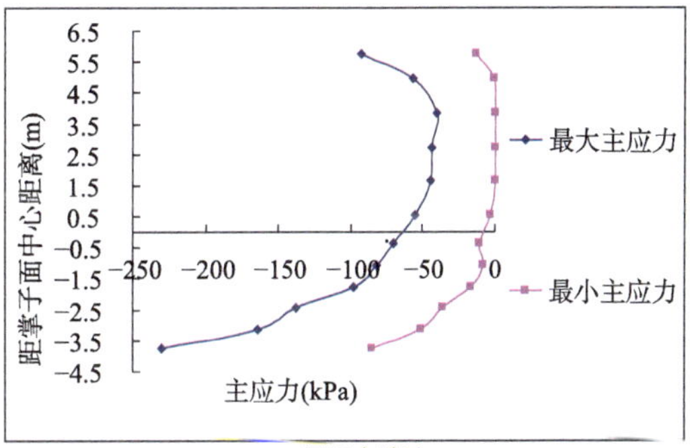

(d) 超短台阶法

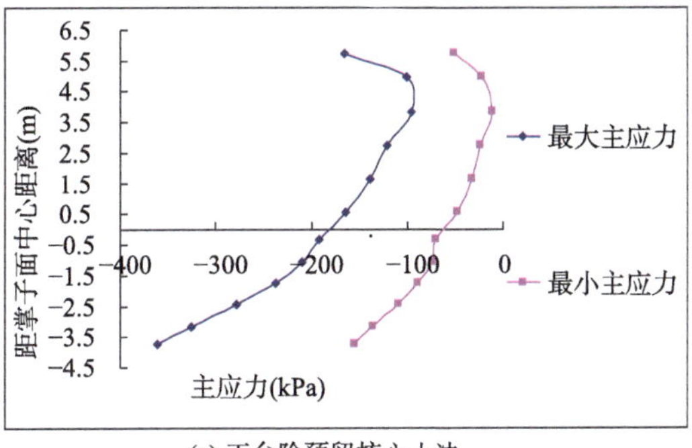

(e) 正台阶预留核心土法

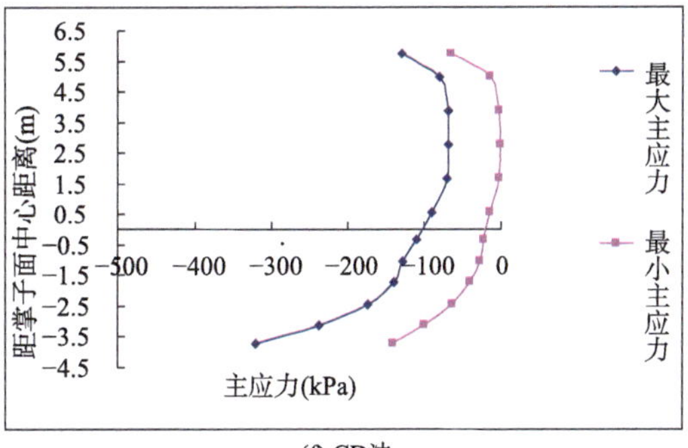

(f) CD法

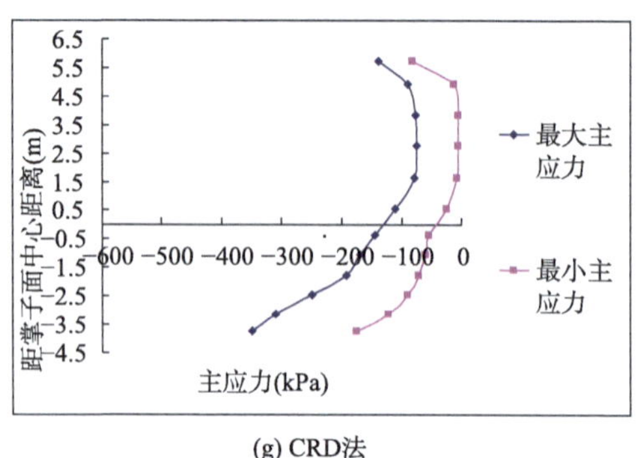

(g) CRD法

图 5-67 掌子面应力分布

通过分析可知，隧道开挖后临空掌子面围岩由初始三向应力状态转变为平面二维应力状态，如果主应力过大，岩体就会发生剪切破坏。全断面法开挖时，掌子面全断面基本处于平面应力状态下，散体围岩容易发生剪切破坏产生较大内空位移，导致围岩松弛，掌子面坍塌。采用超短台阶法、CD 法和 CRD 法开挖时，上台阶掌子面处于平面应力状态易发生剪切破坏。采用预留核心土开挖时，掌子面主应力分布明显改善，且最小主应力较大，使得掌子面易于维持三向应力状态，提高了散体围岩的稳定性。

3. 支护结构弯矩

由图 5-68 可知，拱脚、拱肩、拱顶即拱底处弯矩值较大，其中采用全断面开挖时最大弯矩在拱脚处约为 49.12 kN·m。采用超短台阶法与正台阶预留核心土开挖时最大弯矩也出现在拱脚处分别为 38.83 kN·m、24.446 kN·m。采用 CD 法开挖时最大弯矩在拱底处约为 219.35 kN·m，拱脚处最大弯矩值为 39.48 kN·m。采用 CRD 法开挖时，最大弯矩在拱底处约为 189.44 kN·m，拱脚处最大弯矩值为 74.03 kN·m。根据围岩与支护结构的相互作用机理可知，全断面开挖后围岩位移过大导致支护结构承受的围岩松动压力增加。采用超短台阶法、CD 法和 CRD 法开挖，由于支护封闭相对较快，拱脚围岩位移减少，围岩应力释放减少，支护结构承受的围岩压力增大。采用预留核心土开挖时，在极限范围内围岩允许的位移增加，围岩应力释放较多，支护结构提供的支护反力就小，围岩自承载能力得到充分发挥。

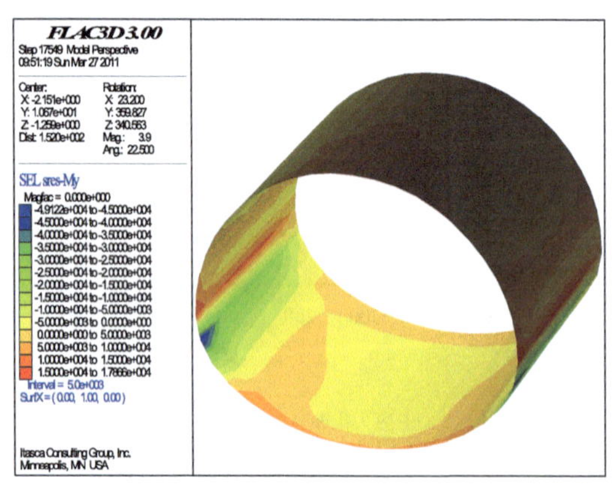

(a) 全断面法

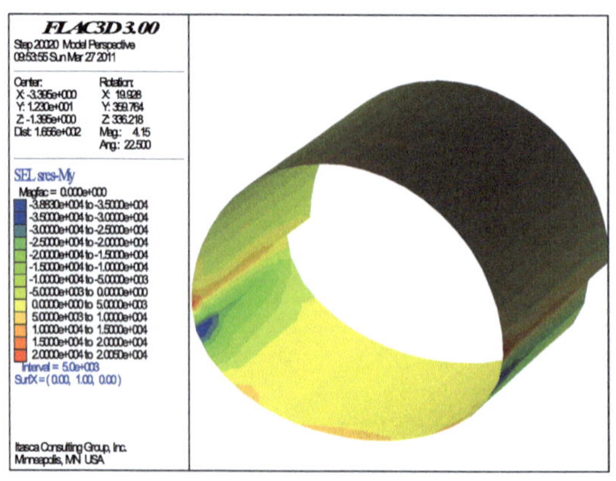

(b) 超短台阶法

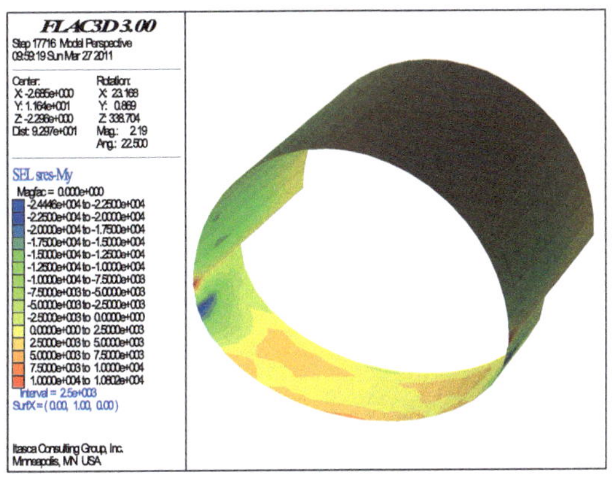

(c) 正台阶预留核心土法

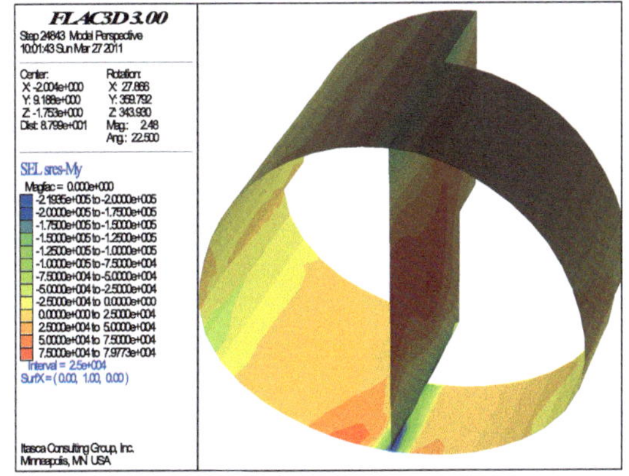

(d) CD法

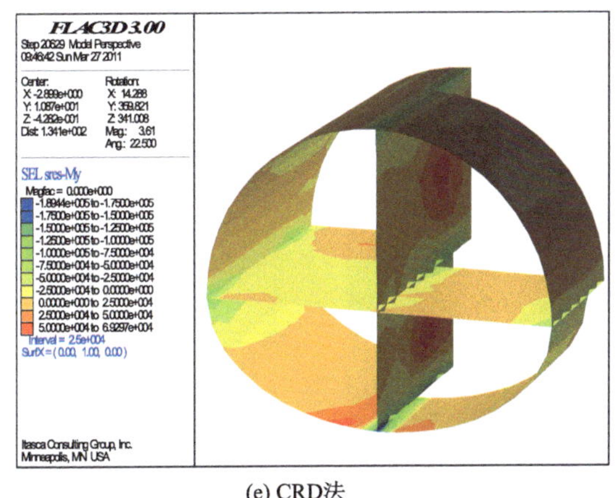

(e) CRD法

图 5-68　支护结构弯矩(单位:kN·m)

4. 围岩塑性区分布情况的对比与分析

图 5-69 中,P 表示该单元在 FLAC 3D 计算过程中曾经处于过塑性屈服面上,n 表示该单元现在为塑性状态。

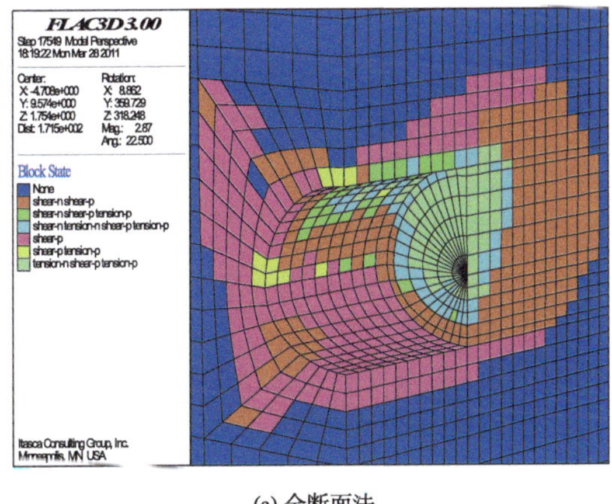

(a) 全断面法

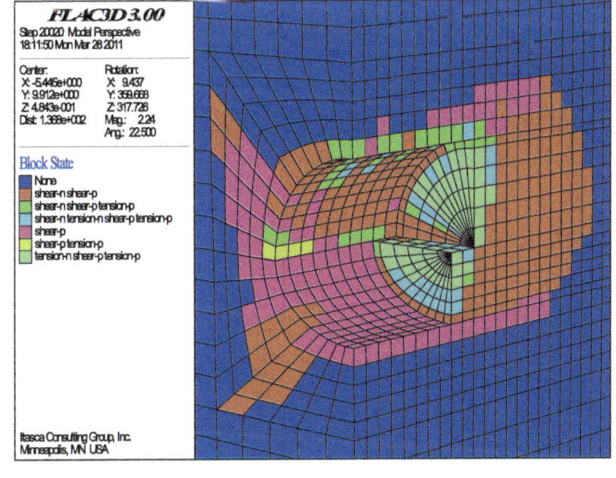

(b) 超短台阶法

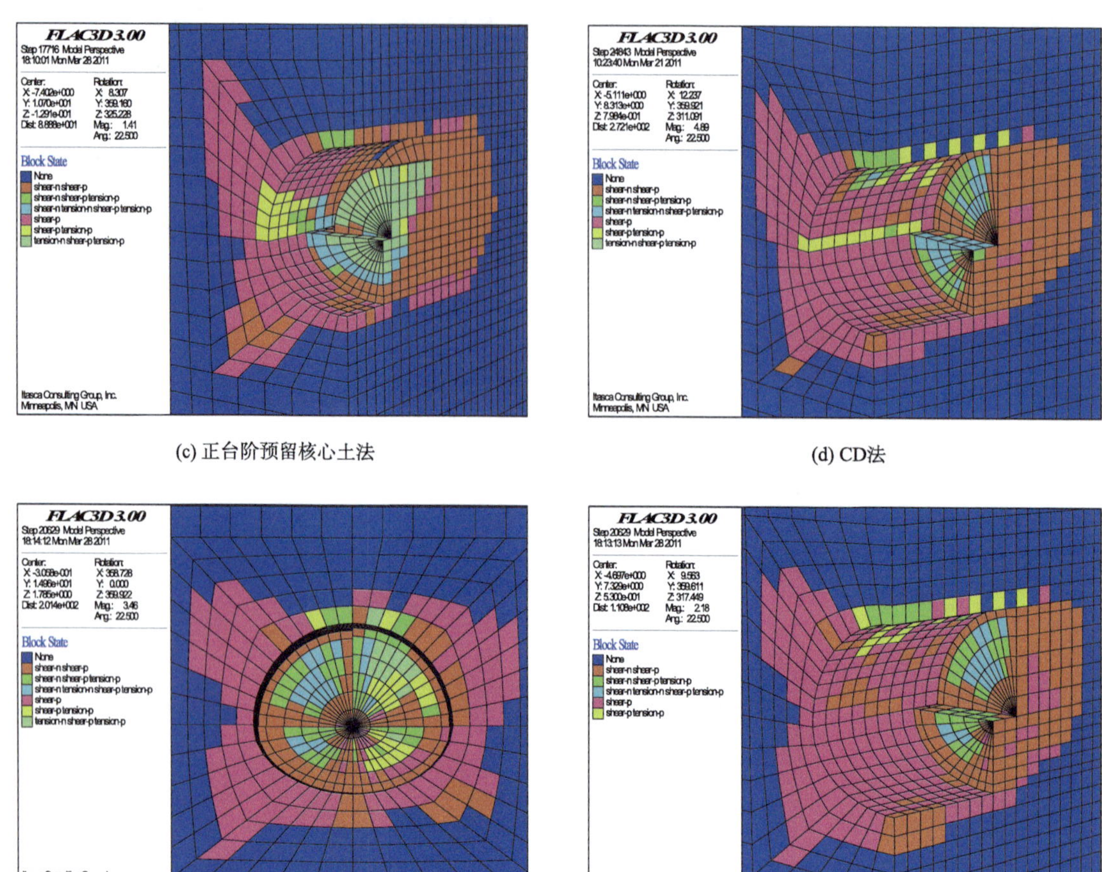

(c) 正台阶预留核心土法

(d) CD法

(e) CRD法

图 5-69 塑性区分布

由图 5-69 分析可知，采用全断面法和超短台阶法开挖时围岩塑性区面积最大，特别是掌子面后方围岩塑性区发展较深，全断面最远达 12 m，拱顶及掌子面发生很大范围拉应力破坏。采用 CD 法和 CRD 法开挖时围岩塑性区面积相对较小，但 CD 法掌子面后方围岩发展较深，最深处达 8 m，同时 CD 法、CRD 法的掌子面、拱顶，CD 法的拱脚处发生一定拉伸变形。采用预留核心土开挖时掌子面后方围岩塑性深度最远达 8 m，但由于核心土的支护作用，掌子面未产生拉应力破坏，说明掌子面围岩相对稳定。

5.3 隧道支护方式对散体围岩稳定性影响的数值分析

散体围岩的岩体强度极低，自稳时间非常短，如果不及时进行有效支护会发生变形，导致围岩失稳破坏。但不同支护条件对围岩的稳定性影响不同，如果支护不能满足围岩的稳定性要求，围岩会失稳并影响隧道施工安全，甚至出现支护结构失效破坏。为此，本节对散体围岩隧道在不同支护条件下开挖进行数值模拟，对各种支护效果进行对比分析，研究其对围岩稳定性的影响。根据 5.3 节对隧道开挖方法的分析，此处用正台阶预留核心土法作为开挖方法，对下列支护工况进行模拟：①无支护；②喷射混凝土支护（附钢筋网）；③锚杆＋喷射混凝土支护（锚喷支护）；④超前小导管＋喷射混凝土支护；⑤超前小导管＋锚喷支护；⑥超前小导管＋超前注浆管棚＋锚喷支护。其中，锚杆、小导管采用 LS5 型衬砌形式，超前管棚采用 LS6 型衬砌形式。

5.3.1　无支护开挖

无支护条件下，隧道开挖至第 4 m 时计算无法收敛，围岩的位移变形情况如图 5-70 所示。

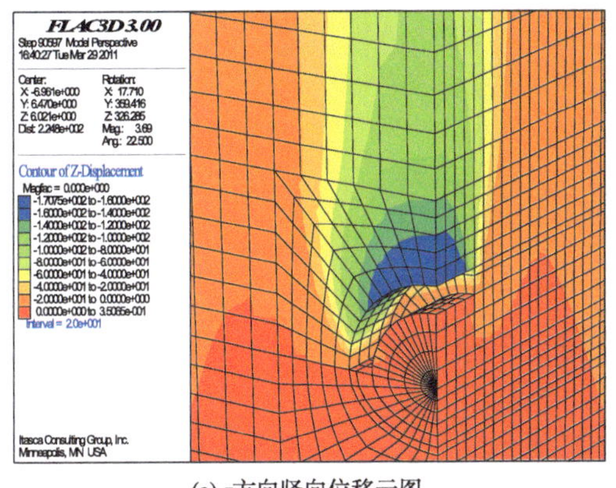

(a) z方向竖向位移云图

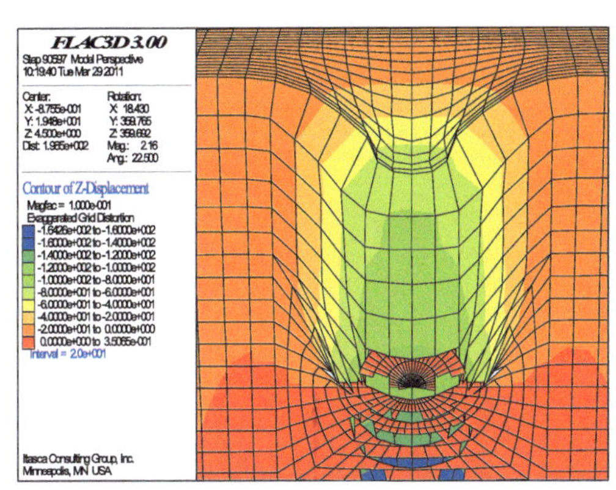

(b) 竖向变形放大图

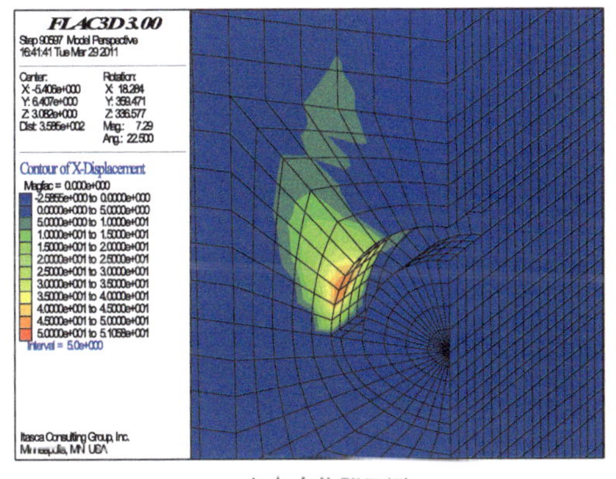

(c) x方向水位移云图

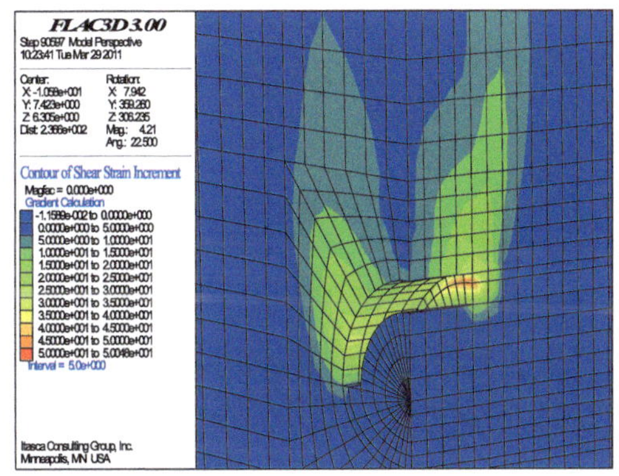

(d) 剪切应变增量云图

图 5-70　无支护围岩位移及剪切应变增量云图（单位：mm）

由图 5-70 可知，无支护条件下开挖后，散体围岩迅速失去稳定，并产生大变形沉降，由剪切应变增量云图可知，围岩产生大面积剪切变形，剪切应变增量最大值为 50，被开挖的土体产生塑性贯通区，由围岩内部延伸至地表，塑性区向隧道周围大面积扩展，围岩失去稳定，临空围岩沿剪切破坏面滑塌。

5.3.2　喷射混凝土支护开挖

由图 5-71 可知，拱顶最大下沉量约 98.1 mm，地表最大下沉值为 51.9 mm，两侧最大水平位移约 63.3 mm，掌子面内空位移向拱顶深部扩展。

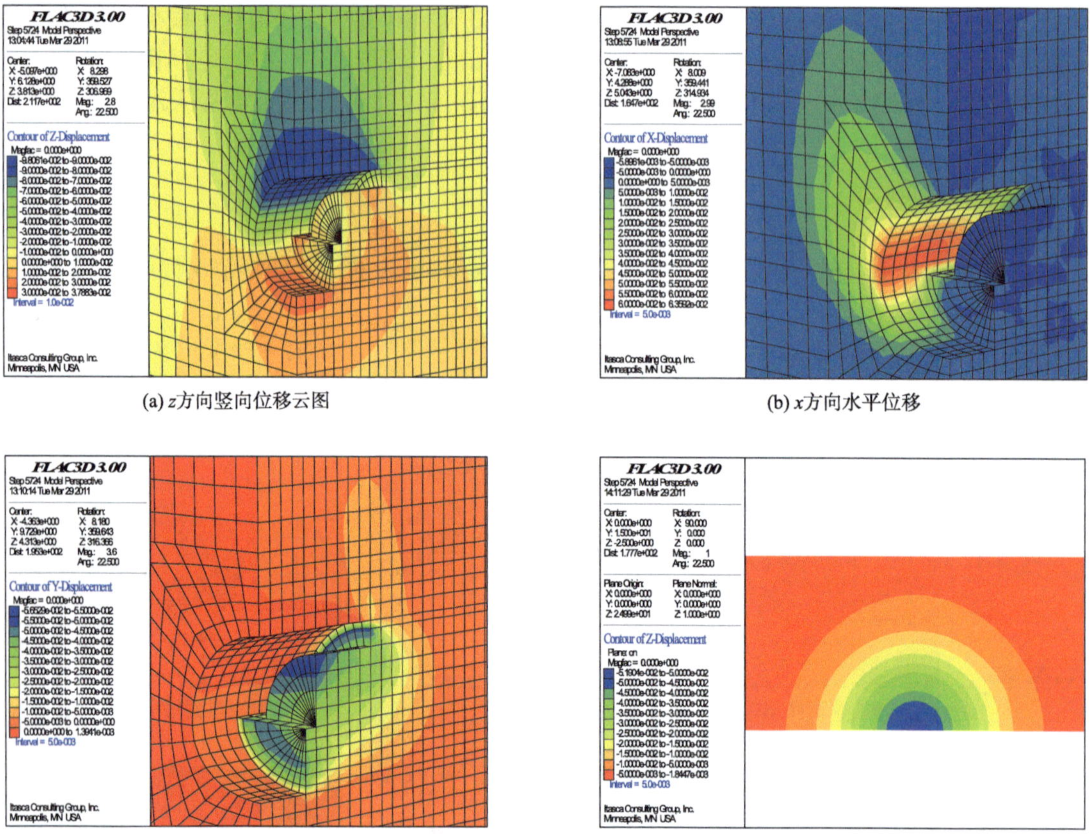

(a) z方向竖向位移云图

(b) x方向水平位移

(c) y方向水平位移

(d) 地表沉降

图 5-71 喷射混凝土围岩位移云图(单位:mm)

5.3.3 锚喷支护开挖

由图 5-72 可知,在喷射混凝土基础上增加锚杆支护时,拱顶最大下沉量约为 94.7 mm,地表最大下沉值为 47.2 mm,两侧最大水平位移约 63.8 mm,掌子面内空位移向拱顶上方深部扩展。与喷射混凝土支护相比,围岩变形情况并未得到改善。

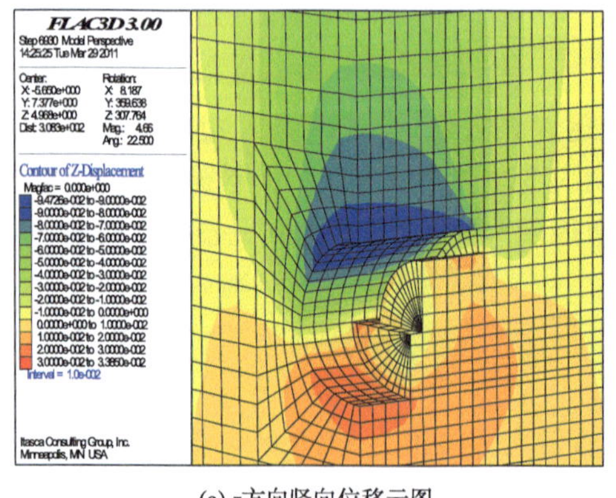

(a) z方向竖向位移云图

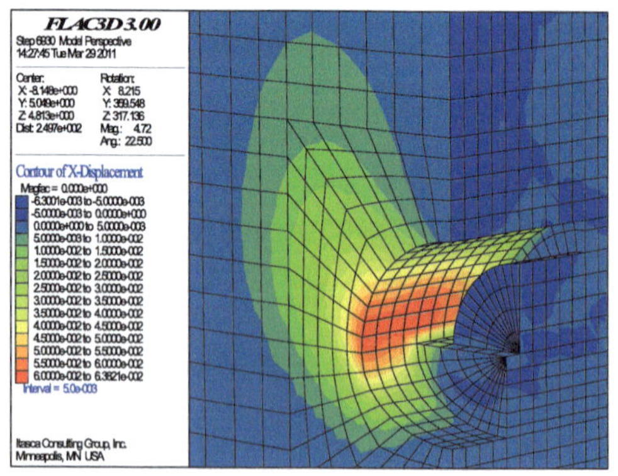

(b) x方向水平位移

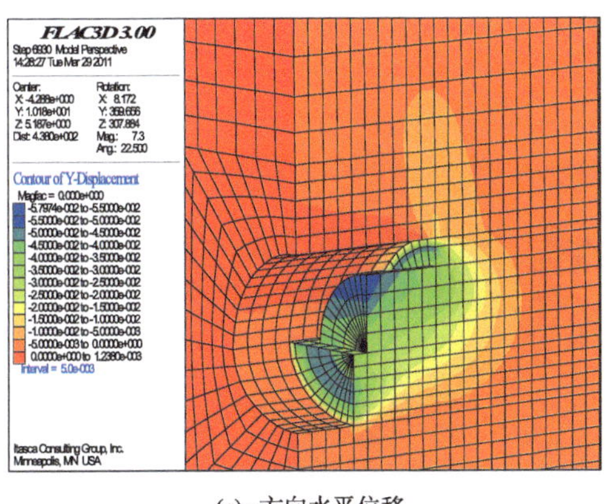

(c) y方向水平位移

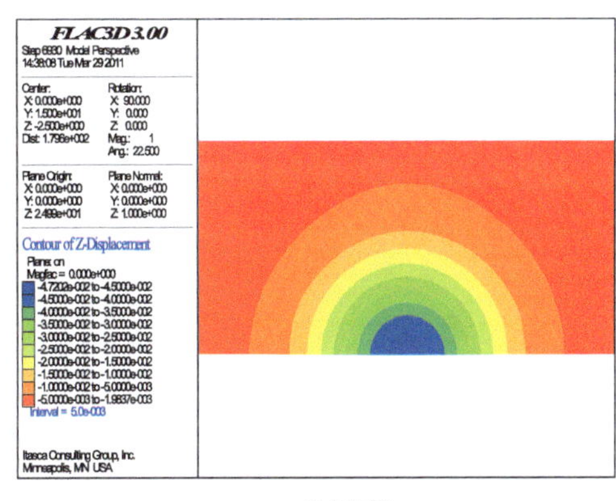

(d) 地表沉降

图 5-72 锚喷支护围岩位移云图(单位:mm)

5.3.4 超前小导管+喷射混凝土支护开挖

由图 5-73 可知,拱顶最大下沉量约 13.4 mm,地表最大下沉值为 6.9 mm,两侧最大水平位移约 15.1 mm,掌子面内空位移不向拱顶上方扩展,由分析可知,采用超前小导管支护,围岩变形得到有效抑制,竖向和水平位移明显减少。

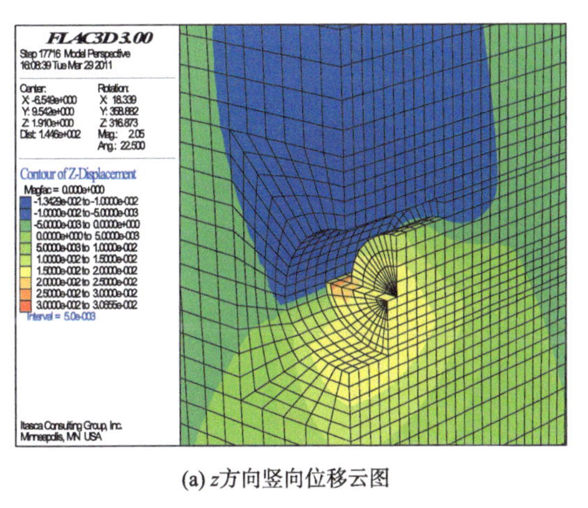

(a) z方向竖向位移云图

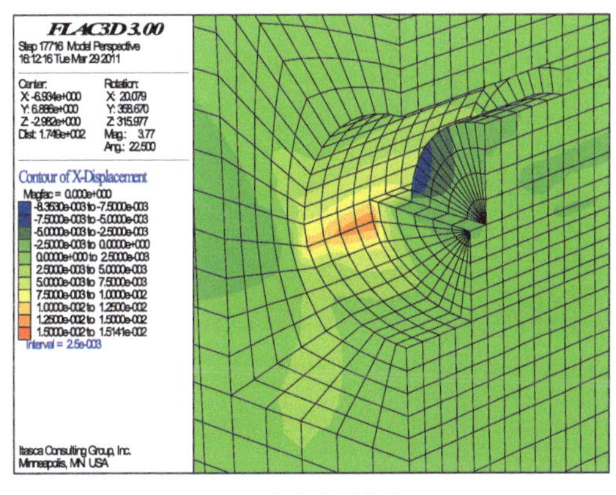

(b) x方向水平位移

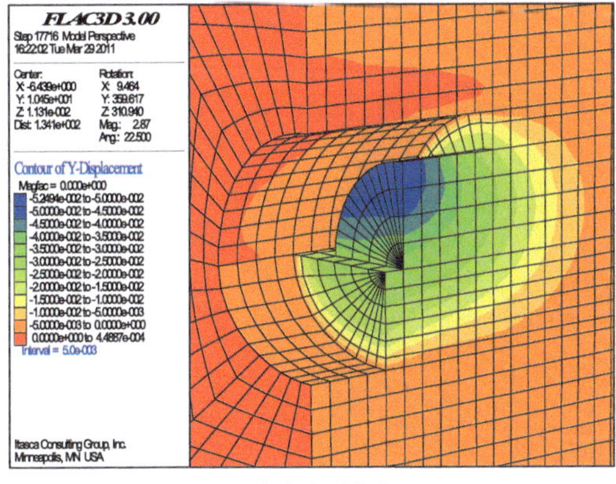

(c) y方向水平位移

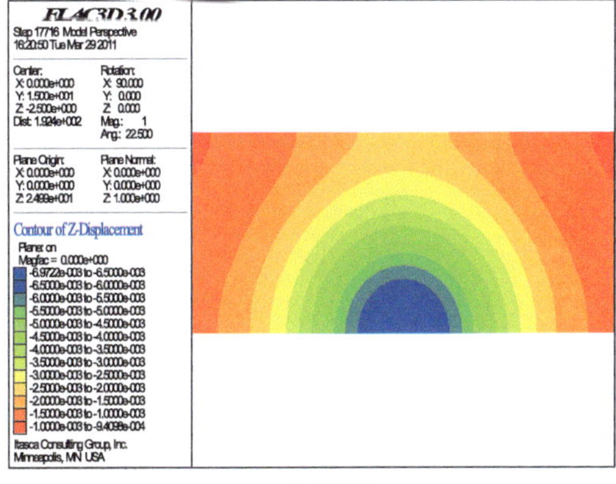

(d) 地表沉降

图 5-73 超前小导管+喷射混凝土支护围岩位移云图(单位:mm)

5.3.5 超前小导管＋锚喷支护开挖

由图 5-74 可知，拱顶最大下沉量为 11.4 mm，地表最大下沉值约 5.4 mm，两侧最大水平位移约 6.8 mm，与前面支护方法相比，围岩变形继续减少，特别是水平位移减少明显。

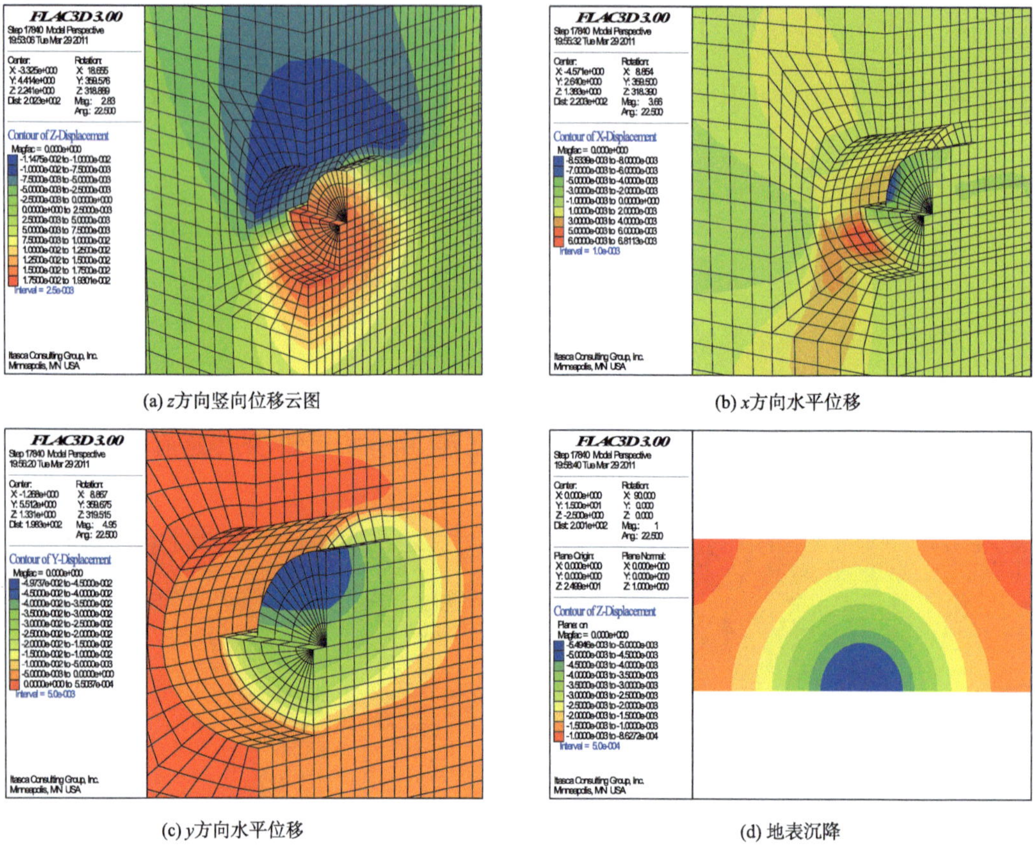

(a) z方向竖向位移云图

(b) x方向水平位移

(c) y方向水平位移

(d) 地表沉降

图 5-74 超前小导管＋锚喷支护围岩位移云图(单位：mm)

5.3.6 超前管棚＋超前小导管＋锚喷支护开挖

由图 5-75 可知，拱顶最大下沉量为 9.3 mm，地表最大下沉值约 4.6 mm，两侧最大水平位移约 6.7 mm，围岩位移变形最少。

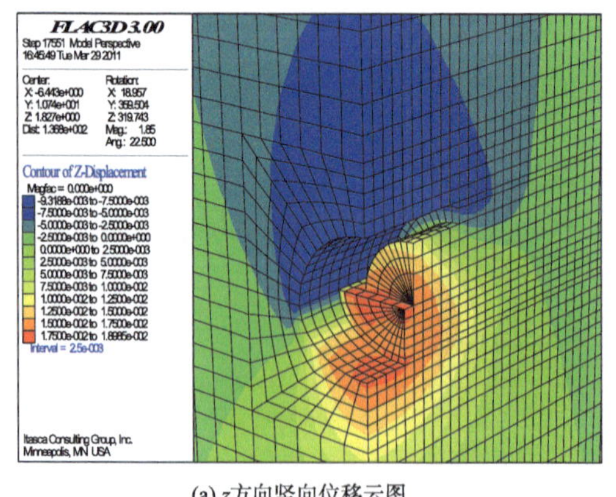

(a) z方向竖向位移云图

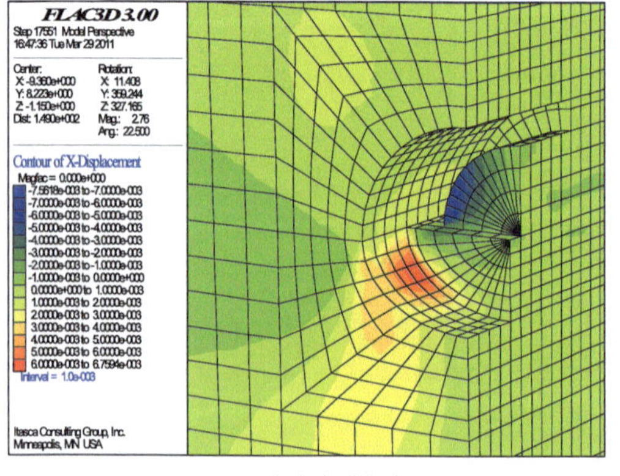

(b) x方向水平位移

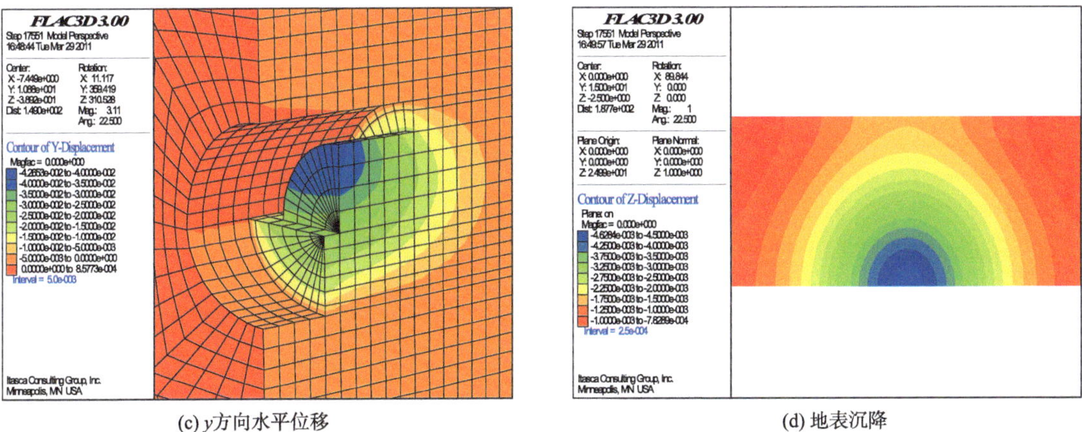

(c) y方向水平位移　　(d) 地表沉降

图 5-75　超前管棚＋超前小导管＋锚喷支护围岩位移云图(单位：mm)

5.3.7　各种支护效果的对比分析

1. 围岩变形位移的对比与分析

图 5-76 中，A 代表喷射混凝土支护，B 代表锚喷支护，C 代表超前小导管＋喷射混凝土支护，D 代表超前小导管＋锚喷支护，E 代表超前管棚＋超前小导管＋锚喷支护。

(1)隧道轴向地表下沉

由图 5-76(a)可知，采用超前支护开挖时可有效限制地表下沉，平均下沉值在－4～－6 mm，未采用超前支护开挖时，地表下沉值平均达－40 mm。各支护工况的地表沉降情况见表 5-9。

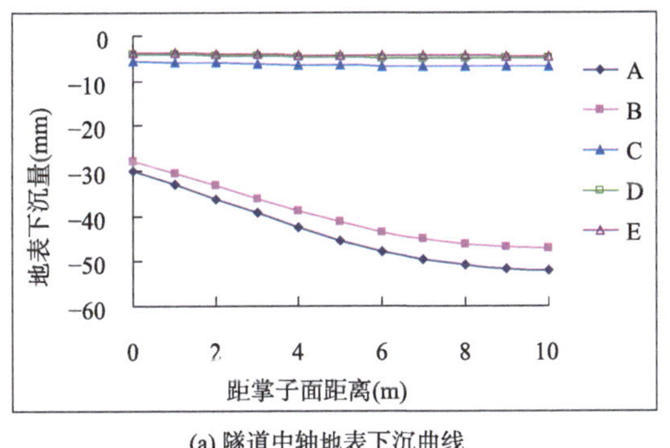

(a) 隧道中轴地表下沉曲线

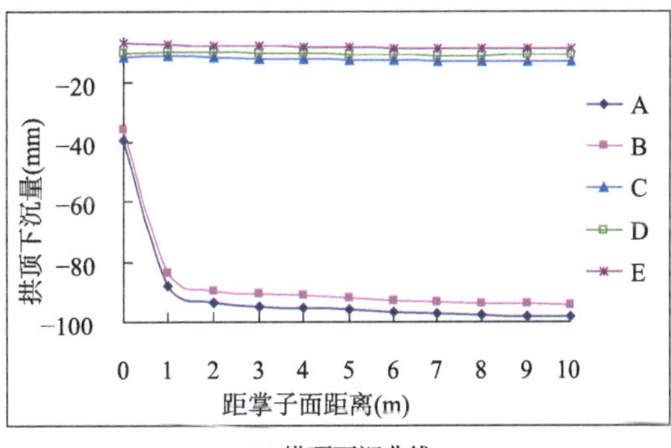

(b) 拱顶下沉曲线

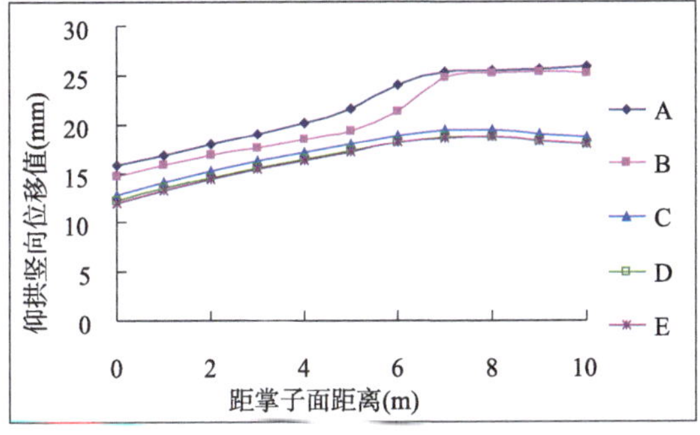

(c) 仰拱中轴底鼓曲线

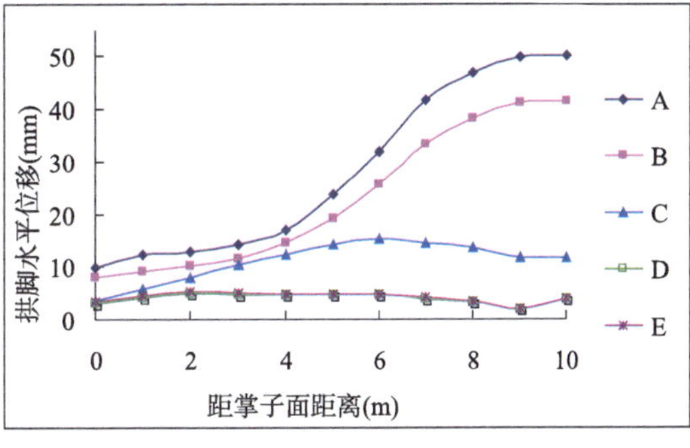

(d) 拱脚x方向水平位移

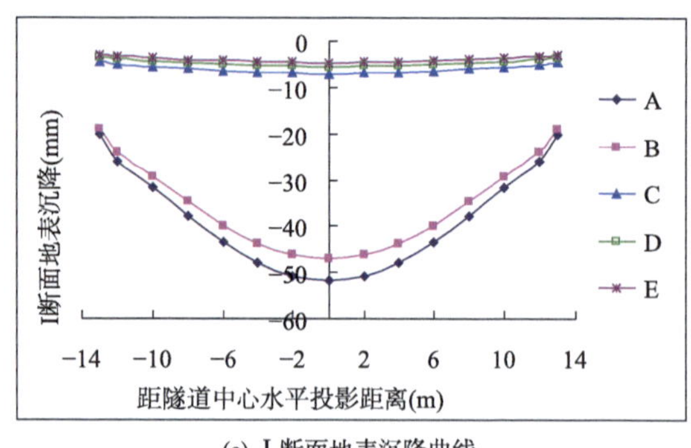

(e) I 断面地表沉降曲线

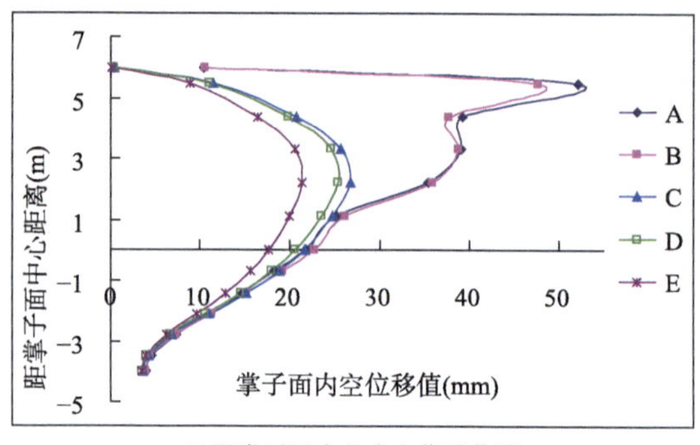

(f) Ⅳ掌子面中心内空位移曲线

图 5-76　各支护工况围岩位移特征曲线

表 5-9　各支护工况地表下沉值(mm)

轴向地表下沉	A 支护	B 支护	C 支护	D 支护	E 支护
最大值	−51.9	−47.2	−7.0	−5.1	−4.6
最小值	−29.9	−27.8	−5.6	−4.1	−3.8
平均值	−43.5	−39.7	−6.5	−4.7	−4.3

(2)轴向拱顶下沉

由图 5-76(b)可知,采用超前支护开挖时可有效抑制拱顶下沉。特别是增加超前管棚后,拱顶下沉最小,平均下沉值为−8.6 mm,仅采用喷水混凝土支护时地表下沉最大,平均下沉为−90.5 mm,是前者的 10.5 倍。各支护工况的拱顶沉降情况见表 5-10。

表 5-10　各支护工况拱顶下沉值(mm)

轴向拱顶下沉	A 支护	B 支护	C 支护	D 支护	E 支护
最大值	−98.1	−94.6	−13.4	−11.5	−9.3
最小值	−39.7	−36.0	−11.4	−10	−7.3
平均值	−90.5	−86.7	−12.6	−10.8	−8.6

(3)仰拱中轴底鼓

由图 5-76(c)可知,仅采用喷水混凝土支护时,平均下沉为−21.6 mm,采用超前支护开挖时,平均底鼓值为−16.3 mm,对底鼓的抑制效果不明显,各支护工况的底鼓情况见表 5-11。

表 5-11　各支护工况仰拱底鼓值(mm)

轴向轴仰拱底鼓	A 支护	B 支护	C 支护	D 支护	E 支护
最大值	25.8	25.2	19.4	18.7	18.6
最小值	15.8	14.7	12.7	12.2	12.0
平均值	21.6	20.4	17.1	16.4	16.3

(4)拱脚 x 方向水平位移

由图 5-76(d)可知,采用超前支护开挖时,拱脚水平位移较小,增加锚杆后,在超前支护共同作用下拱脚水平位移最小,平均值为 4 mm,仅采用喷水混凝土支护时,拱脚水平位移最大,平均位移为−28.2 mm,是前者的 7 倍。各支护工况的拱脚位移情况见表 5-12。

表 5-12 各支护工况拱脚水平位移值(mm)

左侧拱脚水平位移	A 支护	B 支护	C 支护	D 支护	E 支护
最大值	50.1	41.4	15.1	4.9	5.0
最小值	9.7	8.0	3.6	2.0	1.9
平均值	28.2	22.9	10.9	4.1	4.0

(5)Ⅰ断面地表沉降

由图 5-76(e)可知,采用超前支护开挖时,Ⅰ断面地表沉降较小,特别是增加超前管棚后地表沉降最小,平均值为－3.9 mm,不进行超前支护时,Ⅰ断面地表沉降较大,平均位移达－35～－38 mm,是前者的 9～10 倍,这进一步说明超前支护措施可以有效控制围岩竖向位移。各支护工况的Ⅰ断面地表沉降情况见表 5-13。

表 5-13 各支护工况Ⅰ断面地表沉降值(mm)

Ⅰ断面地表沉降	A 支护	B 支护	C 支护	D 支护	E 支护
最大值	－51.7	－47.0	－7.0	－5.5	－4.6
最小值	－20.2	－19.0	－4.4	－3.5	－3.0
平均值	－37.8	－34.7	－5.9	－4.7	－3.9

(6)掌子面中心内空位移

由图 5-76(f)可知,采用超前支护开挖方法时掌子面内空位移比较小,特别是增加超前管棚后内空位移最小,平均值仅为 12.1 mm,但不进行超前支护时掌子面内空位移较大,平均位移达－21.6 mm 以上,说明采用超前支护开挖可有效减少开挖过程对后方围岩的扰动,提高掌子面围岩的稳定性。各支护工况的掌子面中心内空位移情况见表 5-14。

表 5-14 各支护工况掌子面内空位移值(mm)

掌子面内空位移	A 支护	B 支护	C 支护	D 支护	E 支护
最大值	52.1	47.6	26.7	25.4	21.4
最小值	4.0	3.9	0.5	0.5	0.1
平均值	21.8	21.6	14.8	14.1	12.1

(7)剪切应变增量

图 5-77 为各支护工况的剪切应变增量云图。通过分析可知,无支护条件下围岩产生大面积剪切变形,剪切应变增量最大值为 50,被开挖的土体产生塑性贯通区,由围岩内部延伸至地表,围岩失去稳定,临空围岩沿剪切破坏面滑塌。喷射混凝土支护或锚喷支护时剪切应变增量仍然很大,围岩剪切变形由掌子面及两侧向上部围岩扩展,围岩极不稳定,临空围岩呈整体垮塌的趋势。采用超前支护时剪切应变增量明显减少,竖向剪切变形得到控制,特别是向隧道上层围岩发展的竖向剪切变形很小,剪切应变增量最大值发生拱脚附近,约为 1.38×10^{-2}。由剪切应变增量云图可知,超前支护可有效提高散体围岩的自承载力,改善受力条件及力学性能,增强散体围岩稳定性。

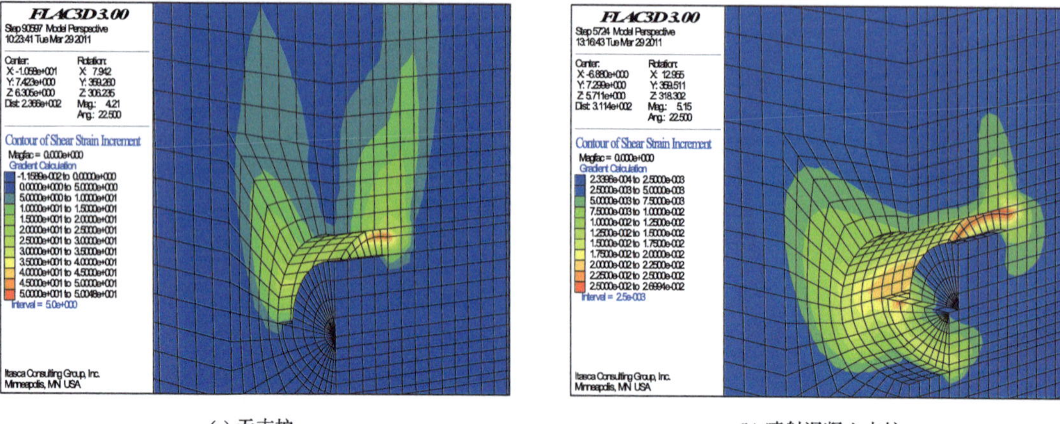

(a) 无支护

(b) 喷射混凝土支护

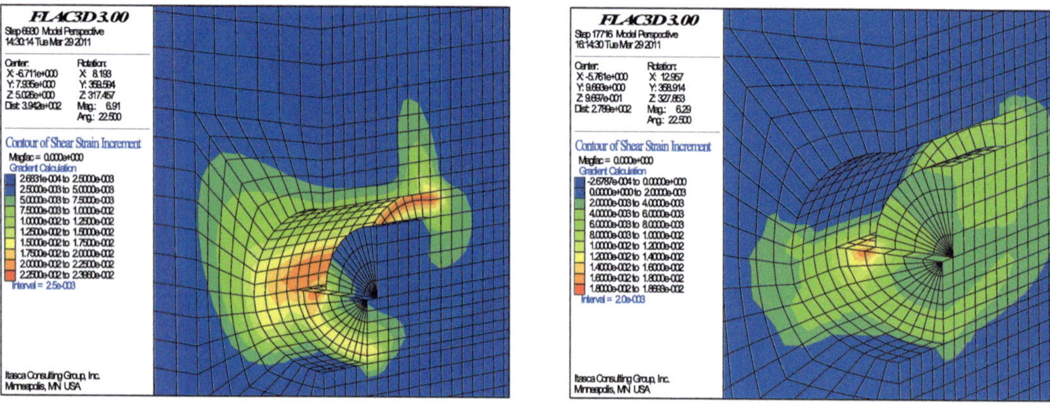

(c) 锚喷支护

(d) 超前小导管+喷射混凝土支护

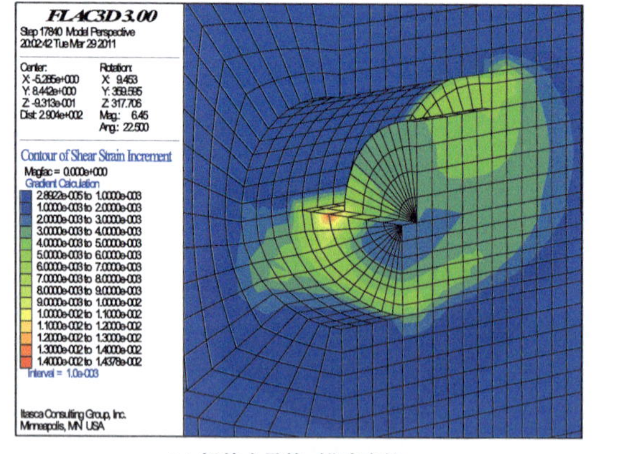

(e) 超前小导管+锚喷支护

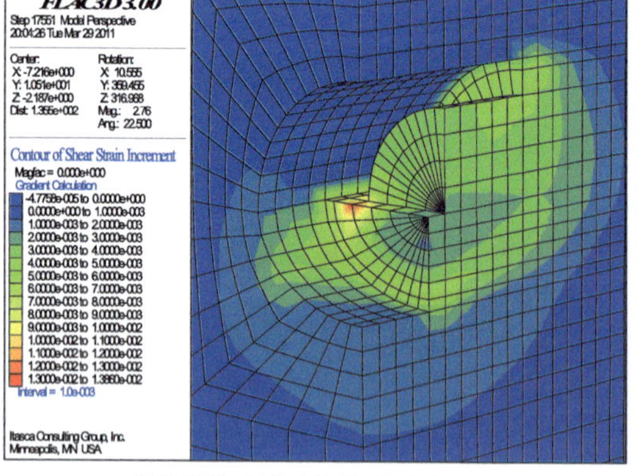

(f) 超前管棚+超前小导管+锚喷支护

图 5-77 各支护工况剪切应变增量(单位:mm)

2. 围岩主应力分布情况的对比与分析

(1)围岩大小主应力分布

图 5-78 为各支护工况下围岩的主应力分布云图。

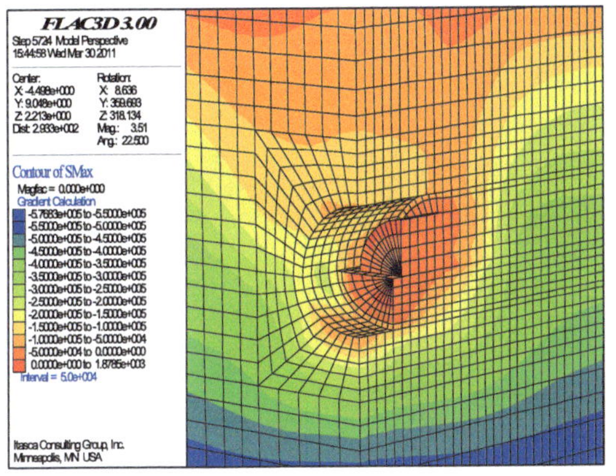

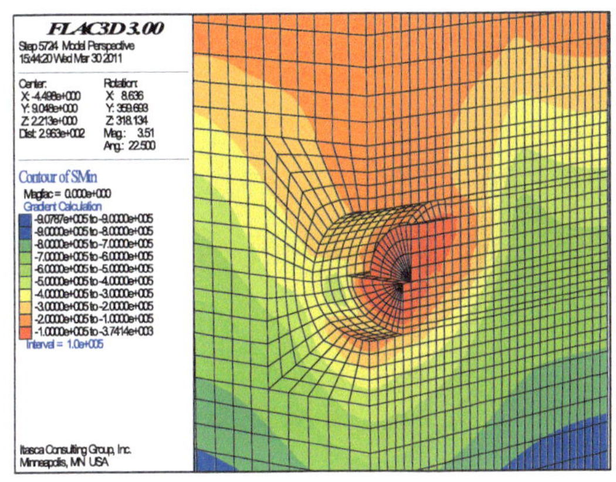

(a) 喷射混凝土支护

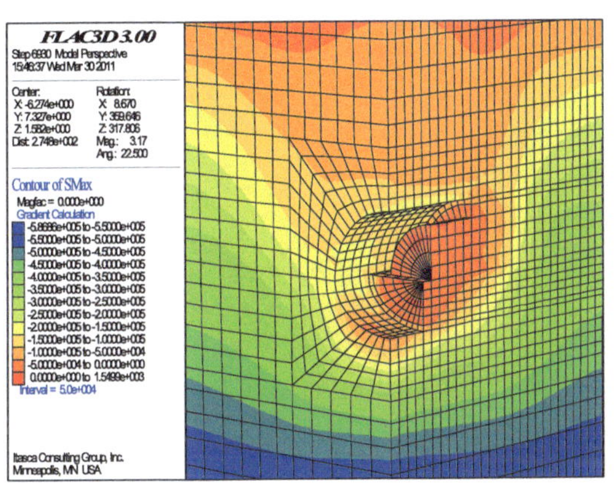

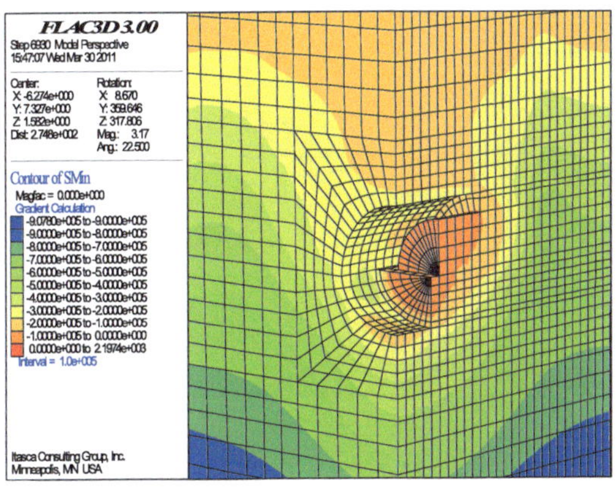

(b) 锚喷支护

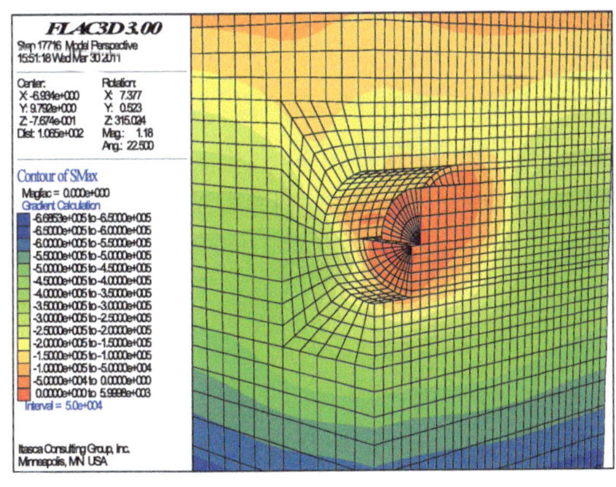

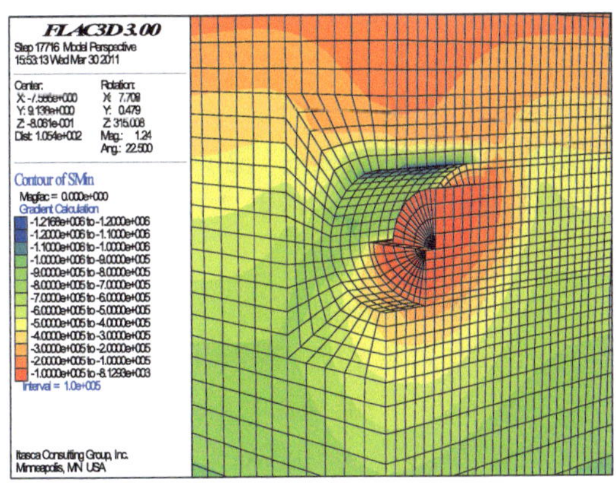

(c) 超前小导管+喷射混凝土支护

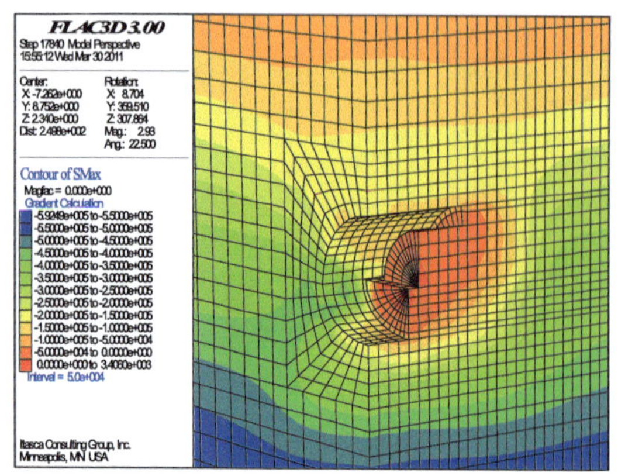

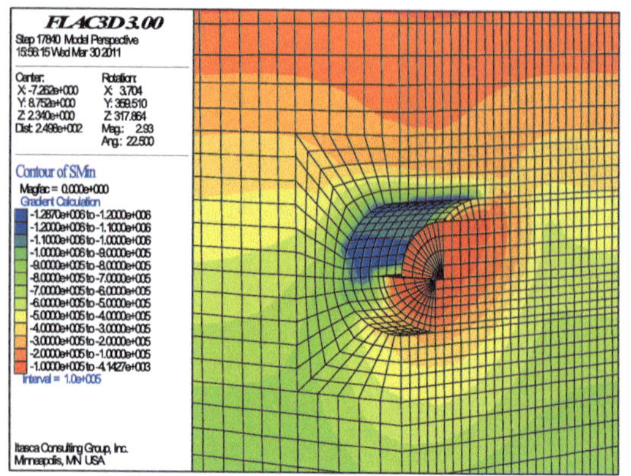

(d) 超前小导管+锚喷支护

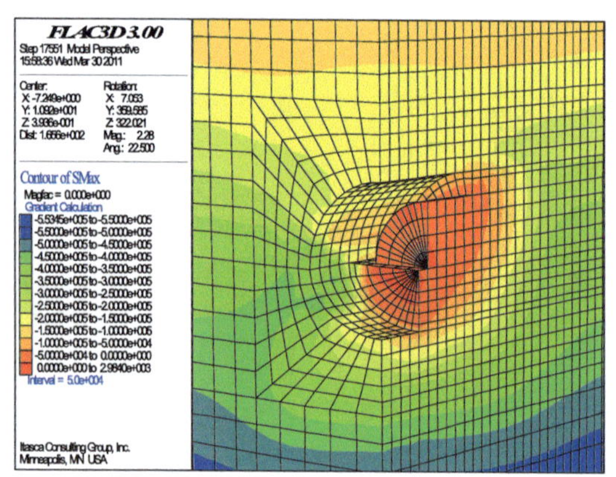

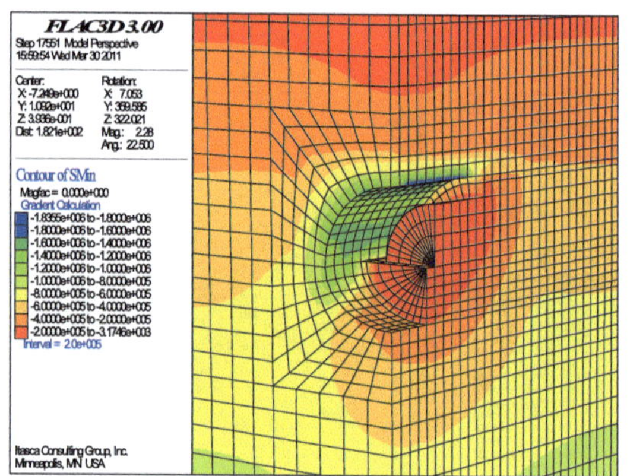

(e) 超前管棚+超前小导管+锚喷支护

图 5-78 各支护工况围岩大小主应力云图(单位:MPa)

由图 5-78 可知,采用喷射混凝土支护时隧道周边围岩应力大量释放,主应力迅速降低,产生应力松弛,并向围岩深部发展,岩体基本失去自承载能力。采用锚喷支护时,由于锚杆的抗拉作用,围岩周边应力升高,但仍然很低,围岩过度松弛,自承载能力极低。采用超前小导管+喷射混凝土支护时,隧道周边围岩应力分布显著改善,特别是拱顶附近围岩主应力迅速提高,说明采用超前支护有效限制了拱顶围岩沉降位移,应力释放少,围岩压力相应升高。随着支护条件的增加,围岩变形更少,隧道周边围岩应力会进一步提高。

(2)Ⅱ断面主应力分布

图 5-79 为各支护工况下Ⅱ断面主应力等值线图。

由图 5-79 可知,采用喷射混凝土支护或锚喷支护时,隧道周边围岩应力松弛,拱顶上方围岩失去自稳能力。采用超前支护时,隧道周边围岩应力迅速提高,并在超前支护作用范围内形成一个高应力区,即压力拱,散体围岩自承载力迅速增强,承受大量应力重分布的围岩变形压力,改善应力分布状态。

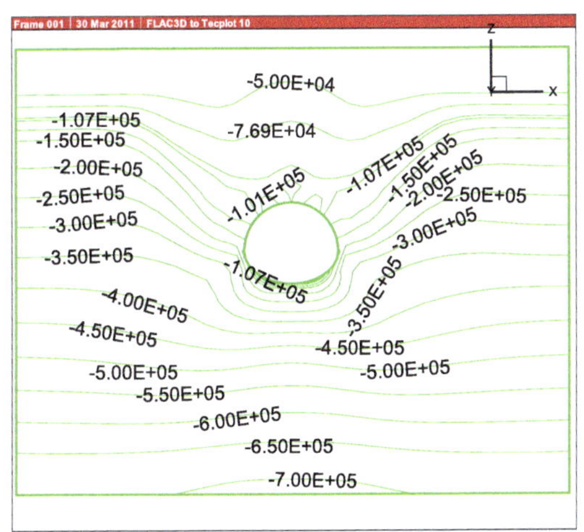

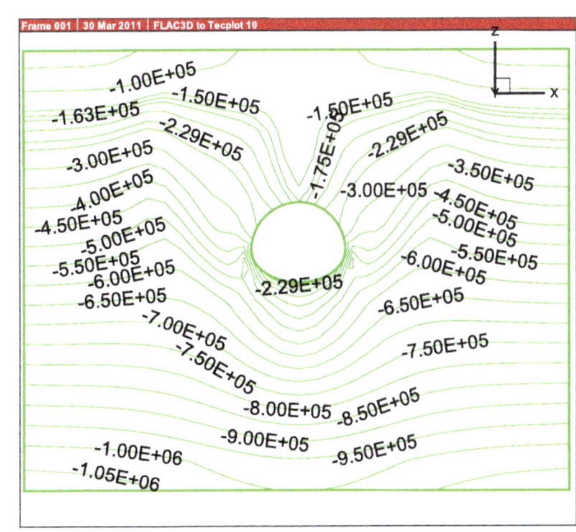

(a) 喷射混凝土支护

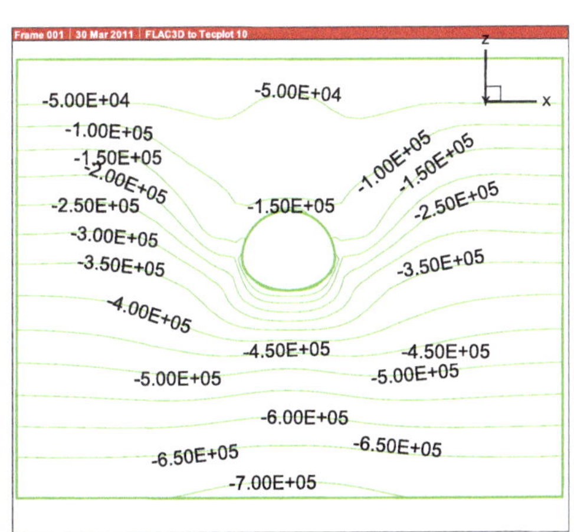

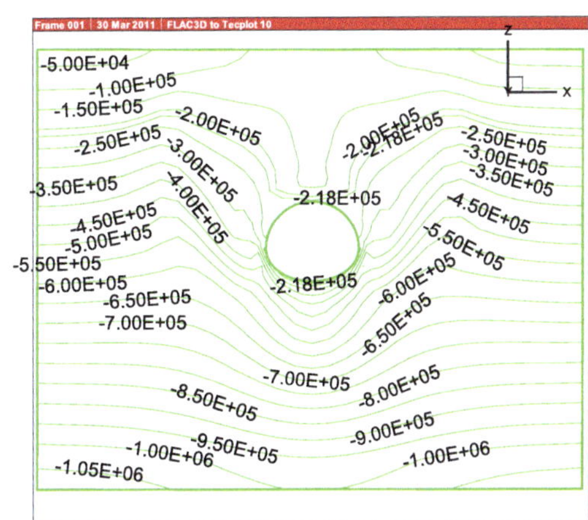

(b) 锚喷支护

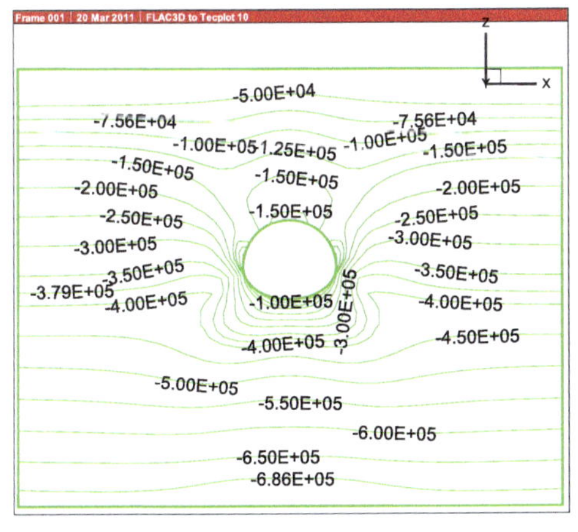

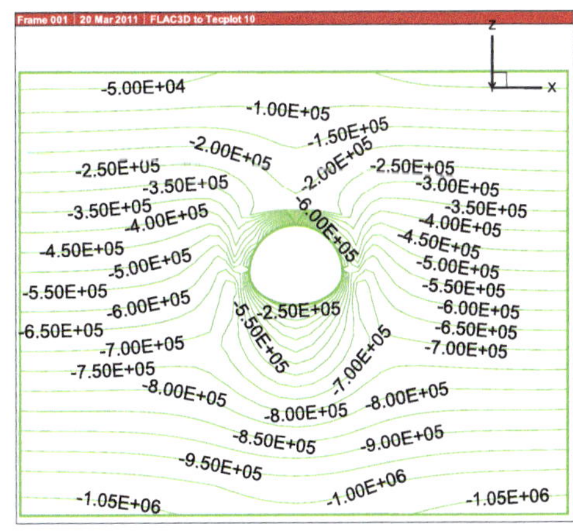

(c) 超前小导管+喷射混凝土支护

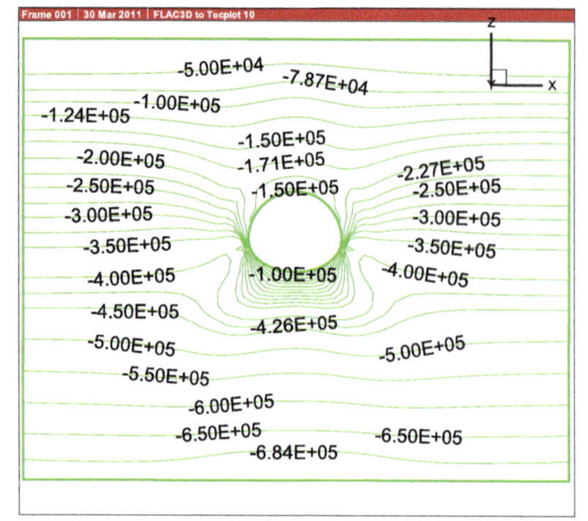

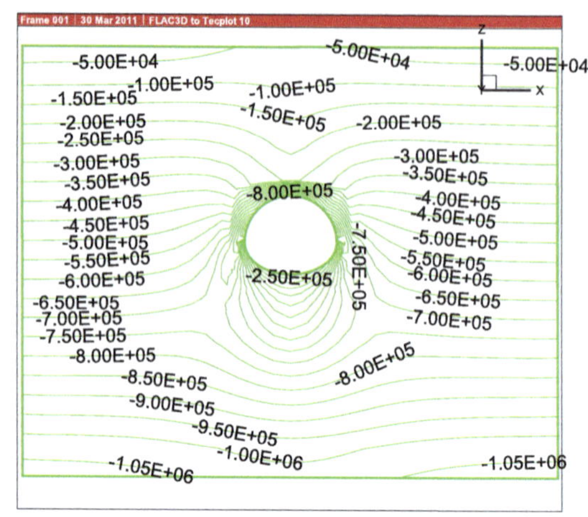

(d) 超前小导管+锚喷支护

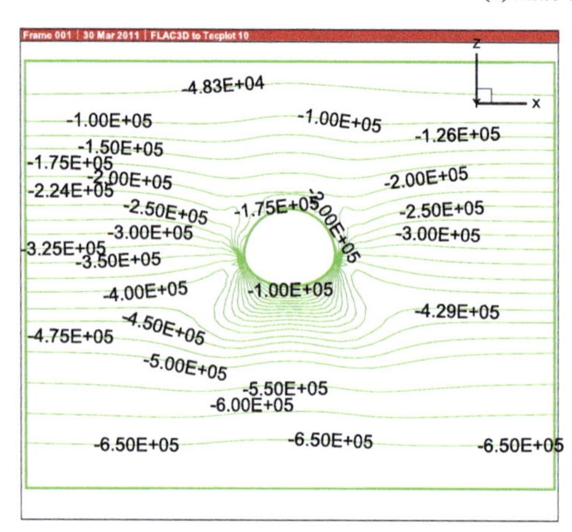

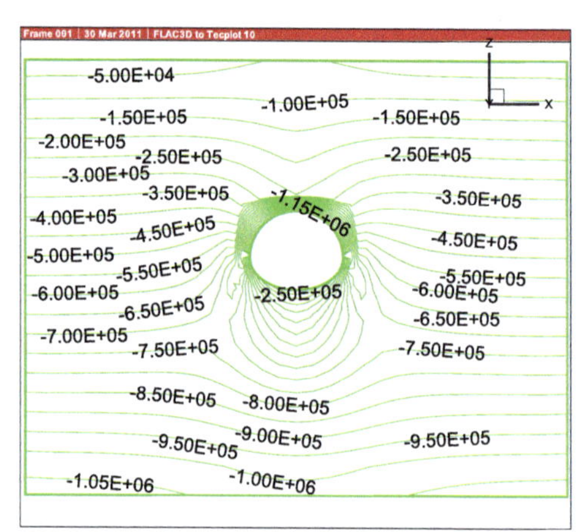

(e) 超前管棚+超前小导管+锚喷支护

图 5-79 Ⅱ断面主应力等值线（各工况下左图为最大主应力、右图为最小主应力，单位：MPa）

3. 围岩塑性区分布情况的对比与分析

图 5-80 为各支护工况的塑性区分布情况。无支护开挖时隧道上部围岩基本处于塑性屈服状态，拱顶上部围岩缺乏支撑而发生拉伸破坏。采用喷射混凝土支护或锚喷支护时，因为散体自稳时间极短，在支护施作或发挥作用前，围岩已发生大面积塑性屈服。采用超前小导管＋喷射混凝土支护时，围岩塑性区发展得到控制，隧道开挖后仅在两侧一定范围发展，拱脚以上围岩塑性区约为 0.5 倍洞跨，衬砌支护后塑性区主要集中在掌子面附近围岩，仅核心部分存在拉伸破坏。在超前小导管基础上增加锚杆或超前管棚支护时，围岩塑性区进一步减少，特别是拱脚以上围岩塑性区明显减少，约为 0.1 倍洞跨。

4. 初支结构内力

(1)薄膜切应力

图 5-81 为初支的薄膜切应力分布图。在拱脚处薄膜切应力最大。各支护工况的初支薄膜切应力值由大到小依次为：喷射混凝土支护、锚喷支护、超前小导管＋喷射混凝土支护、超前小导管＋锚喷支护、超前管棚＋超前小导管＋锚喷支护。

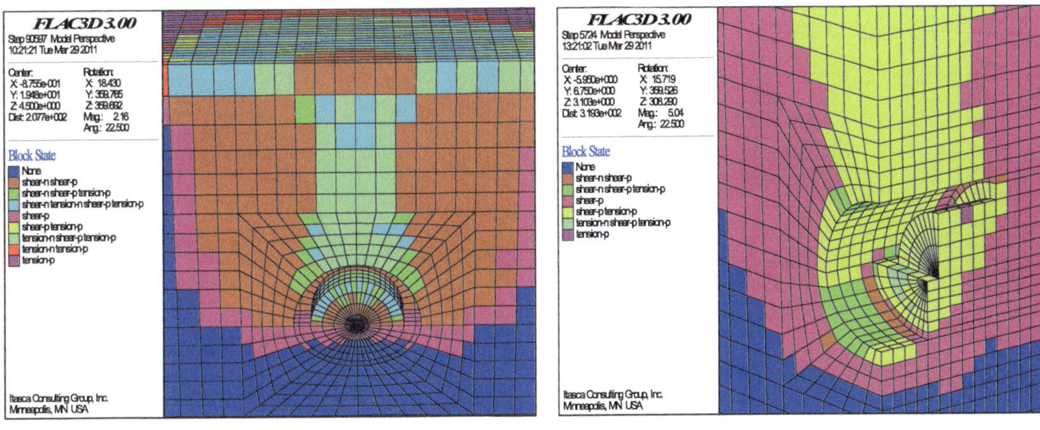

(a) 无支护　　(b) 喷射混凝土支护

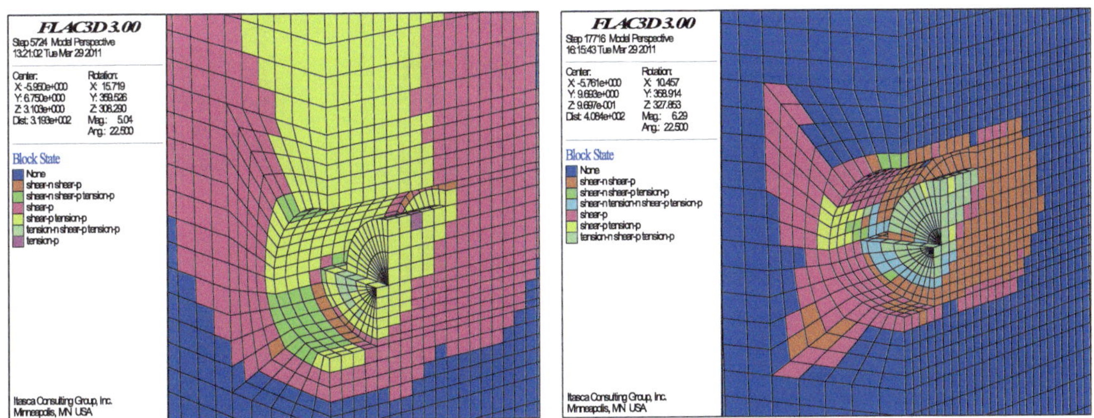

(c) 锚喷支护　　(d) 超前小导管+喷射混凝土支护

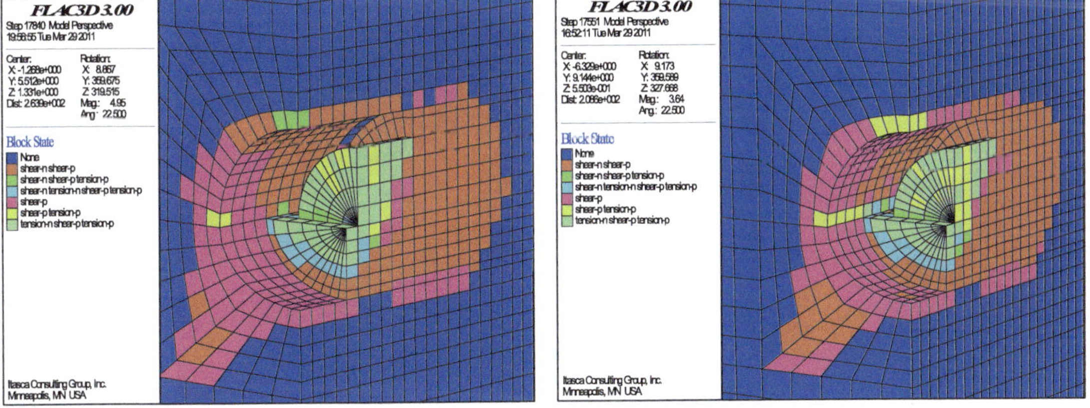

(e) 超前小导管+锚喷支护　　(f) 超前管棚+超前小导管+锚喷支护

图 5-80　各支护工况围岩塑性分布

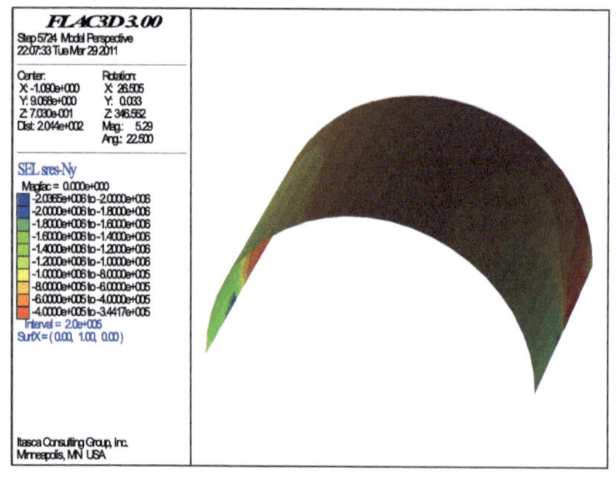

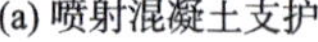
(a) 喷射混凝土支护

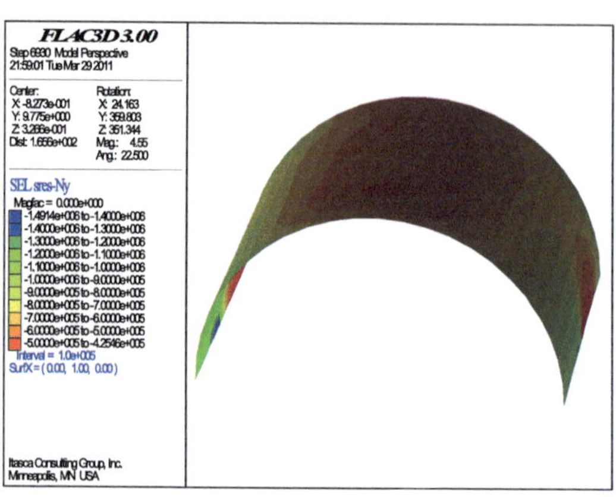

(b) 锚喷支护

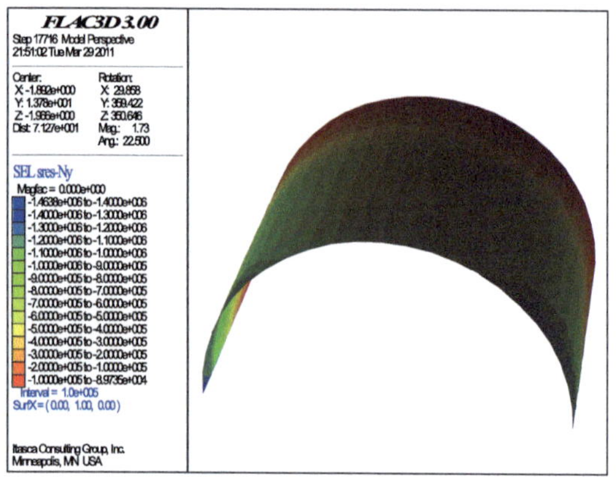

(c) 超前小导管+喷射混凝土支护

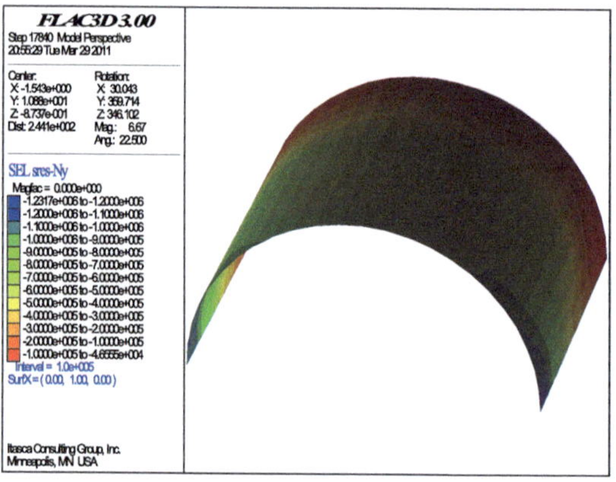

(d) 超前小导管+锚喷支护

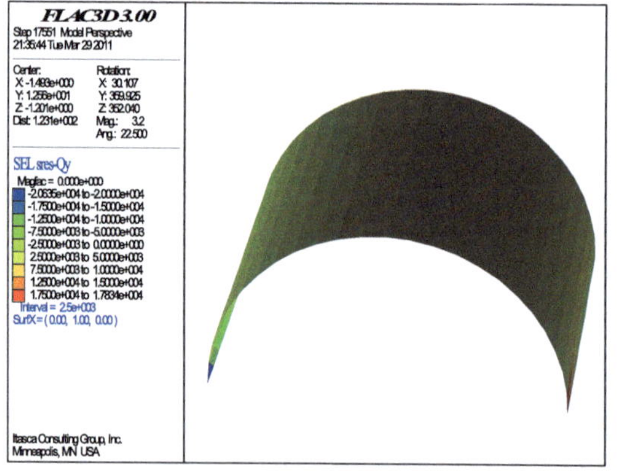

(e) 超前管棚+超前小导管+锚喷支护

图 5-81　各支护工况衬砌薄膜切应力(单位:MPa)

(2)剪切应力

图 5-82 为初支的剪切应力分布图。在拱脚处薄膜切应力最大。各支护工况的初支剪切应力值由大到小依次为:喷射混凝土支护、锚喷支护、超前小导管+喷射混凝土支护、超前小导

管＋锚喷支护、超前管棚＋超前小导管＋锚喷支护。

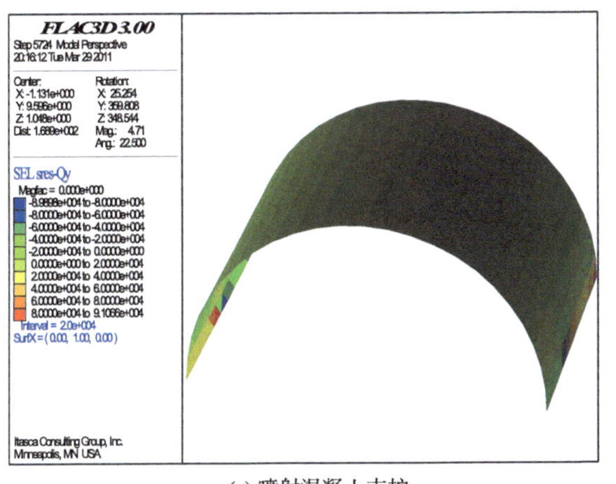

(a) 喷射混凝土支护

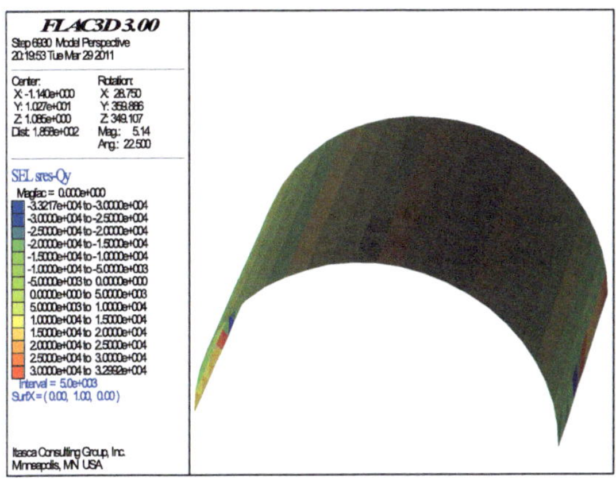

(b) 锚喷支护

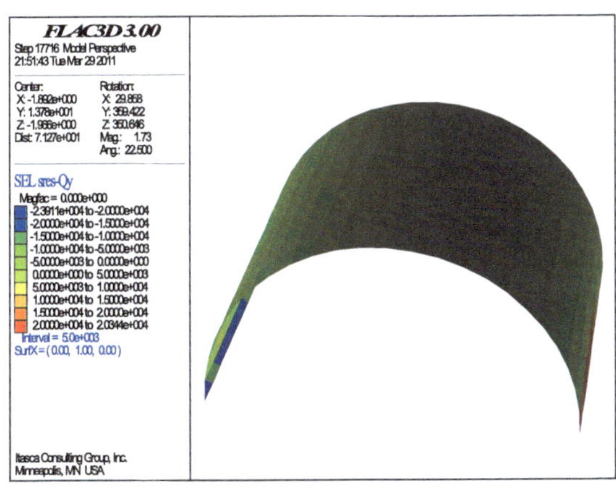

(c) 超前小导管+喷射混凝土支护

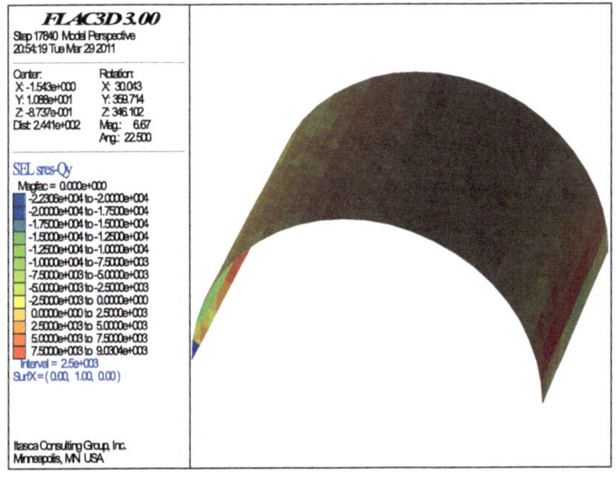

(d) 超前小导管+锚喷支护

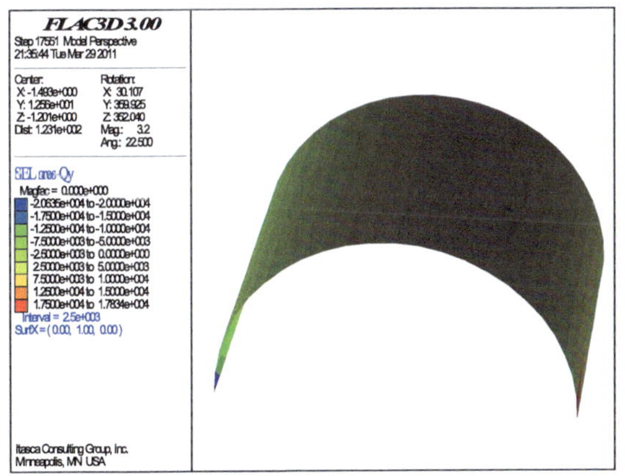

(e) 超前管棚+超前小导管+锚喷支护

图 5-82　各支护工况衬砌剪切应力(单位:kPa)

(3)弯矩

图 5-83 为初支的弯矩分布图,在拱脚处弯矩最大。各支护工况的弯矩值由大到小依次

为：喷射混凝土支护、锚喷支护、超前小导管＋喷射混凝土支护、超前小导管＋锚喷支护、超前管棚＋超前小导管＋锚喷支护。

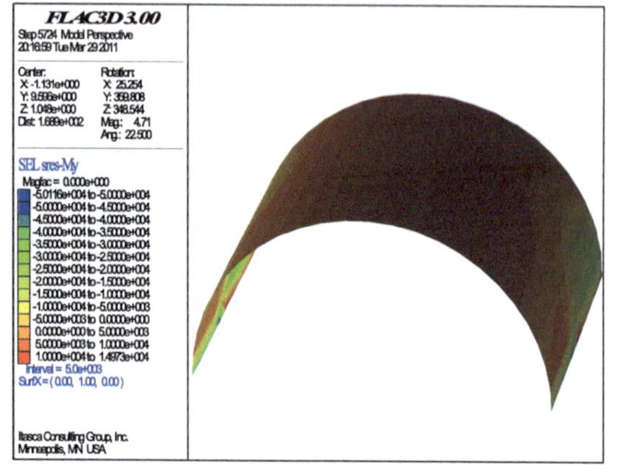

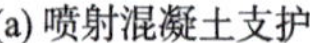

(a) 喷射混凝土支护

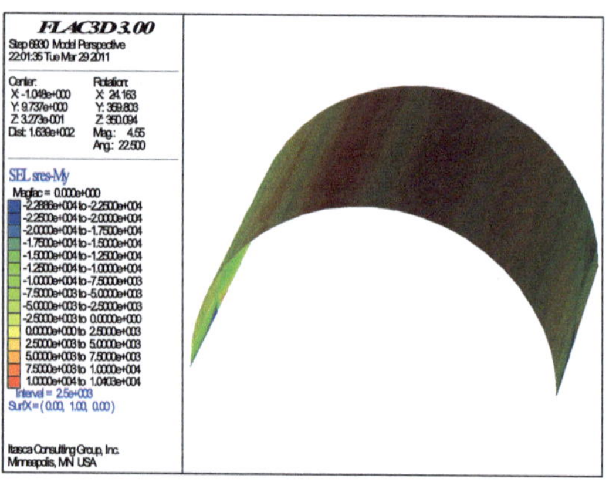

(b) 锚喷支护

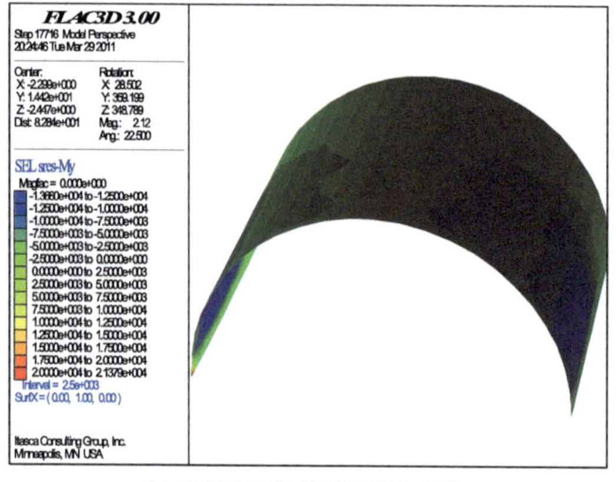

(c) 超前小导管+喷射混凝土支护

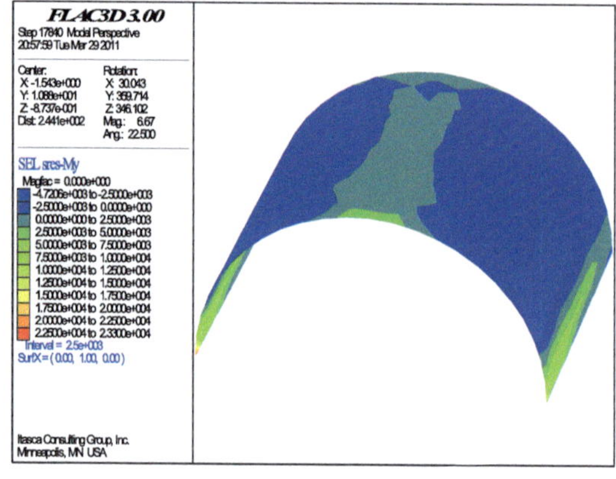

(d) 超前小导管+锚喷支护

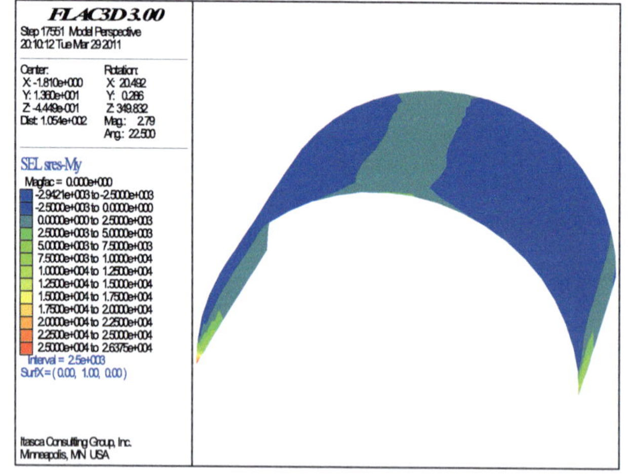

(e) 超前管棚+超前小导管+锚喷支护

图 5-83 各支护工况衬砌弯矩(单位：kN·m)

各支护工况的衬砌结构内力情况见表 5-15，随着支护强度的增加，衬砌结构的内力下降，结构的安全得到提升。

表 5-15　初支结构拱部内力值

初支结构内力	A 支护	B 支护	C 支护	D 支护	E 支护
薄膜切应力最大值/MPa	−2.036 5	−1.491 4	−1.463 8	−1.231 7	−1.002 8
剪切应力最大值/kPa	−89.898	−33.217	−23.911	−22.306	−20.635
弯矩最大值/kN・m	−50.116	−22.886	−21.37	−21.206	−20.713

5. 锚杆内力

(1)锚杆轴向力

图 5-84 为不同支护方式的锚杆轴力图。

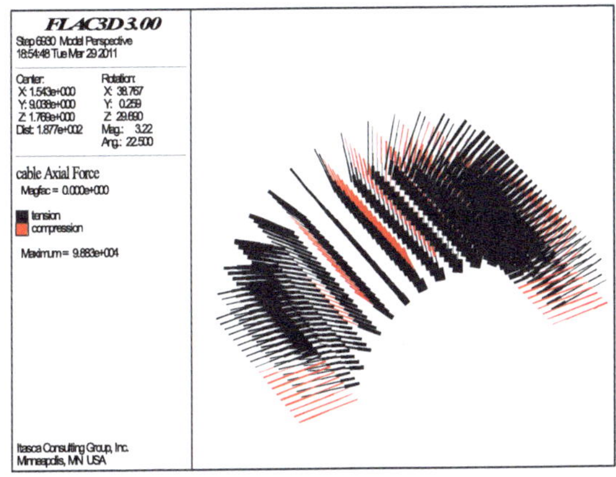

(a) 锚喷支护

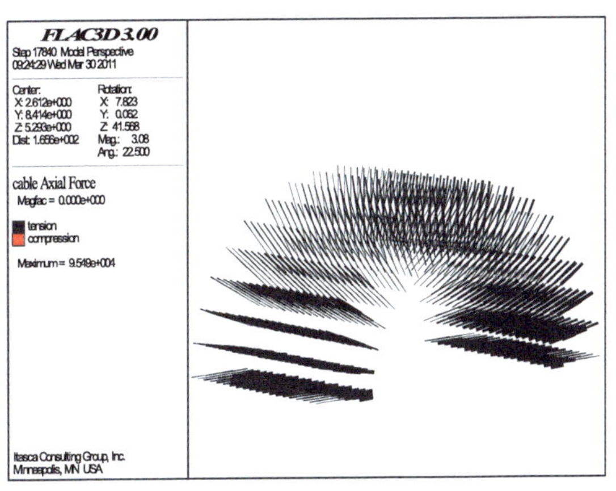

(b) 超前小导管+喷射混凝土支护

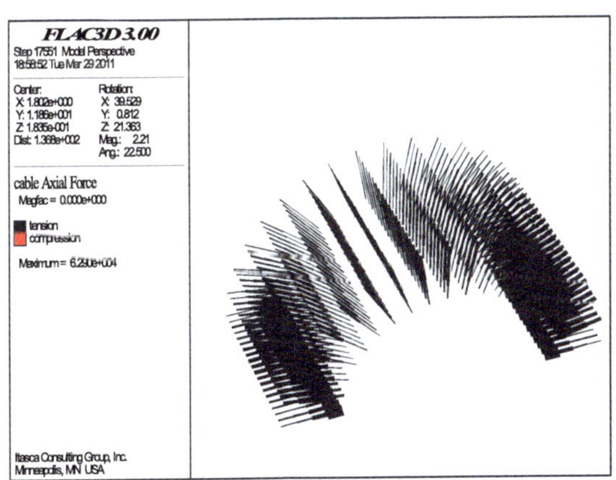

(c) 超前管棚+超前小导管+锚喷支护

图 5-84　不同支护方式的锚杆轴力(单位：kN)

(2)锚杆轴向应力

图 5-85 为不同支护方式的锚杆轴向应力图。

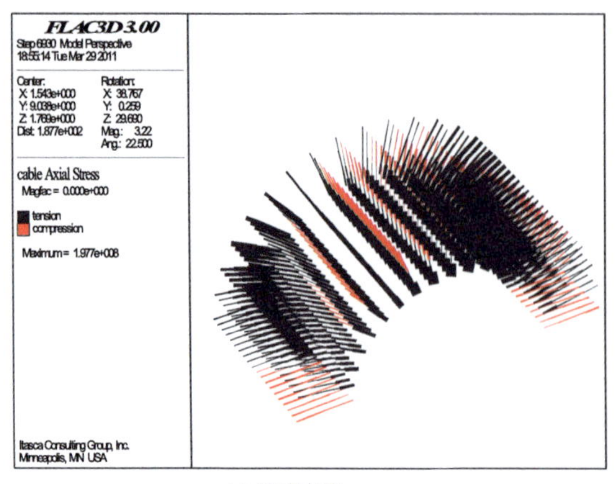

(a) 锚喷支护

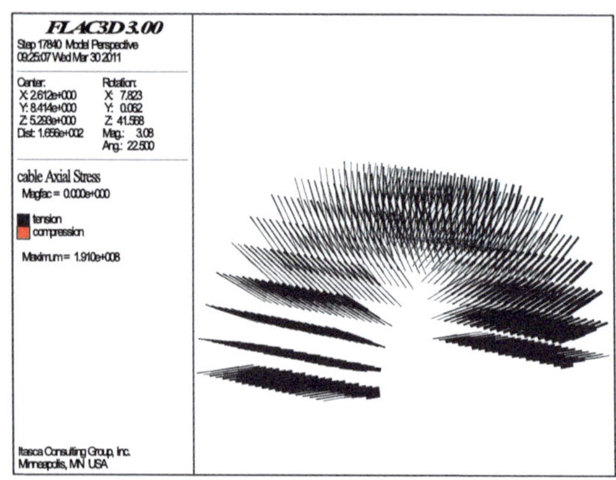

(b) 超前小导管+喷射混凝土支护

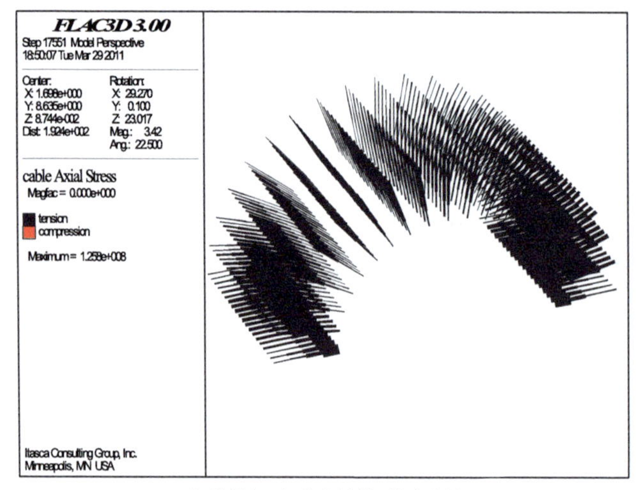

(c) 超前管棚+超前小导管+锚喷支护

图 5-85 不同支护方式的锚杆轴应力(单位:MPa)

由图 5-84 和图 5-85 可知,仅采用锚喷支护时锚杆轴力最大,而采用超前管棚+超前小导管+锚喷支护时锚杆轴力最小,说明超前管棚有效改善了周边围岩的力学性能,提高了围岩的刚度,增强了拱部围岩的自承能力。各支护工况的锚杆内力情况见表 5-16。

表 5-16 各支护工况的锚杆内力

锚杆内力	B 支护	D 支护	E 支护
轴力最大值/kN	98.83	95.49	62.90
轴应力最大值/MPa	197.7	191	125.8

6. 超前小导管内力

图 5-86 为超前小导管轴力图,小导管既承受压应力,也承受拉应力,说明小导管具有锚杆的支护作用。当采用超前小导管+喷射混凝土支护时,小导管最大轴力为 25.87 kN,而采用超前小导管+锚喷支护时,由于锚杆的支护作用,小导管轴力减少,最大轴力为 15.03kN,采用超前管棚+超前小导管+锚喷支护时,小导管轴力继续减少,但效果不明显,最大轴力为 14.66 kN。

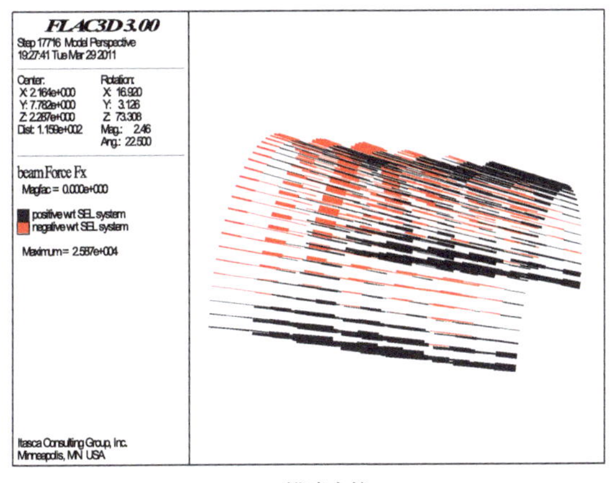

(a) 锚喷支护

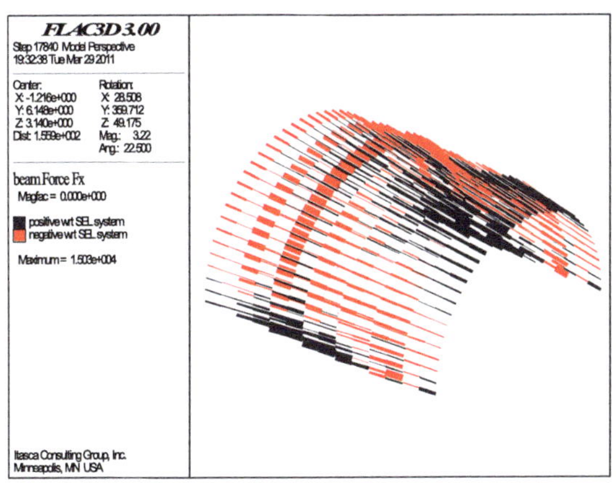

(b) 超前小导管+喷射混凝土支护

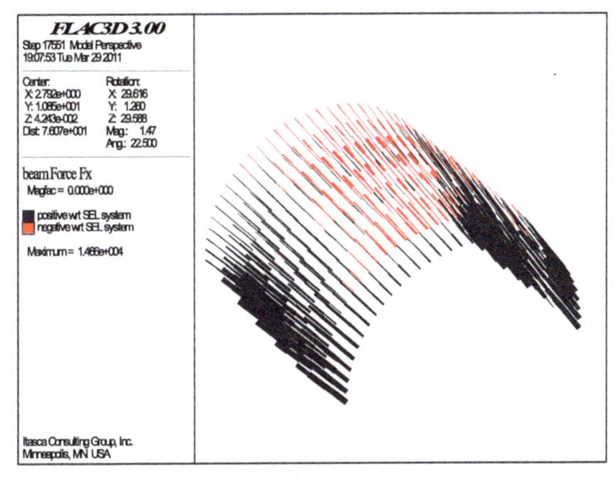

(c) 超前管棚+超前小导管+锚喷支护

图 5-86 小导管轴力(kN)

5.4 开挖与支护方法评价

本章以贺州至巴马高速公路(昭平至蒙山段)石磨岭隧道进口浅埋段散体围岩开挖为背景,根据隧道不同开挖和支护方法的特点进行数值模拟,研究分析了不同开挖及支护方法对隧道散体围岩稳定性的影响,具体结论如下。

(1)在开挖方法方面,采用全断面、超短台阶开挖对围岩扰动较大,导致隧道发生变形,特别是掌子面处围岩内空位移过大,出现剪切拉伸变形,应力大量释放,支撑力降低,拱顶及地表下沉增加,塑性区向后方围岩深处扩展,围岩容易失稳破坏。采用 CD 法、CRD 法开挖对围岩扰动相对较小,能有效控制围岩竖向变形,但掌子面处围岩稳定性较差,剪切应变增量较大,出现不同程度的拉伸破坏,支护结构承受的围岩压力增大,且施工工序较多,安装及拆除费时费力,机械效率和施工速度慢,生产成本和施工难度增大。采用正台阶预留核心土开挖,围岩变形明显减少,能较好抑制拱顶及地表下沉,有效限制掌子面位移变形,围岩剪切应变增量小,掌子面不发生拉伸破坏,围岩自承载能力得到充分发挥,支护结构的支护反力和承受弯矩小,减少对未开挖土体的扰动,提高整个围岩的稳定性,且施工工序较简单,有利探明前方围岩地质情况，为后续开挖提供参考。因此，对于一般散体围岩浅埋隧道，采用正台阶预留核心土法开挖效果较好。

(2)在支护方法方面，在无支护条件下围岩迅速失去稳定，拱顶临空围岩出现整体性拉应力屈服破坏，拱顶及地表大量下沉，两侧及掌子面围岩产生大面积剪切变形，被开挖的土体产生塑性贯通区，由围岩侧壁延伸至地表，围岩沿剪切破坏面滑塌。采用喷射混凝土支护或锚喷支护时，由于散体围岩力学性能差，岩体整体强度和承载能力低，容易受施工扰动，围岩自稳时间极短，剪切变形由掌子面及两侧向上部围岩扩展，掌子面不稳定，被开挖面内空位移很大，拱顶及地表下沉严重，洞周收敛过大，应力大量释放，围岩松动脱落，初期支护结构承受大量松动围岩荷载，导致支护结构内力及变形迅速增大，临空围岩极不稳定，呈整体垮塌趋势。采用超前小导管支护时，隧道周边围岩力学性能得到显著增强，应力分布状态得到改善，说明超前支护使散体围岩自承能力提高，有效限制拱顶围岩沉降，围岩自身承担大量变形压力，应力相应升高，衬砌结构内力相对减少，且围岩抗施工扰动能力强，剪切应变增量迅速减小，塑性区发展得到控制，没有出现拉应力屈服，围岩稳定性进一步提高，整体位移变形更少。在条件允许下开挖散体围岩浅埋隧道，可根据散体围岩稳定性情况，增加超前支护强度，如采用双层超前小导管，或增加长管棚超前支护等。

6 结　论

岩土工程建设规模日益增大，专家学者对于岩土工程地质研究逐渐深入，但岩土参数的确定将是地质体研究中亘古不变的主题。近年来随着环境不断恶化以及人类活动的加强，岩土参数的研究越来越重要。大量岩土工程实际表明，越来越多的散体状岩体出现在工程建设中，其松散、非连续性、不均匀性和多层理节理的复杂特性使其力学参数难以确定。贺巴高速（昭平至蒙山段）石磨岭隧道进口段（YK57＋690～YK57＋740）散体围岩结构松散破碎，节理层理面明显，岩体强度小且极不稳定。隧道开挖常因未能及时支护而发生坍塌，冒顶等灾害，主要原因在于该处散体围岩的力学参数难以确定造成，这也是岩土工程建设中的“瓶颈”问题。目前虽然存在较多的岩土参数确定方法，但针对散体围岩参数获取的研究却少之又少。为此，本书通过对石磨岭隧道散体围岩力学参数进行研究，提出了一种新的岩体力学参数确定方法。通过监控数据正算反演结果对新方法的有效性和唯一性进行判定，再利用新方法确定的力学参数对这类围岩隧道的施工技术进行稳定性分析研究，并结合模型实验分析各种开挖方法及支护方法对散体围岩的稳定性影响。主要研究成果有：

（1）分析总结了岩体力学参数确定的常用方法及优缺点，得出基于 Hoek-Brown 破坏准则的岩体参数的估算理论和基于监控量测技术及数值建模的位移反分析两种岩体力学参数确定方法。前者可以较好估算非线性特征岩体，但其输入参数存在人为因素，主观性过强，尤其是地质强度指标 GSI 的确定；后者在多参数的位移反分析中存在唯一性问题，且位移反分析结果的有效性和可靠性过于依赖监控量测技术。

（2）对 Hoek-Brown 破坏准则的四个输入参数确定进行研究。通过点荷载试验对结果进行回归分析获得单轴抗压强度 σ_{ci}、点荷载强度 $I_{s(50)}$ 和 PLS 线性相关公式，结果表明 σ_{ci} 与 $I_{s(50)}$ 的线性相关性较 PLS 好，可采用前者确定 σ_{ci} 值；通过岩体表面起伏形态指标 JRC 与完整性系数 K_v 对散体围岩地质强度指标 GSI 量化取值；完整岩石参数 m_i 和工程扰动系数 D 通过地质勘探资料及现场观测结果确定。采用 Hoek-Brown 破坏准则对石磨岭隧道散体围岩力学参数进行估算确定，得到 c 为 0.048 MPa，φ 为 30.82°，σ_τ 为 −0.004 MPa，E_H 为 0.62 GPa。通过分析参数敏感性分析，选择弹性模量 E_B 和泊松比 μ 作为反分析参数；考虑位移反分析效率问题，采用黄金分割法对位移反分析进行优化；采用位移反分析对隧道散体围岩力学参数进行确定，得到 E_B 为 0.47 MPa、μ 为 0.43、c 为 0.05 MPa 和 φ 为 24°。对比分析可得两者力学参数存在严重的不一致性，存在有效性、可靠性、唯一性和标准化问题。

（3）提出一种基于 Hoek-Brown 破坏准则和位移反分析的有机结合的岩体力学参数确定新方法，将新方法应用于石磨岭隧道散体围岩，得其参数结果 c 为 0.056 MPa，φ 为 27.4°，σ_τ 为−0.003 MPa，E 为 0.57 GPa，泊松比 μ 为 0.40。通过 YK57＋732 断面以及靠近的 YK57＋730、YK34＋734、YK57＋736、YK57＋738 和 YK57＋740 断面的拱顶下沉和水平收敛值进行反演正算，得到相对误差最大 4.48％，最小为 0.40％，符合精度要求。数据结果验证了新方法的实用性，并且解决了岩体参数确定的有效性、可靠性、唯一性和标准化问题。

(4)利用FLAC 3D软件以石磨岭隧道右主洞横断面设计开挖线为基础,建立隧道三维计算模型,采用Mohr-Coulomb塑性本构模型对不同开挖及支护过程进行动态数值模拟,直观观测隧道开挖后围岩及地下结构的各种受力、位移、破坏等物理变化过程,并结合Tecplot软件对计算结果进行处理,研究了不同开挖及支护方法对隧道散体围岩稳定性的影响。

(5)采用全断面开挖方法时隧道拱顶及地表下沉不易控制,而采用CRD法、CD法开挖对拱顶及地表下沉抑制效果最好。与前者相比,采用正台阶预留核心土方法水平位移相对较大,对掌子面后方围岩扰动和边墙围岩水平位移抑制效果不明显,可有效减少拱顶及地表下沉,保持散体围岩的稳定性,抑制掌子面内空位移。通过对掌子面主应力分布研究发现,正台阶预留核心土开挖,掌子面主应力分布较好,最小主应力较大,使得掌子面易于维持三向应力状态,提高散体围岩的稳定性。对于其他方法开挖,掌子面应力分布条件较差,特别是全断面开挖,整个断面基本处于平面应力状态下,散体围岩容易发生剪切破坏。通过对围岩塑性区发展情况分析发现,全断面法、超短台阶法塑性区面积较大,特别是向掌子面后方围岩发展较深,正台阶预留核心土法、CD法、CRD法塑性区面积较小,除正台阶预留核心土法外,其他方法开挖掌子面围岩均出现不同程度的拉应力屈服。通过对初支结构弯矩对比发现,全断面法、超短台阶法、CD法、CRD法开挖支护后,初支弯矩较大,正台阶预留核心土开挖,初支弯矩相对较小,主要原因是全断面法开挖后,围岩松动变形导致支护结构承受的围岩松动压力增加,而超短台阶法、CD法、CRD法开挖后围岩位移减少,围岩应力释放较少,支护结构承受围岩变形压力增大,采用正台阶预留核心土开挖后,在极限范围内围岩允许位移增加,应力释放较多,支护结构提供的支护反力相对减小。

(6)散体围岩在无支护条件下开挖,围岩迅速失去稳定,拱顶临空围岩出现整体性拉应力屈服破坏,两侧及掌子面围岩产生大面积剪切变形,被开挖的土体产生塑性贯通区,由围岩侧壁延伸至地表,围岩沿剪切破坏面滑塌。采用喷射混凝土支护或锚喷支护时,由于散体围岩力学性能差,岩体整体强度和承载能力低,容易受施工扰动,围岩自稳时间极短,剪切变形由掌子面及两侧向上部围岩扩展,掌子面不稳定,被开挖面内空位移很大,拱顶及地表下沉严重,洞周收敛过大,应力大量释放,围岩松动脱落,初期支护结构承受大量松动围岩荷载,导致支护结构内力及变形迅速增大,临空围岩极不稳定,呈整体垮塌趋势。采用超前小导管支护时,隧道周边围岩力学性能得到显著增强,应力分布状态得到改善,说明超前支护使散体围岩自承能力提高,有效限制拱顶围岩沉降,围岩自身承担大量变形压力,应力相应升高,衬砌结构内力相对减少,且围岩抗施工扰动能力强,剪切应变增量迅速减小,塑性区发展得到控制,没有出现拉应力屈服,围岩稳定性进一步提高,整体位移变形更少。在条件允许下开挖散体围岩浅埋隧道,可根据散体围岩稳定性情况,增加超前支护强度,如采用双层超前小导管,或增加长管棚超前支护等。

参 考 文 献

[1] 杨林德．岩土工程问题的反演理论与工程实践[M]．北京：科学出版社，1996.

[2] 张海东，王文亮，马壮．岩土工程实践若干问题探讨[J]．岩土工程技术，2010，24(2)：71-74.

[3] 宋志国．浅谈填土的岩土工程问题及工程实践[J]．西部探矿工程，2006(S1)：83-84.

[4] 苗德海．宜万铁路岩溶隧道灾害及防治对策[J]．铁道标准设计，2007(7)：96-99.

[5] 蒋凌云．岩溶铁路隧道灾害及治理措施探讨[J]．建材与装饰，2020(1)：275-276.

[6] 陈德金．全强风化花岗岩隧道塌方灾害致灾机理研究[J]．土工基础，2021，35(2)：194-198，202.

[7] 王升，李利平，成帅，等．基于改进属性区间辨识模型的隧道突涌水灾害风险评价方法[J]．中南大学学报(英文版)，2020，27(2)：517-530.

[8] 邓雄业，李明高．靠椅山隧道大塌方的处理[J]．西部探矿工程，2000，12(4)：91-93.

[9] 曹志强．靠椅山隧道防排水施工[J]．国外公路，2001，21(2)：24-27.

[10] 邓雄业，孔祥金．靠椅山隧道大塌方处理[J]．公路隧道，2001(4)：16-20.

[11] 陈建军，冯卫星，王昭礼．靠椅山隧道坍方段支护结构检算[J]．石家庄铁道学院学报，2001，14(1)：45-48.

[12] 雷明锋，彭立敏，施成华．复杂地质条件下隧道浅埋段全空间综合超前地质预报技术[J]．岩石力学与工程学报，2009(A02)：3571-3576.

[13] 易震宇．官冲隧道设计[J]．公路隧道，2007(1)：8-11.

[14] 唐辉湘．散体围岩浅埋隧道的开挖与支护技术研究[D]．长沙：长沙理工大学，2011.

[15] 虎万杰，李爱兵，邹平，等．某矿山排土场的散体岩土试验及其 FLAC 3D 数值模拟[J]．现代矿业，2019，35(3)：53-58.

[16] 聂善文．散体围岩隧道小导管注浆试验及效果分析[J]．公路工程，2011，36(3)：1-3.

[17] 吴建伟．散体围岩隧道开挖施工中超前小导管注浆的作用分析[J]．公路交通科技(应用技术版)，2014，10(8)：197-201.

[18] 张国华，李凤仪．晓南矿散体软弱围岩控制技术研究[J]．煤炭科学技术，2004，32(10)：1-3，62.

[19] 孙钧，黄伟．岩石力学参数弹塑性反演问题的优化方法[J]．岩石力学与工程学报，1992(3)：221-229，317.

[20] 周创兵，陈益峰，姜清辉．岩体表征单元体与岩体力学参数[J]．岩土工程学报，2007，29(8)：1135-1142.

[21] 钟自强，刘向君，刘诗琼，等．砾岩地层岩石力学参数测井预测模型构建与应用[J]．科学技术与工程，2018，18(8)：181-186.

[22] 孙帅，侯贵廷．岩石力学参数影响断背斜内张裂缝发育带的概念模型[J]．石油与天然气地质，2020，41(3)：455-462.

[23] 张永明．长昆高铁怀化段高边坡岩体力学参数试验研究[D]．成都：西南交通大学，2012.

[24] 邱亚兰．散体力学在引信准流体机构性能分析中的应用[D]．南京：南京理工大学，2008.

[25] 张玲，赵明华．散体材料桩复合地基承载力计算[J]．湖南大学学报(自然科学版)，2007(6)：10-14.

[26] 谭学余．"散体动力学"的奠基之作[N]．中国矿业报，2003-03-20.

[27] 李至悦．散体围岩力学参数位移反分析优化研究[D]．长沙：长沙理工大学，2013.

[28] 谢亦朋，杨秀竹，阳军生，等．松散堆积体隧道围岩变形破坏细观特征研究[J]．岩土力学，2019，40(12)：

4925-4934.
[29] 昝文博,赖金星,邱军领,等. 松散堆积体隧道压力拱效应试验与数值模拟[J]. 岩土工程学报,2021,43(9):1666-1674.
[30] 申玉生,张熙,杜明哲,等. 厚层堆积体偏压隧道洞口结构抗减震技术研究[J]. 隧道建设(中英文),2019,39(S1):65-72.
[31] ARENDT W. Vector-valued laplace transforms and cauchy problems[J]. Israel Journal of Mathematics,1987,59(3):327-352.
[32] 刘新荣,黄明,祝云华,等. 锚杆支护下深埋圆形洞室塑性区半径的近似解[J]. 重庆大学学报,2008(5):573-576.
[33] 魏炯,朱万成,牛雷雷,等. 围岩瞬态卸荷应力及塑性区分布的有限元分析[J]. 东北大学学报(自然科学版),2014,35(1):117-121.
[34] 赵宏拓. 浅谈围岩压力分析方法[J]. 东方企业文化,2014(4):240.
[35] 朱正国. 连拱隧道围岩压力计算方法与动态施工力学行为研究[J]. 岩石力学与工程学报,2009,28(8):1729.
[36] 王志达,龚晓南,蔡智军. 浅埋暗挖隧道开挖进尺的计算方法探讨[J]. 岩土力学,2007,28(S1):497-500.
[37] 罗霄. 基于改进普氏平衡拱理论的层状顶板安全厚度研究[J]. 煤炭科学技术,2021,49(11):73-80.
[38] 苏小敏,兰天仕. 打括隧道浅埋暗挖及穿越民房段预防地表塌陷施工技术[J]. 企业科技与发展,2012(2):32-35.
[39] TERZAGHI K,PECK R B,MESRI G. Soil mechanics in engineering practice[J]. Soil Science,1996,68(5):417.
[40] 谢珊珊,周衡. 基于太沙基理论的隧道衬砌支护数值模拟[J]. 矿业研究与开发,2016,36(5):90-93.
[41] HETTLER A,KURRER K U. The history of earth pressure theory[M]. Earth Pressure,2019.
[42] 高延法,陶振宇. 岩石强度准则的真三轴压力试验检验与分析[J]. 岩土工程学报,1993(4):26-32.
[43] HOEK E,BROWN E T. Practical estimates of rock mass strength[J]. International Journal of Rock Mechanics and Mining Sciences,1997,34(8):1165-1186.
[44] 安美建,李方全,石耀霖. 幂函数型岩石强度准则研究[J]. 岩石力学与工程学报,1997,16(5):437-437.
[45] EDELBRO C. Rock mass strength:a review[J]. Lule Tekniska Universitet,2003.
[46] 尤明庆. 岩石强度准则的数学形式和参数确定的研究[J]. 岩石力学与工程学报,2010,29(11):2172-2184.
[47] POULSEN B A, ADHIKARY D P, ELMOUTTIE M K, et al. Convergence of synthetic rock mass modelling and the Hoek-Brown strength criterion[J]. International Journal of Rock Mechanics and Mining Sciences,2015,80:171-180.
[48] 雷建海. 贵州岩溶地区层状岩质基坑失稳机理及稳定性评价理论研究[D]. 贵阳:贵州大学,2007.
[49] MEHRANPOUR M H, KULATILAKE P H S W, XINGEN M, et al. Development of new three-dimensional rock mass strength criteria[J]. Rock Mechanics and Rock Engineering, 2018, 51(11):3537-3561.
[50] BIENIAWSKI Z T. Engineering classification of jointed rock masses[J]. Civil Engineering Siviele Ingenieurswese,1973,15:335-343.
[51] HOEK E,CARRANZA-TORRES C,Corkum B. Hoek-Brown failure criterion-2002 edition[J]. Proceedings of NARMS-Tac,2002,1(1):267-273.
[52] 黄高峰. Hoek-Brown 强度准则在岩体工程中的应用研究[D]. 杨凌:西北农林科技大学,2008.
[53] 俞茂宏. 双剪理论及其应用[M]. 北京:科学出版社,1998.

[54] 王全征．白象山复杂富水铁矿突水风险综合分析与评价[D]. 青岛:青岛理工大学,2009.

[55] 张伟．钢筋网壳锚喷结构在软岩巷道的支护机理与应用[D]. 成都:西南交通大学,2007.

[56] 宋建波．岩体经验强度准则及其在地质工程中的应用[M]. 北京:地质出版社,2002.

[57] HOEK E. Underground excavations in rock[M]. The Institute of Mining and Metallurgy,1980.

[58] ZUO J,SHEN J. The Hoek-Brown failure criterion[M]. Singapore:Springer,2020.

[59] BARTON N, CHRYSSANTHAKIS P, et al. Predicted and measured performance of the 62 m span Norwegian olympic ice Hockey Cavern at Gjvik[J]. International Journal of Rock Mechanics & Mining Sciences & Geomechanics Abstracts,1994,31(6):617-641.

[60] 中华人民共和国水利部．工程岩体分级标准:GB/T 50218—2014[S]. 北京:中国计划出版社,2014.

[61] 梅松华,李文秀,盛谦．FLAC 在岩土工程参数反演中的应用[J]. 矿冶工程,2000,20(4):23-26.

[62] 刘维宁．岩土工程反分析方法的信息论研究[J]. 岩石力学与工程学报,1993,12(3):193-205.

[63] 王文姣,李思文．岩土工程反分析法的应用现状与发展[J]. 城市建设理论研究(电子版),2015,(17):8124-8125.

[64] 张继周,缪林昌,刘峰．岩土参数的不确定性及其统计方法[J]. 岩土力学,2008,29(S1):495-499.

[65] 李忠献,李忠诚,梁万顺．考虑土-结构相互作用和岩土参数不确定性的核电厂结构地震响应分析[J]. 地震工程与工程振动,2006,26(2):143-148.

[66] HOEK E,BROWN E T. Empirical strength criterion for rock masses[J]. Journal of the Geotechnical Engineering Division,1980,106(9):1013-1035.

[67] SHEN Z. A yield theory for Mohr-Coulomb materials[J]. Hydro-Science and Engineering,1981,2:1-9.

[68] PRIEST S D,BROWN E T. Probabilistic stability analysis of variable rock slopes[J]. Transaction of the Institution of Mining and Metallurgy Section A,1983,92:1-12.

[69] PALMSTRÖM A. The challenge of subsea tunnelling[J]. Tunnelling and Underground Space Technology, 1994,9(2):145-150.

[70] HOEK E,MARINOS P. A brief history of the development of the Hoek-Brown failure criterion[J]. Soils and Rocks,2007,2(2):2-13.

[71] YANG X. Seismic displacement of rock slopes with nonlinear Hoek-Brown failure criterion [J]. International Journal of Rock Mechanics and Mining Sciences,2007,44(6):948-953.

[72] SHARAN S K. Analytical solutions for stresses and displacements around a circular opening in a generalized Hoek-Brown rock[J]. International Journal of Rock Mechanics & Mining Sciences, 2008, 45 (1):78-85.

[73] LI A,MERIFIELD R S,LYAMIN A V. Stability charts for rock slopes based on the Hoek-Brown failure criterion[J]. International Journal of Rock Mechanics and Mining Sciences,2008,45(5):689-700.

[74] 苏永华,封立志,李志勇,等．Hoek-Brown 准则中确定地质强度指标因素的量化[J]. 岩石力学与工程学报,2009,28(4):679-686.

[75] 胡盛明,胡修文．基于量化的 GSI 系统和 Hoek-Brown 准则的岩体力学参数的估计[J]. 岩土力学,2011,32(3):861-866.

[76] 林达明,尚彦军,吴锋波,等．基于矿物结构与钻探的花岗岩地质强度指标研究及应用[J]. 岩石力学与工程学报,2011,30(4):761-768.

[77] 胡建华,许红坤,罗先伟,等．基于 GSI 的裂隙化岩体力学参数的确定[J]. 广西大学学报(自然科学版),2012,37(1):178-183.

[78] KAVANAGH K T,CLOUGH R W. Finite element applications in the characterization of elastic solids [J]. International Journal of Solids and Structures,1971,7(1):11-23.

[79] KIRSTEN, WOLFGANG J. Micro, ultramicro, and trace determination of fluorine [J]. Analytical

Chemistry,1976,48(1):84-87.
[80] MAIER G,GRIERSON D E,BEST M J. Mathematical programming methods for deformation analysis at plastic collapse[J]. Computers & Structures,1977,7(5):599-612.
[81] KOVAR M G. Health of the elderly and use of health services[J]. Public Health Reports,1977,92(1):9-19.
[82] GIODA G,JURINA L. Numerical identification of soil-structure interaction pressures[J]. International Journal for Numerical and Analytical Methods in Geomechanics,1981,5(1):33-56.
[83] GODE G,MAIER G. Direct search solution of inverse problem in elastic-plasticity, identification of cohesion,friction angle and in-situ stress by pressure tunnel tests[J]. International Journal Numerical Method in Engineering,1980,15(9):1823-1848.
[84] ARAI,YASUMASA. Long-term effects of perinatal exposure to sex steroids and diethylstilbestrol on the reproductive system of male mammals[J]. International Review of Cytology,1983:235.
[85] GIODA G,SAKURAI S. Back analysis procedure for the interpretation of field measurements in geomechanics [J]. International Journal for Numerical and Analytical Methods in Geomechanics,1987,11(6):555-583.
[86] 杨志法,刘竹华. 位移反分析法在地下工程设计中的初步应用[J]. 地下工程,1981,2:20-24.
[87] ZHIFA Y,ZHUHUA L,SIJING W. A practical back-analysis method from displacements to estimate some parameters of a rock mass for design of underground openings[C]//Proceeding of International Symopsium on Field Measnremen is in Geomechanirs. Zurich. 1984.
[88] 王思敬. 地下工程岩体稳定分析[M]. 北京:科学出版社,1984.
[89] 刘允芳,龚壁新. 深钻孔地应力测试技术与地应力场分析方法[J]. 岩土工程学报,1993,15(3):63-72.
[90] 李世煇. 隧道围岩稳定系统分析[M]. 北京:中国铁道出版社,1991.
[91] 朱维申,朱家桥,代冠一,等. 考虑时空效应的地下洞室变形观测及反分析[J]. 岩石力学与工程学报,1989,8(4):346-353.
[92] WEISHEN Z,SHISHENG L,JIAQIAO Z,et al. Some practical cases of back analysis of underground opening deform ability concerning time and space effects[C]//The 6th Congress of the International Society for Rock Mechanics,1987.
[93] 冯紫良,杨志法. 关于弹塑性位移反分析的若干研究[M]. 北京:地震出版社,1990.
[94] 杨林德,朱合华. 地层三维粘弹性反演分析[J]. 岩土工程学报,1991,13(6):18-26.
[95] 孙钧,蒋树屏,黄宏伟. 岩土力学反演问题的随机理论与方法[M]. 汕头:汕头大学出版社,1996.
[96] 郑颖人. 岩土塑性力学的新进展——广义塑性力学[J]. 岩土工程学报,2003,25(1):1-10.
[97] 袁勇. 围岩弹塑性参数反算的极大似然法[J]. 工程勘察,1991,5(2):5-7.
[98] 袁勇,孙钧. 岩体本构模型反演识别理论及其工程应用[J]. 岩石力学与工程学报,1993,12(3):232-239.
[99] 冯紫良,杨志法,洪赓武. 关于弹塑性位移反分析可行性的研究[C]//第四届全国岩土力学数值分析与解析方法讨论会论文集. 武汉:武汉测绘科技大学出版社,1991.
[100] 王芝银,李云鹏. 地下工程围岩粘弹塑性参数反分析[J]. 水利学报,1990(9):11-16.
[101] 王芝银,李云鹏,郭书太,等. 大型地下储油洞粘弹性稳定性分析[J]. 岩土力学,2005,26(11):14-19.
[102] 薛琳. 粘弹性体力学模型的判别准则及在岩石试验中的应用[J]. 岩土力学,1996,17(1):9-15.
[103] 薛琳,王在泉,王思敬. 具有水平表面岩土斜坡粘弹性位移解析解[J]. 岩石力学与工程学报,2005,24(6):950-954.
[104] 黄良然. 用压实理论设计加筋土墙[J]. 国外公路,1985(4):51-53.
[105] 陈喜山. 古典杨森散体压力理论的拓展及采矿工程中的应用[J]. 岩土工程学报,2010,32(2):315-319.

[106] 李世辉．资金时间价值之“一抛二问三题”教学法[J]. 岩石力学与工程学报，1988,70(3):284-284.
[107] 符华兴．略述应用于塑性岩(软岩)中的卡斯特纳与芬纳两公式之异同[J]. 铁道工程学报，2005(3):72-74.
[108] 符华兴．应用和改造卡斯特纳公式求取家竹箐隧道塑性半径[J]. 铁道工程学报，2003(1):94-95.
[109] 骆文海，王仲锦．动力作用下地下结构与围岩的相互作用特性[J]. 防护工程，2000(1):160-168.
[110] 孙惠香，许金余．爆炸荷载作用下地下结构与围岩动力相互作用研究[J]. 土木工程学报，2011(S2):148-151,172.
[111] 肖志鹏．考虑支护—围岩相互作用的隧道开挖可靠度分析与设计优化[D]. 杭州：浙江大学，2017.
[112] 孔大庆，孙惠香，康婷，等．岩体特性对围岩与结构动力相互作用影响[J]. 空军工程大学学报(自然科学版)，2014,15(6):77-81.
[113] 孙钧．岩石力学的若干进展[C]//面向21世纪的岩石力学与工程：中国岩石力学与工程学会第四次学术大会论文集．北京：中国科学技术出版社，1996.
[114] 孙钧．世纪之交的岩石力学研究[R]. 中国岩石力学与工程学会学术大会，1998.
[115] LIBRARY W P. New austrian tunneling method[J]. Journal of the Japanese Society of Irrigation Drainage & Rural Engineering, 1983, 51:532-532.
[116] 林刚，何川．连拱公路隧道施工方法模型试验研究[J]. 现代隧道技术，2003. 40(6):1-6.
[117] 吴梦军，黄伦海，刘新荣．特大断面隧道施工方法试验研究[J]. 土木建筑与环境工程，2005,27(5):57-60.
[118] 程选生，王建华．基于围岩位移控制的超大断面黄土隧道施工方法研究[J]. 岩土工程学报，2013,35(S1):82-89.
[119] 王文权．大跨软岩地铁隧道施工方法研究[D]. 成都：西南交通大学，2002.
[120] 陈谷月．CD法隧道开挖施工技术[J]. 西部探矿工程，2005,17(10):120-122.
[121] 先明其．日本第三紫尾山隧道中段工区的施工[J]. 隧道译丛，1993(1):27-36.
[122] 郭小红，朱光仪．京珠高速公路五龙岭隧道设计[C]//2001年全国公路隧道学术会议论文集．北京：人民交通出版社，2001.
[123] 刘淳．五龙岭隧道中导坑初支变形的分析和应对措施[J]. 广东公路交通，1999(2):21-23.
[124] 孔祥金．环保型公路隧道——老山隧道[J]. 公路隧道，2007(1):47.
[125] 周晓陵，鲁治，丁卫中．大断面老山隧道洞身开挖施工工艺分析[J]. 公路隧道，2007(1):30-35.
[126] 张建斌，朱合华，朱岳明，等．厦门翔安海底隧道数字化建模技术[J]. 岩石力学与工程学报，2007,26(6):1237-1242.
[127] 郭衍敬，黄明琦，陈铁林，等．厦门翔安海底隧道CRD法和双侧壁法穿越砂层对比分析[J]. 中国铁道科学，2009,30(2):54-59.
[128] 吴生金，唐和青，孟维孝，等．厦门翔安海底隧道穿越富水砂层施工技术[J]. 岩石力学与工程学报，2007,26(S2):3816-3822.
[129] RABCEWICZ L V. The new austrian tunnelling method. springer berlin heidelberg[J]. Water Power, 1964, 17:453-457.
[130] 赖应得，钱佩．用能量支护理论设计井巷锚喷支护[J]. 煤炭工程，1993(4):10-15.
[131] 秦建敏．基于离散元模拟的岩土力学性能研究及应变局部化理论分析[D]. 大连：大连理工大学，2007.
[132] 于学馥．地下工程围岩稳定分析[M]. 北京：煤炭工业出版社，1983.
[133] 郑雨天．岩石力学的弹塑粘性基础[M]. 北京：煤炭工业出版社，1988.
[134] 冯豫．我国软岩巷道支护的研究[J]. 矿山压力与顶板管理，1990(2):42-44,67.
[135] 何满潮，谢和平，彭苏萍，等．深部开采岩体力学研究[J]. 岩石力学与工程学报，2005,24(16):

2803-2813.
[136] 朱浮声,郑雨天．全长粘结式锚杆的加固作用分析[J]. 岩石力学与工程学报,1996(4):30-34.
[137] 董方庭．巷道围岩松动圈支护理论及应用技术[M]. 北京:煤炭工业出版社,2001.
[138] VALLEJO L, HIJAZO T. A new method of estimating the ratio between in situ rock stresses and tectonics based on empirical and probabilistic analyses[J]. Engineering Geology, 2008, 101(3-4): 185-194.
[139] DALGIC I, BORELLA M. True number portability and advanced call screening in a SIP-based IP telephony system[J]. IEEE Communications Magazine,1999,37(7):96-101.
[140] 郭佳奇．岩溶隧道防突厚度及突水机制研究[D]. 北京:北京交通大学,2011.
[141] 王成虎,何满潮．Hoek-Brown 岩体强度估算新方法及其工程应用[J]. 西安科技大学学报,2006,26(4):456-459,464.
[142] 宋建波,韩润生,冯劲．确定山区岩基承载力若干问题的讨论[J]. 昆明理工大学学报(理工版),1999,24(1):186-190.
[143] HOEK E. The Hoek-Brown failure criterion-a 1988 update[J]. International Journal of Rock Mechanics and Mining Sciences & Geomechanics Abstracts,1990,27(3):A138.
[144] BIENIAWSKI Z T. The geomechanics classification in rock engineering applications[J]. International Journal of Rock Mechanics and Mining Sciences & Geomechanics Abstracts 17,1980,17(6):A111.
[145] HOEK E,DIEDERICHS M S. Empirical estimation of rock mass modulus[J]. International Journal of Rock Mechanics and Mining Sciences,2006,43(2):203-215.
[146] 中国电力企业联合会．工程岩体试验方法标准:GB/T 50266—99[S]. 北京:中国计划出版社,2013.
[147] 侯龙清,胡明华,陈韧．泥质粉砂岩点荷强度与单轴抗压强度对比研究[J]. 路基工程,2008(6):26-27.
[148] 魏民．岩石点荷载试验与单轴抗压试验的对比分析[J]. 工程勘察,1989(6):18-20.
[149] 闫长斌,徐国元．对 Hoek-Brown 公式的改进及其工程应用[J]. 岩石力学与工程学报,2005,24(22):4030-4035.
[150] 卢书强,许模．基于 GSI 系统的岩体变形模量取值及应用[J]. 岩石力学与工程学报,2009,28(S1):2736-2742.
[151] 黄国明,黄润秋．岩体节理表面几何特性描述[J]. 水文地质工程地质,1999(5):42-45.
[152] BARTON N R, CHOUBEY V. The shear strength of rock joints in theory and practice[J]. Rock Mechanics,1977,10(1):1-54.
[153] 翁其能,袁勇,杜国平,等．双连拱隧道开挖整体性态三维数值仿真分析[J]. 地下空间与工程学报,2006,2(1):96-100.
[154] YANG L,STERLING R L. Back analysis of rock tunnel using boundary element method[J]. Journal of Geotechnical Engineering,1989,115(8):1163-1169.
[155] 陈斌,卓家寿,刘宁．岩土工程反分析的非确定性模型研究与发展[J]. 水利水电科技进展,2001,21(5):5-8.
[156] 陈育民,徐鼎平．FLAC/FLAC 3D 基础与工程实例[M]. 北京:中国水利水电出版社,2009.
[157] 彭文斌．FLAC 3D 实用教程[M]. 北京:机械工业出版社,2008.
[158] 杨志法,王思敬,冯紫良,等．岩土工程反分析原理及应用[M]. 北京:地震出版社,2002.